世界文化シリーズ 1

Great Britain

イギリス文化55のキーワード

木下 卓
窪田憲子
久守和子 編著

ミネルヴァ書房

まえがき

イギリスの文化は間口も奥行きも広い、と言ってもどこからも異論は出ないであろう。

ヨーロッパの島国であるがゆえに、大陸から渡って来たさまざまな民族やそれらの文化が混淆し合って重層化し、独自の文化を成形してきたからであろう。この点においては、東洋の島国である日本と似通ったところがあるとも言える。

本書『イギリス文化 55のキーワード』では、具体的な「モノやコト」のなかに示顕されている生きたイギリス文化の特性を読み解きながら、そこに内包されている意味と役割を明らかにしようとした。イギリス文化における特徴的な「モノやコト」を表す55項目のキーワードを選び出し、文学作品、美術、映画、音楽などのメディア、政治や歴史的な経緯にも目を配りながら、イギリス文化の全体像を浮かび上がらせようとする試みである。

目次に目をとおされた読者のなかには、イギリス文化なのになぜ「アイルランド」や「日本幻想」などが入っているのだろう、と不思議に思われた方もおられるかもしれない。「アイルランド」は、イングランドによる長い苛酷な支配が要因となって、哀切な雰囲気が根底に漂う、陰翳のあるアイルランド独特の文化がつくり出されたことを考えるとき、この国はイングランドを逆照射するという点において無視することはできないからである。これと同様のことは、「インド／アフリカ／カナダ／オーストラリア」というイギリスの主要な旧植民地を取り上げた項目にも言えることである。アイルランドに発した「ギネスブック」についても、イギリスとの深い関係をぬきにしては語れないという点から取り上げられている。また、「日本幻想」は、シェイクスピアの同時代人ウィリアム・アダムズこと三浦按針が徳川家康に重用されて以来の日英関係と、それを下支えしてきた美術をはじめとする日本文化の受容のありようのなかに、イギリス文化の特徴が表れているのではないかという理由から取り上げられたものである。

本書を初めから読み進んでいただいてもよいが、関連するキーワードを軸に飛び飛びに読んで下さっていっこうに差し支えはない。たとえば、次のような読み方もイギリス文化の間口と奥行きの広さをあらためて実感させてくれるのではないだろうか。キーワード33に当たる「風景画」の項目を読んだ後、キーワード29「ゴシック」へ戻り、34「廃墟」、38「グランド・ツアー」、53「庭園」、54「パストラル」と読み進んでゆくと、イギリスにおける自然美や美学、つくられた（人工の）美に関する言説の由来が大陸文化とのかかわりにおいてたどることができるとともに、それらがイギリス独自の文化として醸成されてくる過程も明らかになってくるであろう。

本書によってイギリス文化の輪郭を摑み、イギリスに対する関心をさらに深めていただけたら幸いである。

最後になってしまったが、本書を上梓するにあたり、執筆者として参加してくださったイギリス文学・文化に深く関わっておられる方々とミネルヴァ書房の杉田啓三氏、編集部の河野菜穂氏にあらためて深謝したい。

二〇〇九年五月一日

編者一同

目次

第3章　暮らしを彩るモノたち

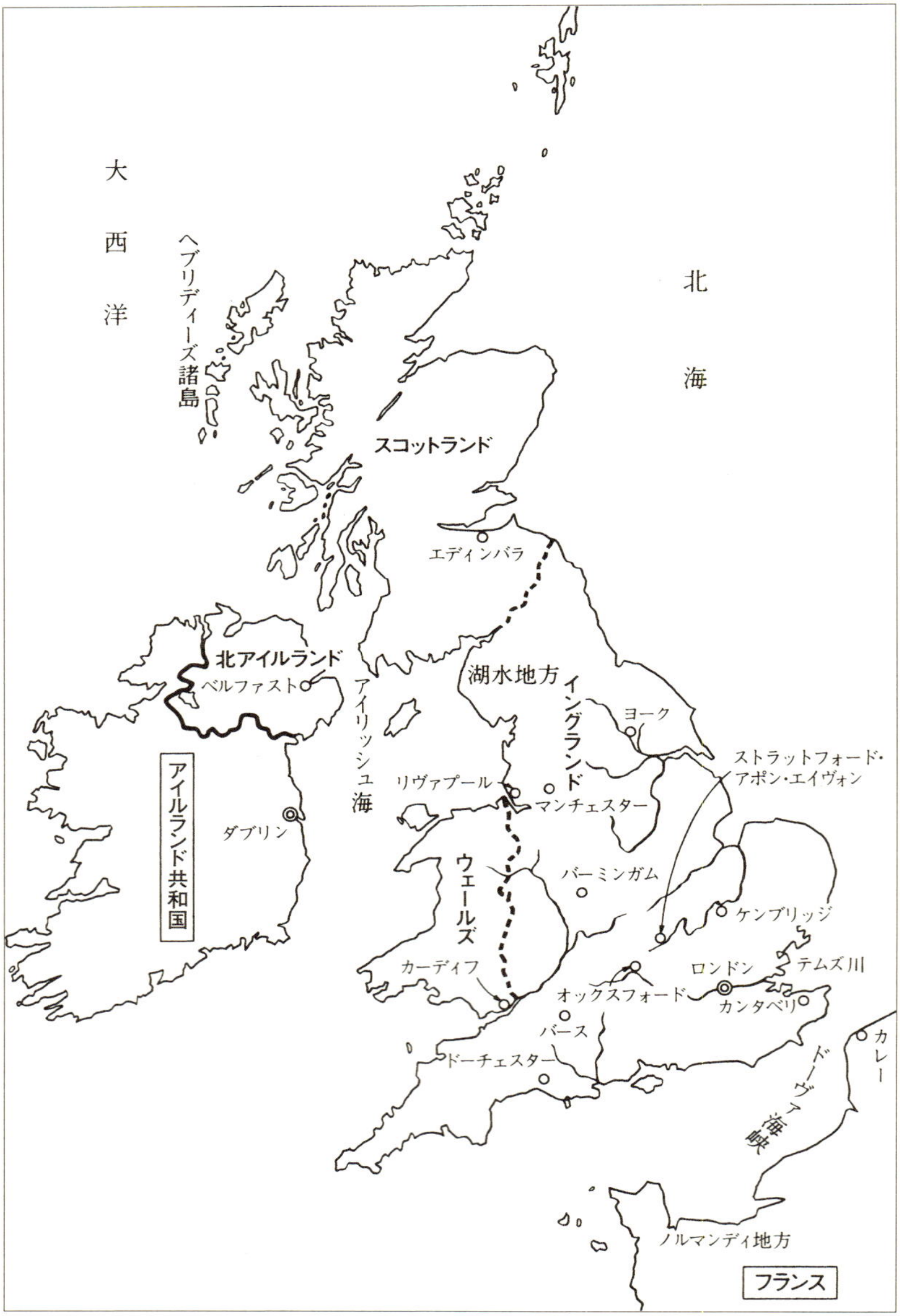

地図１　イギリスとアイルランド共和国の地図

地図 2　1920年当時の大英帝国

第1章

イギリス／イギリス人とは

黒人王に聖書を手渡すヴィクトリア女王（T. J. バーカー画「イングランドの偉大さの秘密」1863年頃）

イギリスとは

一般に「イギリス」と称されている国の正式名称は「グレートブリテンおよび北アイルランド連合王国」であり、イングランド、スコットランド、ウェールズ、北アイルランドから構成される連合国家である。したがって、もともとは民族的には同一でなく、それぞれが背負っている歴史も文化も異なっている。しかし、デンマーク王クヌートやノルマンディー公ウィリアムの征服によって封建国家を成立させたイングランドが中心となり、ウェールズ、スコットランド、アイルランドを順次併合してできあがったのが現在のイギリスである（一九二二年に北アイルランドだけがイギリス領となり、アイルランド自由国成立。三七年にアイルランド共和国として独立）。共通語は英語であるが、スコットランド・ゲール語、ウェールズ語、ゲール語も生命を失ってはいない。

だが、一二世紀以降イングランドに支配され続けたアイルランドは、政治的にも言語的にも、またカトリック教徒であったため一五三四年以降は宗教的にも抑圧され、一九世紀半ばのジャガイモ飢饉に起因する死者と移民によって人口は半減し、対応の遅れたイングランドへの不信と反感が高まった。

一方、ヨーロッパの辺境ゆえに、ブリテン島は長い間、大陸の諸国から政治や社会、文化を学ぶ立場に置かれていた。一六世紀になって、ルネッサンスもこの国に遅ればせながらも影響を及ぼして学芸に方向づけを与え、国民文化形成の土壌を醸成することになった。また、ヨーロッパ各地に広がった宗教改革の機運も、ヘンリー八世の離婚問題という世俗的な動機からだったとしても、英国国教会の樹立に手をかしたのである。しかし、中心文化から切り離された島国が、スペインやフランスなど列強国のはざまで主権国家として認知されるには、長い間にわたって悪戦苦闘を強いられざるをえなかった。

ようやく経済力をつけてきた上流階級の者たちが大陸の先進文化に憧れを抱き、子弟の教育の仕上げとしてローマを最終目的地とするグランド・ツアーが大流行する一八世紀に入ると、イギリスと大陸諸国の関係は逆転し、学ぶ立場から学ばれる近代国家へと大躍進をとげるのである。

イギリスを支えた経済力

ヨーロッパの辺境であったイギリスが一八～一九世紀に繁栄期を迎える基盤となった経済力の大部分は、一六世紀から始まる私掠船によるスペイン船からの金の強奪と悪名高い奴隷貿易、そして東インド会社からの収益に拠っていた。王室や有力な貴族が発行する許可状をもった私掠船は、一五八五～一六〇四年にかけて毎年二〇万ポンドもの捕獲賞金を得ていたし、ブリストル、リヴァプール、ロンドンを拠点とした西アフリカ、カリブ海諸島を結ぶ三角貿易で奴隷の売買とサトウキビ栽培から莫大な収益をあげたのである。また、一六〇〇年に貿易会社として設立された東インド会社は、やがては統治機関としてインドから本国に大きな利益をもたらした。

これらの資金が元手となり、また数々の探検によって手に入れた植民地からの搾取により、一八世紀半ばから一九世紀にかけての産業革命が可能となったのである。

大英帝国、その拡大／縮小の歴史

イギリスが「帝国」という呼称を使い始めたのは、ヘンリー八世がローマ教皇の権力をイングランドから排除しようとした一五三三年の上告禁止法においてであった。しかし、海外への拡張という点からみれば、一五八七年の北米ロアノーク島への植民または一六〇七年のジェイムズタウン建設が大英帝国の出発点といえるだろう。

その後、アイルランド、北アメリカ大陸に入植し、北米植民地やカリブ海域植民地との貿易で富を築き、一七七六年のアメリカ独立後はオーストラリアに植民し、産業革命を経た一九世紀のヴィクトリア時代には繁栄の最盛期を迎えるのである。産業技術の粋を展示した一八五一年の第一回万国博覧会がその頂点であった。

しかし、一九世紀も後半になるとドイツ、アメリカなど後発工業国から経済的追い上げを受けて、国力は相対的に弱体化してゆくが、一方で植民地の拡大を続け、イギリス支配に対する不満が高まったインドでは、一八七七年にはヴィクトリア女王がインド皇帝を兼務して支配を強固なものにしようとした。

民族混淆の現実

二〇世紀に入り、二つの世界大戦を経た大英帝国内では、白人自治植民地の経済力が向上して発言権が増大したばかりか、ほかの植民地の影響力も無視できないものとなった。一九三一年以降は「イギリス連邦（The Commonwealth）」という名の緩やかな連合体へと姿を変え、大戦後は独立した旧植民地からの移民が大量にイギリス本国に流れ込んできた。その結果、「白人性」と分かちがたく結びついていた「ブリティシュネス（イギリス人性）」は、多様性を含むものとして再定義される必要性が生じてきている。

（木下　卓）

1

グレートブリテン——ユニオン・フラッグの物語

イギリスの国旗の作り方

日本語で簡単に「イギリス」と呼んでいる国の正式名称は、「グレートブリテンおよび北アイルランド連合王国（the United Kingdom of Great Britain and Northern Ireland）」である。この長たらしい名前からも、イギリスの国内事情が傍から見るような単純なものでないことが容易に想像できるであろう。ユニオン・ジャックと呼ばれるイギリスの国旗名に「連合」を意味する「ユニオン（union）」が入っていることも、その辺の事情を象徴的に示している。

ユニオン・ジャックは、初めからひとつの旗としてデザインされたわけではない。白地に赤い正十字のイングランドの国旗、青字に白の斜めのクロスが入ったスコットランドの国旗、そして白地に赤の斜めのクロスが入った北アイルランドの国旗という三つの旗を重ねていくと、なるほど、三国連合を表すイギリスの国旗ができあがることになる。これらの三つの国旗にはそれぞれの国の聖人にちなんだ名前が付けられ、イングランド国旗は聖《セイント・》ジョージ、スコットランド国旗は聖アンドルー、北アイルランド国旗は聖パトリックと呼ばれている。本来であれば、これにウェールズの国旗（上半分が白地、下半分が緑地を背景に赤いドラゴンが描かれたもの）もこれに加えられるべきであるが、国旗制定の一八世紀初めには、すでにウェールズはイングランドの一部と見なされていたことから考慮されなかったのである。

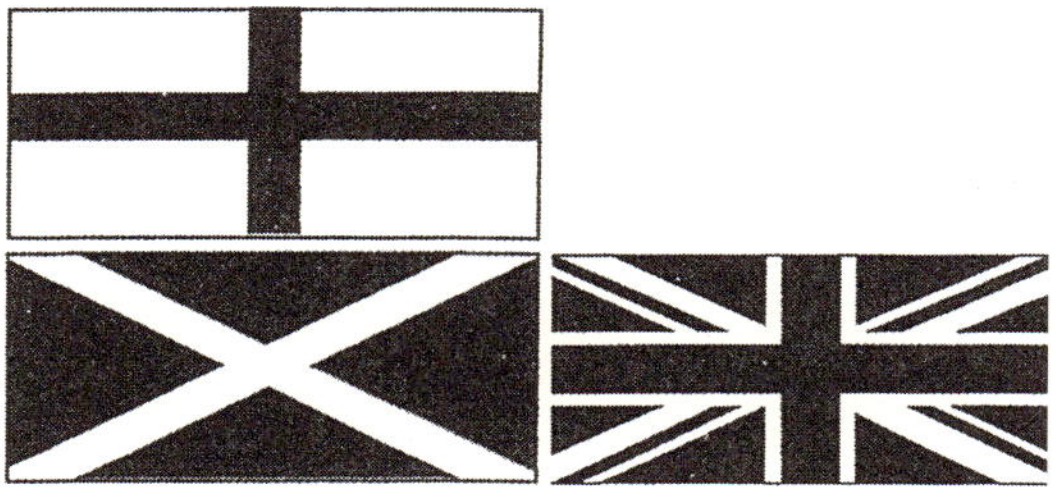

図1　ユニオン・ジャック（右下）
図2　セイント・ジョージ旗（左上）
図3　セイント・アンドルー旗（左下）

政治的にひとつの国にまとめられていても、サッカー（イギリスではフットボール）やラグビーなどにはいわゆるイギリス代表チームはなく、イングランド、スコットランド、ウェールズ、北アイルランド（ラグビーではアイルランド）で組織され、それぞれ自分たちの国の代表チームとして熱狂的に応援するのは象徴的である。

イングランド、スコットランド、ウェールズ、そして北アイルランド

日本では「イギリス」の意味でも使われることが多いイングランドは、正確には、大ブリテン島南東部を占めている連合王国を構成するひとつの王国を指す。国のモットーは、フランス語の「神と我が権利（Dieu et mon droit）」であり、五〇〇〇万人超の国内最大の人口を持ち、連合王国と同じロンドンを首都としていることからも、イングランドが「イギリス」においてもっとも大きな影響力を持ち得ていることがわかる。事実、常に歴史においてその中心を占めてきただけではなく、今日、イギリスでは「英語（English）」が主要な共通語として広く使われていることからもそのことを実感できるであろう。私たちが「イギリス」の言葉と思いがちな「英語」は実はイングランドの言葉に過ぎず、スコットランドにはスコットランド・ゲール語が、ウェールズにはウェールズ語が、アイルランドにはゲール語がそれぞれある。言葉のことを考えるだけでも、国内の文化的な複雑さがはっきりと見えてくる。

スコットランドは、ラテン語の「何者も我を傷つけることはできない（Nemo me ipume lacessit）」をモットーとする、大ブリテン島の北部に位置する国である。首都はエディンバラ。一七〇七年の「連合法」によって連合王国となるまではひとつ

図4　ウェールズの旗

図5　セイント・パトリック旗

の独立した王国であった。「連合」といっても名ばかりで、実際は圧倒的にイングランドによる併合であったことから、自国の独立への志向の根強さは絶えることなく現在まで続いており、常に相当に強い対イングランド意識を持ち続けている。

例えば、現在のエリザベス女王の即位の際の呼称問題。イングランドには過去にエリザベス一世がいるため、現在の女王をエリザベス二世と呼ぶことは自然であるが、スコットランドには過去に「エリザベス」という名前の女王は存在しないため、二世と呼ぶことはできないとスコットランドの人々は主張する。同様に、過去にも、イングランドのジェイムズ一世がスコットランドではジェイムズ六世と呼ばれた。他にも、「イギリス」ではイングランド銀行が発行する現女王の肖像が印刷された紙幣が主に流通しているが、ウォルター・スコット（Walter Scott, 1771-1832）、ロバート・バーンズ（Robert Burns, 1759-1796）、R・L・スティーヴンソン（R. L. Stevenson, 1850-1894）などスコットランド出身の文人たちの肖像を刷り込んだスコットランドの銀行が独自に発行している紙幣も流通している。一九九九年にスコットランド議会が再開されたこともスコットランドの人々の独立心の表れであろう。

「ウェールズよ、永遠なれ（Cymru am Byth）」とウェールズ語で謳《うた》っているのは、大ブリテン島の南西に位置し、カーディフを首都とするウェールズである。歴史的には、一五三六年の「連合法」に基づき連合王国の一部に組み込まれたことによって、反動的にケルト文化の独自性への意識が高まることになり、例えば、ウェールズ語の保護政策へとつながっていった。町や村の標識にはウェールズ語と英語が併記され、地図をながめてみても、Merthyr Tydfil や Aberystwyth など、明らかに英語の語感とは異なるウェールズ語による地名の多いことに気づかされる。

北アイルランドは、アイルランド島の北東に位置する、政治的にも歴史的にも翻弄され続けてきた地域である。広さはアイルランド島の五分の一ほどで、アイルランド共和国独立の際、北部のアルスター六州はベルファストを首都に連合王国にとどまった。イングランドからの入植者がとくに多かったことから、アイルランド共和国に入るよりも連合王国に帰属する方が得策と判断した結果であった。以後、連合維持派のユニオニストと連合王国からの独立を目指すナショナリストの対立は激化し、これがプロテスタント対カトリックという宗教的対立の構図と重なり、ごく最近まで「北アイルランド問題」(1)として緊迫した状況が続くことになった。

(1) 北アイルランド問題は何度かつまずきながらも次第に鎮静化の方向に向かって進み始める。1993年に和平に関する共同宣言を行い，1996年に和平交渉が再開，1998年にベルファスト合意に基づき，北アイルランド議会が設立，アイルランド共和国と北アイルランド議会の代表者からなる南北閣僚評議会が作られた。

私たちの国の音楽

一〇年ほど前、イギリスのMTV（ミュージック・テレビジョン）は、当時、人気のあった四つのロックバンドを登場させるコマーシャルを盛んに流した。四人の若者たちがそれぞれの地域出身のバンドを支持するプラカードを手に、イングランドはオアシス、スコットランドはテキサス、ウェールズはマニック・ストリート・プリーチャーズ、北アイルランドはアッシュがそれぞれBGMとして流れるといったものであった。ビートルズからの影響が色濃いオアシスにはイングランドのロックの伝統が、詩が大事なマニックスの曲には詩的な国であるウェールズの伝統が垣間見えるなど興味深いCMであった。さように、四つの地域それぞれの誇りを感じ取ることができる。

（向井秀忠）

2 アイルランド――虐げられし民の陰翳の文化

被支配国としてのアイルランド

アイルランドに対して人々が抱くイメージとはどのようなものだろうか。突風が吹きすさぶ、西のさいはての海を見下ろす断崖絶壁の荒涼とした景色か、緑の草を食む羊たちか、あるいは、かつて竪琴を手に詩を吟じながらこの島国を巡った詩人たちかもしれないし、いたずら好きな妖精たちかもしれない。

このように、さまざまなイメージを有するアイルランドであるが、いずれにせよ、刺激や躍動感、喧騒と華やぎ、合理性や利便性とはほど遠い、幻想的で詩的で、ゆったりとした、それでいて哀切な雰囲気がその根底にはある。このことは、この島国の歴史と深いかかわりがある。つまり、イングランドによる被支配国としての歴史がアイルランドの文化に独特の翳りをつくり、一九二一年に共和国として一部独立してからもなおその暗い陰を払拭することができないでいるからである。

一二世紀以来、長きにわたってイングランドに支配されてきたアイルランドであるが、一六〇一年にキンセールの戦いでアイルランド軍が敗れると、イングランド中央政府は本格的な支配に乗り出した。このことによって、アイルランドは宗教的にも言語的にも自国のアイデンティティを喪失することになった[1]。さらに、一九世紀半ばにかけてジャガイモの病害が原因で起きた大飢饉により、死者と移民を合わせた人口のおよそ半分が国内から消えた。このことは、アイルランド人の心に癒え

(1) 宗教に関してはカトリックの代わりにプロテスタントが強要され，言語に関してはアイルランドの日常語であったゲール語の代わりに英語の使用を強いられた。

図１　北アイルランドとアイルランド共和国

図２　ジョイスの銅像

ることのない深い傷を残し、それ以降の彼らの価値観、政治観を大きく変えた。また、この大惨事に際してイングランドの対応が後手にまわったことで、イングランドに対する不信感はいっそう根深くアイルランド人の胸に刻みこまれたのである。

北アイルランドとアイルランド共和国

アイルランドは、ふたつの国にわかれている。ひとつは、一九二一年にアイルランド議会・政府発足以来イングランドに帰属する道をたどったアルスター地方九州のうちの六州を指す北アイルランドである。もうひとつがイングランドからの自治・独立を果たしたアイルランド共和国である。このように南北で分断されたアイルランドであるが、ＩＲＡ（Irish Republican Army、アイルランド共和軍）が、全アイルランドを統一した共和国の成立を目指し、時として過激な手段も辞さない。「北アイルランド問題」と呼ばれるこの問題は現在も解決を見ることはない。ここにも被支配国であった歴史が色濃く影を落としているのである。

ジョイスの描くアイルランド

こうしたイングランドとの複雑な関係を背景に、作家たちはそれぞれのやり方で自国と向き合い[2]、おのおのの選択をした[3]。中でも、二〇世紀最大の小説家のひとりジェイムズ・ジョイス（James Joyce, 1882-1941）は、アイルランドを語る上で不可欠な存在である。二二歳で祖国を捨て大陸に渡ったジョイスであるが、その作品には彼が生きた当時の閉塞的なダブリンの実態と精神的麻痺状態に陥った市民の姿が描かれている。たとえば、短編集『ダブリン市民』（一九一四年）には、せっかく出奔する機会をつかんだのに自ら家庭の呪縛に舞い戻ろうとする娘、子どもを虐待することによって自分の憂さを晴らす父親など、自己欺瞞や現実逃避で保身する卑小な主人公たちが登場する。彼らは、発展の見込みもない、活力を失って停滞した祖国で生きていくために、自らがいびつになることで折り合いをつけているような印象を与える。中編小説『若い芸術家の肖像』（一九一六年）の主人公スティーヴンは作者ジョイス自身である。スティーヴンは、「自分たちの国の言葉を捨てて、別の国の言葉を習得し」、「ひとにぎりの外国人にむざむざと屈従した」とイングランドに屈服した自分の祖先を罵り、アイルランドの正体はそこに生まれた者の魂の自由を許さない「産み落とした子どもをむさぼり食う雌豚」だと弾劾する。しかし、スティーヴンが祖国を立ち去る目的は、国外での実体験を通して自らの魂の鍛冶場でいまだ創造されていないアイルランドの民族意識を陶冶することなのである。出口のない澱みのような自国にとどまっている限り、魂の自由な飛翔は許されない。それどころか、澱んだ水が腐敗していくように黙って朽ちるに任せるほかなくなる。芸術的な観点から祖国の精神的アイデンティティを奪回したければ、祖国を捨てなければならない。この作品には、故国に対する憎しみと愛という矛盾を受け入れ、敢然と芸術家の使命に向かうにいたる若者の心理の過程が描かれている。

情け深き人々の棲む国

停滞した自国に辟易する一方で、ジョイスはそこに住む人々の情の深さに触れる

(2)　大陸でコスモポリタンとして執筆活動を行ったサミュエル・ベケット（Samuel Beckett, 1906-89）や，詩人W. B. イェイツ（William Butler Yeats, 1865-1939）のように，アイルランドに残り，祖国の文化的伝統の保持を目指す「アイルランド文芸復興運動」に力を注ぐ者もいた。

(3)　オックスフォード大学に進学し，訛りのない完璧な英語を操り，ロンドンの社交界に君臨し，自作でもロンドンの上流階級を舞台にすることが多かったオスカー・ワイルド（Oscar Wilde, 1844-1900）や同じくロンドンで活躍したジョージ・バーナード・ショー（George Bernard Shaw, 1856-1950）のような作家もいた。

ことを忘れていない。『ダブリン市民』の最後を飾る「死者たち」では、温かく客をもてなす老姉妹の姿がアイルランドの美徳として語られる。また、J・M・シング（John Millington Synge, 1871-1909）は、戯曲『海へ騎りゆく人々』（一九〇四年）で、絶海に浮かぶ島々、アラン諸島で荒波と風と日々格闘する夫や息子の無事を祈る島の女の姿を印象的に描いた。これは、シングがアラン諸島に逗留した折に、実際に見聞した出来事をもとにした作品である。島での滞在の様子は、名高い紀行文『アラン島』（一九〇七年）に綴られており、シングは女性たちの強い母性愛、自分の去り際に涙を流す老人の人なつこさなど、素朴で迷信好きな島の人々の情に触れ、三八年の生涯に五回にわたってこの島を訪れた。

若者にとっては我慢ならないような閉塞感が漂う一方で、情に厚い、愛すべき同胞が住む故郷でもあるアイルランド。この故国に対する相反する想いに引き裂かれそうになりながら多くの優れた文学作品は生み出されたのではないだろうか。かつては詩を吟じ、音楽に興じていた純朴な民族にとって、イングランドは自分たちの文化を蹂躙した圧制者である。しかし、同時に、イングランドが彼らの文化に独特の陰翳を投げかけ、その翳りが彼らの文学的な原動力になっていることもまた、たしかなのである。アイルランドの作家がこの事実にどのように向き合い、どのように自国のアイデンティティを確立していくのか。この問題は、一九九五年にノーベル文学賞を受賞した詩人シェイマス・ヒーニー（Seamus Heaney, 1939-2013）、ゲール語で詩作する女性詩人ヌーラ・ニー・ゴーノル（Nuala Ní Dhomhnaill, 1952-）など現代の作家たちにも受け継がれている。

（鈴木ふさ子）

3

ケルト——アイデンティティの模索

ケルトとは？

ケルト音楽、ケルト映画、ケルト文学、ケルト美術、といった具合に「ケルト」はひとつの民族、あるいは様式として理解されているが、そもそも「ケルト」とは一体何なのか。

「ケルト」という言葉の起源は、紀元前六世紀のギリシア人地理学者ヘカタイオスが、当時アルプス山脈以遠のヨーロッパ、イベリア半島に分布していた民族を指して使ったギリシア語「ケルトイ（Keltoi）」とされ、意味は「よそ者」である。ケルト人は紀元前七世紀初頭にはバイエルン、ボヘミア地方に居住し、以後ヨーロッパの広域に広がり、紀元前四―三世紀には現在のイタリア、バルカン半島、小アジアにまで進出していた。ここで重要な点は、ケルト人が人種によって分類される民族ではないという点だ。ケルト人とは、言語（ケルト語）、文化、社会制度、宗教、神話を共有する人々の総称なのだ。ケルト人は部族単位で存在していたため、最後まで大陸で統一国家を形成することはなく、次第にローマ人やゲルマン、ノルマン民族によって支配されることになる。

大陸ケルトと島嶼《しょ》ケルト

ケルト人の共通言語であるケルト語はインド＝ヨーロッパ語族の一語派で、大陸

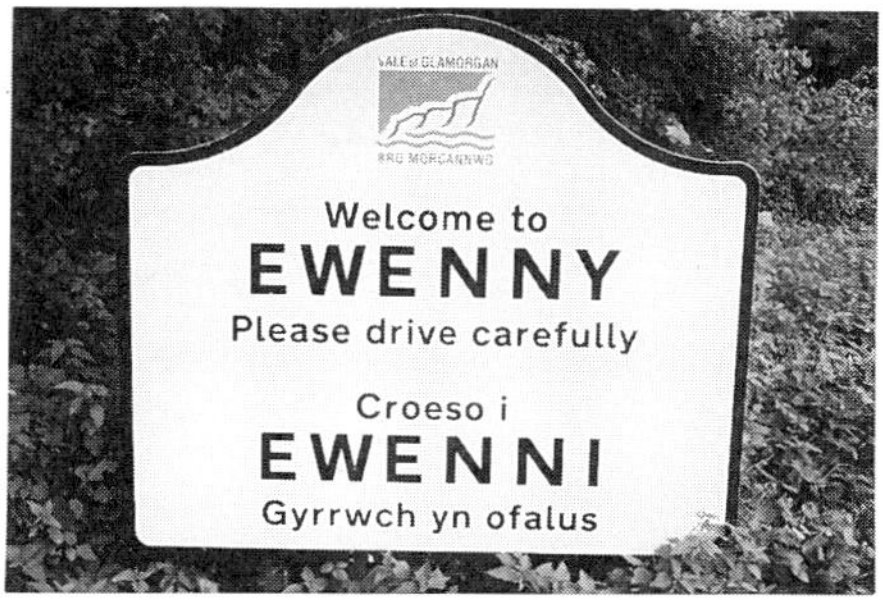

図１　ケルト語と英語の２カ国語表示（ウェールズ）

ケルト語と島嶼ケルト語の二つに分けられる。前者はヨーロッパ大陸で使われていたケルト語で、他民族による支配の中で紀元五世紀頃までに消滅していった。後者は、ローマ人やアングロ・サクソン族、ノルマン人などの侵攻の影響を免れた、アイルランド（ゲール語）、スコットランド（ゲール語）、ウェールズ、マン島、コーンウォール、そしてフランス、ブルターニュ地方（ブルトン語）の六つの地域で残っていったケルト語である。スコットランドやウェールズがアイルランドとともにケルトと呼ばれるようになったのは、古代ケルト語がこれらの地に残ったことが言語学上の推論として認められるようになった一八世紀以降のことだ。また、イギリスのケルト系民族の祖先が大陸から来たケルト人であるかどうかは定かでなく、最近の研究では新石器時代から住んでいた先住民が大陸ケルト語やその文化を吸収したのであって、ケルト系民族が先住民を駆逐したのではないとされている。

ケルト社会

ケルト人社会は、王と戦士貴族、ドルイド僧や詩人などの知的階層、そして自由民の三階層から成り、農耕中心の経済形態をとっていた。宗教は何百もの神の存在を信じる多神教で、ドルイド僧がさまざまな儀式を執り行い、法律家や教師、詩人の役割も果たした。紀元前五世紀からのケルトの祭祀はハロウィン（ケルト暦の新年サウエンの大晦日）やメイデー（五月一日はケルト暦で夏の初日であるベルティナ）などの形で現代も残っている。ケルト伝説や神話としてよく知られているものには、アイルランドの『クフーリン説話集成』、アーサー王物語が収められた『歴代ブリ

(1) ジェイムズ・マクファーソン（James Macpherson, 1736-96），ウォルター・スコット（Sir Walter Scott, 1771-1832），ロバート・バーンズ（Robert Burns, 1759-96）など。

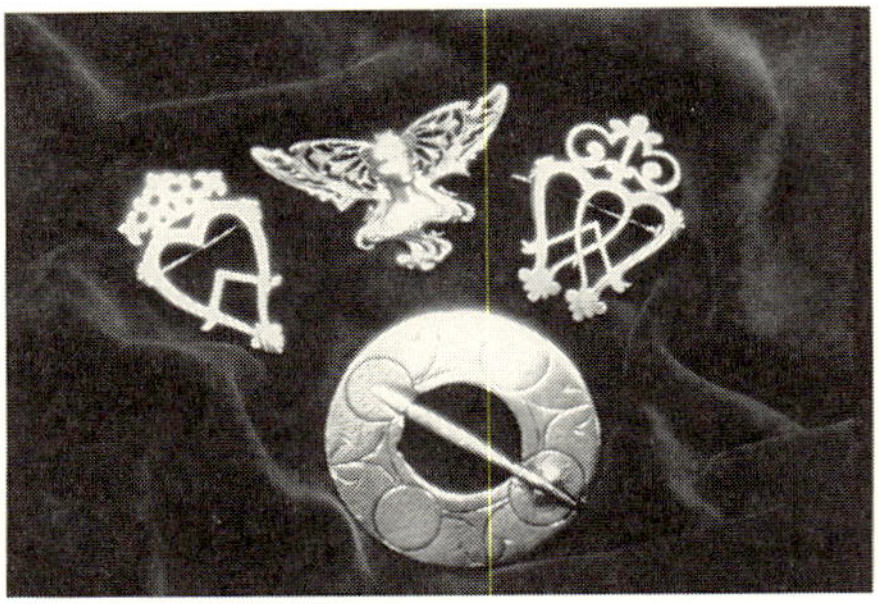

図2　ケルト文様をあしらった装飾品

タニア王伝』、ウェールズの中世騎士物語集『マビノギオン』などがあり、その中にはケルト特有の死生観が見られる。

ケルト美術・文学

ケルト美術として知られる、S字型を基本とする曲線をモチーフとした抽象的で幾何学な形態のケルト文様（紀元前五〇〇年頃のラ・テーヌ期美術の中で発展した）はギリシアやローマの自然主義的美術と対極をなすもので、長い間、原始的だとか稚拙だとかいった評価を受けてきたが、近年になってその美術的価値が認められるようになった。こうしたケルト美術は、ローマ化されることのなかったアイルランドとスコットランドにおいて生き残っていく。ケルト的色彩の強いキリスト教美術が栄えた七―九世紀に造られたケルト十字架（腕木のところに輪が交差し、螺旋や曲線の繊細な文様が彫り込まれている）は、アイルランド、コーンウォール、スコットランド、マン島などに残る。

スコットランドのゲール語で初めて書かれた文学は『リズモア主席司祭の書』で、一四―一六世紀にかけての詩やバラッドが収められていた。一八世紀になるとゲール語文学とともに、英語でスコットランドの英雄物語や詩を書く愛国的な作家たち(1)が現れたが、その後ゲール語の急速な衰退とともに、ケルト色の強い文学は少なくなっていった。イングランドと連合する前、ウェールズでは領主を讃える詩やサクソン族との戦いを主題とした英雄詩などが書かれた。一四世紀の『マビノギオン』は、ケルトの口承伝説を収めた重要な作品である。一六世紀のイングランドと統合

図3 「アイステズボッド」の様子

後、外からの移民も多かったウェールズではケルト文化への関心が薄らいでいったが、一八世紀にウェールズ文学復興運動が興り（一七八九年、中世の吟遊詩人たちの詩歌競演祭「アイステズボッド（Eisteddfod）」が再開し現在に至る）、現在もウェールズ語の文学は書かれ続けている。二〇世紀にはウェールズを題材にしたりウェールズ語の特徴を取り入れたりした英語文学「アングロ・ウェルシュ文学」が登場し、ディラン・トマス（Dylan Thomas, 1914-53）やR・S・トマス（R. S. Thomas, 1913-2000）といった、世界的作家が生まれた。

ケルトのアイデンティティ

もともとケルト人とはケルト語を話す民を意味したが、現時点でケルト語を話せる人は、先に挙げた六地域全体の三割にも満たない。それでもI am Scottish/Irish/Welsh. と、自らを呼ぶ時、自分は長い歴史を持つケルトの民だという誇りを感じるし、二カ国語表示の道路標識も「ここはイングランドとは別の国」と主張している。(2)

ケルト民族としての独自性を模索する動きは二〇世紀中盤から盛り上がり、一九九〇年代後半には北アイルランド、ウェールズ、スコットランドに次々と独立議会が発足した。それぞれの議会で民族主義を唱えるシン・フェイン党、スコットランド民族党、ウェールズ国民党が第二党として勢力を持つ。英語化、国際化が進む中で、ケルトの伝統を守り、ケルトとしてのアイデンティティを求める傾向はむしろ強まっていると言えよう。

（中野葉子）

(2) サッカーのワールドカップでもスコットランド，ウェールズ，北アイルランドがイングランドと並ぶ独立した「国」としてそれぞれに国旗をもって出場する。

4 インド／アフリカ／カナダ／オーストラリア——世界の中のイギリス

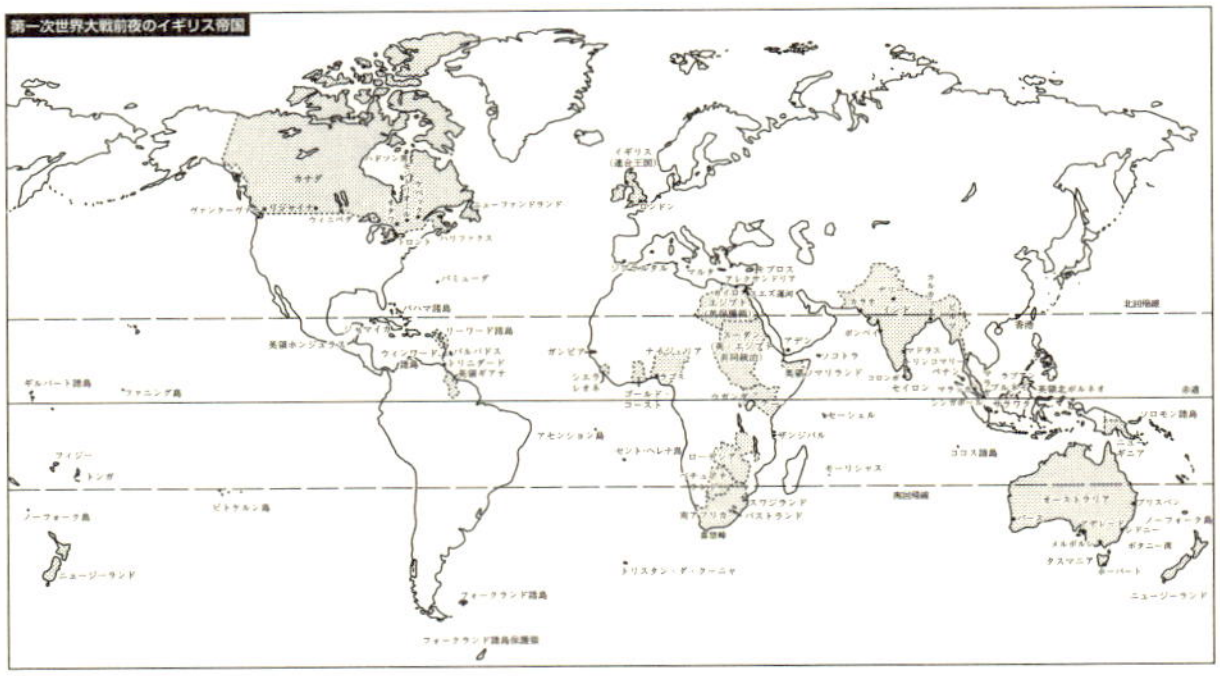

図１　1905年の大英帝国の地図

イギリスは「紅茶の国」か？

イギリスと言えば紅茶というイメージは強く、相変わらずイギリス土産の定番の一番手であろう。また、最近は、若い人を中心にコーヒーの方を好む人も増えたというが、今でもイギリスの街や村にはたくさんのティー・ルームがある。歩くのに疲れると、気軽にクロテッド・クリームをたっぷりと塗ったスコーンを食べながら紅茶を楽しむこともできる。そんなこともあり、気候的な理由からイギリスでは紅茶の栽培はできない、そんな事実を知ると意外な感じがする。自国で生産できないものが名産品になるというのは何だかおかしな話だ。

では、「イギリスは紅茶の国」というイメージが定着したのはなぜだろうか。このことを考えていくと、かつてイギリスが世界中に抱えていた植民地の存在が見えてくる。一五世紀以降、イギリスの各植民地は本国の経済的発展を支えたのであるが、現代まで尾を引くことになる深刻な問題も多く残すことになった。

インドへの道

一四九八年、バスコ・ダ・ガマの艦隊がカリカットに寄港したことからヨーロッパ諸国とインドとのかかわりが始まる。一六世紀まではポルトガルが独占的に支配、一七世紀からはイギリス、オランダ、フランスなどが加わった。とくにイギリスは、

図２　ヴィクトリア女王のインド女帝即位記念祝典（1877年）

一六〇〇年に東インド会社を設立してからは他国を圧倒し、強大な軍事力を背景にインド支配の足場を固めることになった。

もともとは貿易会社であった東インド会社は、やがて地税収入を主たる財源とする統治機関へと変貌し、本国とインドとを経済的に結ぶ大きな役割を果たすようになる。産業革命が進み、インド産綿布などの原材料の供給先と加工製品の販売市場としてインドの存在価値が増すと、経済活動を活性化させようと、政府は東インド会社の独占貿易権を廃止して貿易の自由化を図った。こうして、インド総督を中心とする植民地支配体制が確立された。

一八五七年のセポイの反乱など、インドにおけるイギリスの支配体制に対する不満が高まると、体制をより強固にしようとする動きも強まった。東インド会社を解散させて政府の直轄地とし、一八七七年にはヴィクトリア女王がインド皇帝を兼ねることになったのもそのひとつである。

アフリカにおける奴隷供給と植民地分割

アフリカとヨーロッパ諸国とのかかわりは一五世紀半ば以降から始まったとされる。まずポルトガルが交易拠点を作ったのに続き、一七世紀になると、オランダ、イギリス、フランス各国が海上交易の拠点をめぐって主導権争いを始めることになる。やがて、西インド諸島やアメリカ大陸における農場《プランテーション》経営が盛んになると、アフリカは、そのために必要な奴隷供給の三角貿易の拠点のひとつとなっていく。

一九世紀になって奴隷貿易が廃止されると、ヨーロッパ諸国は、次には産業革命

(1) オーストラリアでは，南を上に北を下に印刷したさかさまの世界地図を買うことができる。文字通りの「アップサイド・ダウン（さかさま）」の地図であるが，これはどうやらお土産用に半ばジョークで作られたものらしく，学校で使われる学習用はこのような地図ではなく，北が上になったものであるという。

図3 フランツ・ファノン

に伴う原材料の供給と販売市場としてアフリカを利用するようになる。イギリスは、自治能力をつけるための植民地教化とアフリカの資源の世界的有効利用という二点を口実に支配を続けた。可能な限り首長層の権限を抑制するという直接統治ではなく、反対にこれを巧みに利用して支配の円滑化を図る間接統治をイギリスは採用したが、被植民者の中にエリート層を作るこの手法は後に深刻な問題を引き起こす。そのひとつである被植民者のアイデンティティ喪失問題は、フランツ・ファノンが『黒い皮膚　白い仮面』（一九七〇年）でフランスを例に指摘している。

多文化主義の国カナダ

一六〇三年、豊富な鱈や良質の毛皮を求め、まずは商人とそれを守る軍人、そして宣教師らがフランスからカナダ北部へ入植した。ほぼ同時期に、イギリスがカナダ南部に入植してニューファウンドランドを自領としたことから、一八世紀初め頃まで、両国はカナダでの覇権をめぐって激しく争うことになる。しかし、一八六〇年代に、イギリスはカナダにおいてフランスを圧倒するようになった。

しかしながら、ケベックではすでに多くのフランス人が居住していたこともあり、イギリス領となった後も、フランス民法の施行、フランス語の使用、カトリックの信仰を特別に認めた。その後に起こるアメリカ独立戦争に伴って、大量のイギリス人がカナダに移住してきたことから生じたケベック内におけるイギリス人とフランス人の間の緊張の高まりは容易に想像できる。その結果、ケベックは二分され、両者が共存しながらも、種々の問題を現在まで引き継いできている。

図４　マーガレット・ハンフリーズ著『からのゆりかご』の日本語版

さかさまの国オーストラリア(1)

一七七〇年にジェイムズ・クック船長（James Cook, 1728-79）がボタニー湾に上陸し、オーストラリア大陸東部のイギリス領宣言を行ったことを皮切りに、一七八八年よりイギリスによる植民化が本格的に始まった。アメリカ独立に伴い、新たな流刑地を入手する必要のあったことも大きい。当時の法律では、万引きで流刑七年、窃盗で流刑一四年という重罪となり、流刑制度の廃止まで約一七万人がオーストラリアに流されたとされる。しかし、本国を追放される憂き目にあったのは罪人だけではなく、多くの恵まれない子どもたちが騙されて移住し、過酷な労働や性的虐待を強いられていた児童移民の問題もある。一九六七年というつい最近まで続けられたこの制度の推進者は政府や教会であったという衝撃的な事実があった。(2) これもイギリスとオーストラリアをめぐるまぎれもないひとつの歴史である。

文学作品に描かれた植民地

世相を反映する文学作品で植民地が言及されるのは当然だが、その多くには共通点がある。「ウェスト・インディアンズ」と呼ばれる西インド諸島の砂糖農園経営者、「ネイボッブ」と呼ばれるインド帰り、そしてチャールズ・ディケンズ（Charles Dickens, 1812-70）の『大いなる遺産』（一八六〇-六一年）のマグウィッチのようなオーストラリア帰りなど、いずれもお金は持っているが、生まれも育ちもよくないことで揶揄される。裕福であることで羨望され、出自の卑しさで軽蔑されるのが、文学作品の「植民地」のステレオタイプのひとつといえる。

（向井秀忠）

(2) 児童移民の問題は，マーガレット・ハンフリーズの本の帯に「幼い棄民たちの物語——英国のもっとも恥ずべき秘密に挑んだ一女性ソーシャル・ワーカーの奮闘」とあるように，イギリスやオーストラリアの人々にとって認めたくない事実だが，どの国にも，それでもなお直視すべき歴史はあるのではないだろうか。

5

船——陽の沈まない帝国を支えたもの

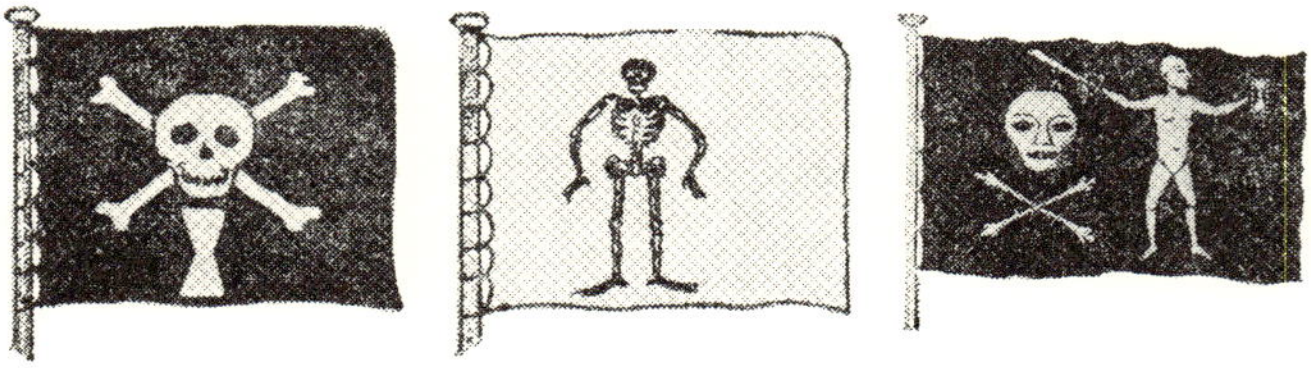

図1　さまざまな「ジョリー・ロジャー」

島国の想像力は海の彼方へ

イギリスのように四方を海に取り囲まれた島国の人々にとって、海は単に漁業などを通して生活の糧を与えてくれるだけではない。船を使って行動する範囲が造船・船舶技術の向上に伴って広がっていけば、船は単なる移動手段以上の役割を果たすようになる。限られた国土しか有さない島国が経済的発展を期待するのであれば、海外諸国との通商は避けられない方策であり、政治的に領土拡大を果たすにはやはり海の向こうへと出ていくことが必要であった。このような海の彼方への想像力はやがて現実のものとなっていくのであるが、飛行機が発明されるまでは、そのための手段としては「船」しかなかったのである。イギリスにとって、国が発展していく上で「船」が果たした役割は大きなものであったといえる。

骸骨旗《ジョリー・ロジャー》のもとに

海の彼方へと思いを馳せたのは何も島国だけではない。ヨーロッパにおいて、まず海上の覇権を握ったのは、ローマ教皇の教書を得ていたスペインとポルトガルであり、イギリスはその競争に出遅れることになった。一七世紀から一八世紀にかけて、両国はまさに世界を二分するような勢いで強力な艦隊を背景に世界の海をわが物顔で航海していたが、そんな彼らをも恐れさせていたのが、カリブ海域の西イン

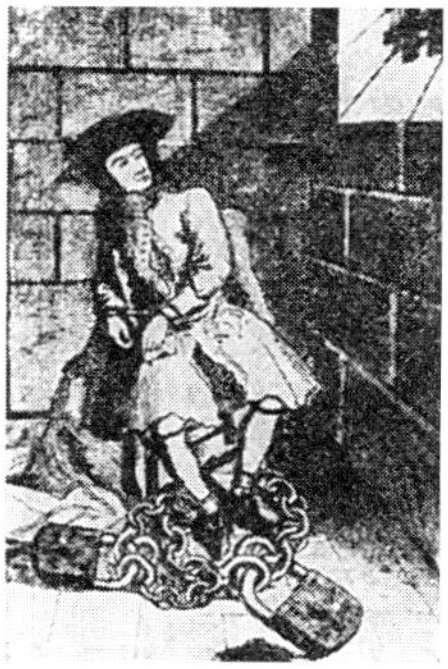

図２　牢屋の中のキャプテン・キッド

ド諸島を中心に財宝船を狙っては猛威を振るっていたバッカニーア（buccaneer）と呼ばれる海賊集団であった。

まだ十分な常備の海軍を持っていなかったイギリスは、私拿捕《しだほ》あるいは私掠《しりゃく》という方法で、とくにスペインを牽制する目的でこの海賊たちを利用していた。これは、戦時に、敵国艦隊に限って拿捕・掠奪することの許可状を国が特許として与えるもので、戦利品の約一割を国に納めれば、残りは拿捕者の取り分となるというものであった。時には、国同士の報復行為として行われることさえあった。

いくら敵国の後ろ盾があろうとも、私拿捕・私掠が海賊行為であることは変わりなく、襲われる側にとって黙って見過ごすことはできなかった。とくに度を超すような事件が起こると、そのまま両国の外交問題へと発展し、この時期のイギリスとスペインはしばしば緊張関係を強いられることになった。ここから得られる収入の魅力は国にとっても大きかったものの、さすがに相手国からの抗議の圧力が強まってくると、イギリス政府も表面的には私掠船の取り締まりに本腰を入れる様子を見せることが必要となることもたびたびであった。こうして、有力な海賊たちの多くは、ある時には政府公認の私掠船となり、またある時には単なる海賊船と見なされるなど、その時々の政治状況に翻弄され続けたのであった。

有名な海賊たち

イギリスには、ヘンリー・モーガン、キャプテン・キッド、アヴェリー、黒髭ティーチ、バーソロミュー・ロバーツなど有名な実在の海賊も多く、これまでにも小

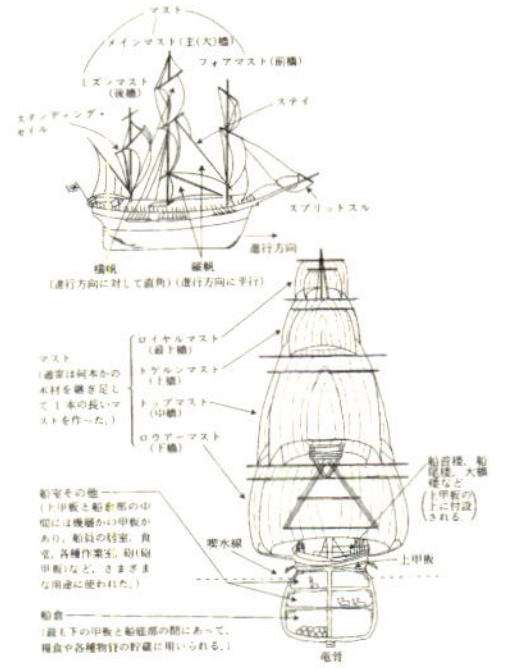

図３　帆船の構造

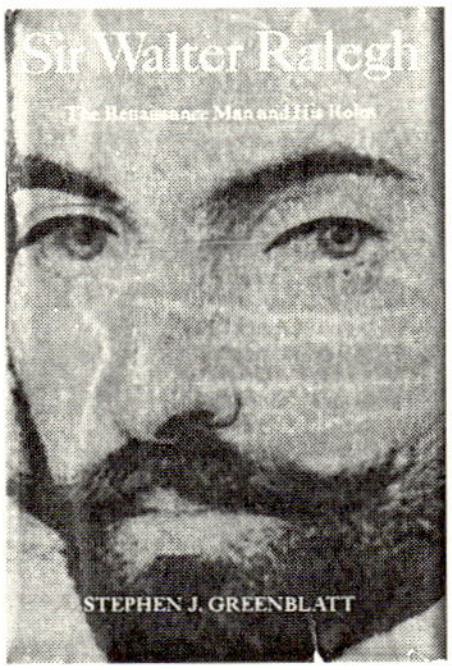

図４　サー・ウォルター・ローリー

説などでしばしば題材として使われている。なかでも、キャプテン・キッドことウィリアム・キッドはとくに有名だ。彼はスコットランドの出身で、時の国王ウィリアム三世の側近大臣たちの投資を受け、まずはフランス艦船の私拿捕を目的に出航した。しかしながら、十分な成果を上げられず、船乗りたちの不満を解消する必要から海賊行為に走ってしまう。政府が許可を与えたこの私拿捕船が海賊と化してしまった事件はイギリス国内でも大問題となった。キッドの帰国後の裁判では、本人は海賊行為を否認しながらも、部下の船員を撲殺した罪によって有罪となり処刑された。彼の隠した埋蔵金の噂が広がったこともあり、死後もキッドは海賊としてますます有名になっていった。

有名な船乗りたち

イギリスで人気のある船乗りには、サー・ウォルター・ローリー（Sir Walter Raleigh, 1552-1618）とフランシス・ドレイク（Sir Francis Drake, 1540?-96）の二人がいる。北アメリカのヴァージニアに植民地を計画し、海外に広がってゆく大英帝国の礎を築こうとしたローリー。イギリス人として初の世界周航を成功させ、私掠船を率いてスペインを苦しめた挙句、ついにはスペイン無敵艦隊を破ったドレイク。二人とも、エリザベス一世の時代の英雄的な船乗りである。

ローリーは、女王陛下の寵愛を受けた廷臣・政治家であっただけでなく、「海を支配する者は世界を支配する」を座右の銘として活躍した航海者・海軍提督でもあった。また、ロンドン塔に幽閉された際には『世界史』を執筆するなど文才にも恵

図5　フランシス・ドレイク

まれていた。ただし、女王在位期間の華々しさと比べ、南アメリカのオリノコ河上流の黄金郷《エル・ドラド》を目指す探検が不首尾に終わるなど、その晩年は悲惨なものであった。

ドレイクは、少年の頃から船に乗り込み、メキシコでの戦争に加わって功績を上げると女王の信任を得て、一五八〇年にマゼラン海峡を太平洋に出て世界周航を成功させた。一五八八年には、スペイン無敵艦隊を撃破し、スペインの侵略を未然に防ぎ、その後にイギリスが海外進出を果たしていくための強固な基礎を作った。

その後の「海」をめぐる物語

一八世紀に入ると、イギリスの海の彼方への想像力はカリブ海域や南北アメリカ大陸から南太平洋へと向かうようになる。ジェイムズ・クック船長率いるエンデヴァー号は、一七六九年にニュージーランドに、翌年にはオーストラリア東岸に至り、この辺りをイギリス領として宣言することでオーストラリアの植民が本格的に始まることになる。以後、クック船長は、複数の南洋への航海で、ニューカレドニアやサンドウィッチ諸島など、ヨーロッパの南洋地図に新たな「発見」を記すことになり、南洋への想像力はますます強まっていくことになった。

現代でも、海をめぐる物語は人々の想像力を刺激してやまない。日本でも、新たな航海記が翻訳出版され、(1) C・S・フォレスターやアレグザンダー・ケントなど海軍戦闘モノの小説も文庫本で手軽に読むことができる。飛行機が十分に需要を満たすようになるまでは、エリザベス二世号などの豪華客船の時代が続くことになるが、「船」が人間の海の彼方に対する想像力を支えてきたことがよくわかる。（向井秀忠）

(1) 2006年に，「シリーズ世界周航記」（全8巻＋別巻）の翻訳が岩波書店から出版された。別巻として添えられた石原保徳・原田範行両氏による『新しい世界への旅立ち』には，航海や周航記のみならず，「船」そのものについても教えられることが多い。

6

奴隷——もうひとつのイギリス史

イギリス首相の謝罪

二〇〇六年一一月、当時のイギリスの首相トニー・ブレア（Tony Blair, 1953- ）は、奴隷貿易廃止法の成立から二〇〇年目に当たる二〇〇八年に先立ち、かつてイギリスがかかわった奴隷貿易が「人間の尊厳を冒す犯罪」であるとして「深い悲しみ」を正式に表明した。(1) 時の首相のこの発言について高く評価する向きがある一方、なおも十分な謝罪とはなっていないと批判する意見も出された。翌年、ガーナ大統領と会談した際、ブレアは改めて「遺憾の念」を表明することになった。世論でも、奴隷貿易という非人道的な過去の行為について真摯に反省する声が多い反面、祖先の行いに対する償いを今の世代が引き受ける必要はないといった意見も根強い。

植民地での農場《プランテーション》経営と三角貿易

一五世紀から一九世紀にかけ、奴隷として、アフリカからカリブ海や南北アメリカ大陸へ約二七〇〇万もの人々が強制的に輸送されたといわれている。当時、ヨーロッパが海外の植民地で大規模に経営していた農場で安価な労働力が必要とされていたからだ。激しい植民地競争に加わっていたイギリスもその例外ではなかった。

イギリスの場合、中心的な各港（ロンドン、ブリストル、リヴァプールなど）から安価で粗悪な商品を詰め込んで出港した商船は、アフリカ西海岸でその商品と奴隷と

(1) ブレア元首相の正式コメントは以下の通り。「200周年の機会は，奴隷貿易を深く恥ずべきものと認め，この過去の行為を明白に非難し，廃止運動に関わった人々を称賛するだけではなく，そういう事実があったことに深い悲しみを表し，我々が生きているより良き今日のことを喜ぶ機会を与えてくれた。」

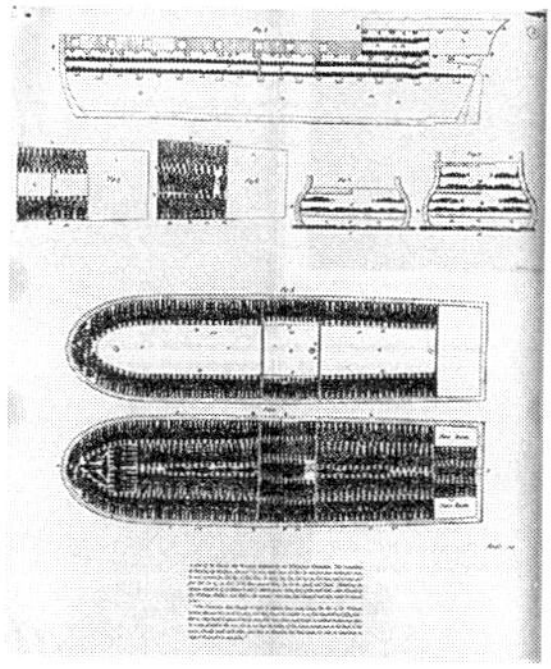

図1　奴隷船に詰め込まれたアフリカの人々

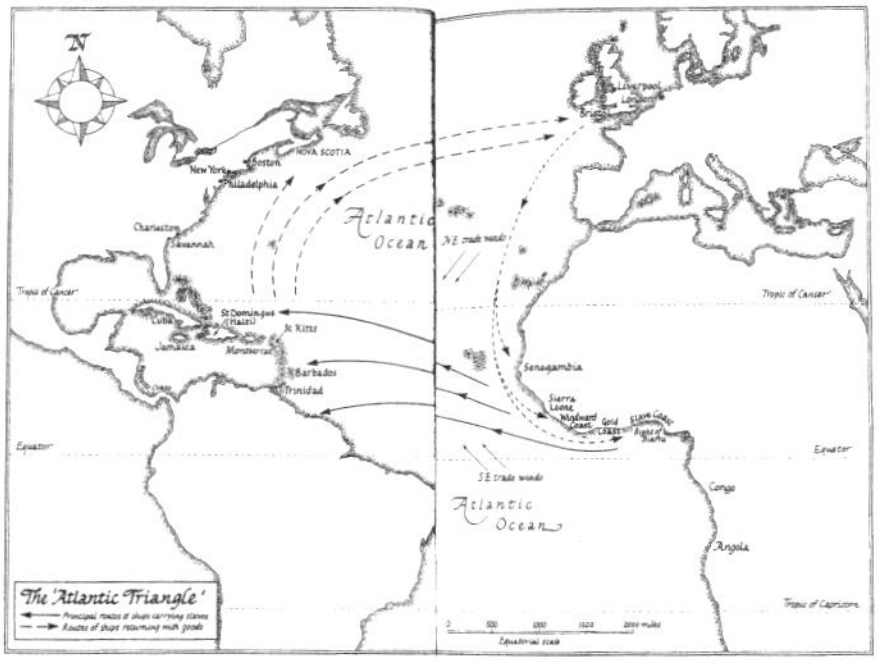

図2　三角貿易の径路

を交換し、次にはカリブ海諸島やアメリカ両大陸を目指す奴隷船として航海を続けた。各植民地で奴隷を売却した後は、農園で作られた産物（砂糖、ラム酒、たばこ、コーヒーなど）を積み込んだ商船としてイギリスへの帰路についた。

一度の周航で三カ所での取引を経由するこの「三角貿易」は、考えられる限りにおいて非人道的で許されざる罪であることは確かである。植民地の農園主や奴隷貿易に関わった商人などは莫大な富を得ただけでなく、イギリス本国もその大きな経済的恩恵を受けていた。狭い場所にほとんど身動きもできないくらいに詰め込まれた奴隷船内での扱いは劣悪で、およそ二割の奴隷が航海中に命を落とし、一〇マイルも離れた奴隷船の悪臭が漂ってきたという記録も残っている。また、たとえ過酷な航海を生き延びたにしても、彼らを待っていたのは、人間としての尊厳を否定されて農園で搾取され続ける生活であった。

このような悲劇の裏で、西インド諸島などの農園主や奴隷貿易にかかわった商人たちの一部は莫大な富を得ることができた。そして、その経済力を背景に、イギリス本国に地所を購入して領主となると、イギリスの上流社会に入り込み、世襲貴族さながらの優雅な生活を送る一族も現れるようになった。当時、このような事実が一般的に知られていなかったのは、植民地の農園経営者たちが自分たちの利権を守るため、国会を中心とする政治活動を熱心に行っていたからであった。

奴隷廃止運動の展開

しかしながら、一八世紀末から一九世紀初めにかけ、宗教関係者を中心に奴隷貿

図3　ウィリアム・ウィルバフォース

図4　包囲される奴隷船

易に対する疑問の声が高まっていった。イギリスでも、一七八七年にクエーカー教徒を中心とする奴隷制反対の運動が起こると、ウィリアム・ウィルバフォース（William Wilberforce, 1759-1833）やトマス・クラークソン（Thomas Clarkson, 1760-1846）などの国内の福音主義者たちが熱心な活動を開始した。その運動の影響もあり、世論も奴隷貿易や奴隷制などの非人道的な行為に対して関心を抱くようになる。

この流れの中で、一八〇七年三月二五日に奴隷貿易廃止法が可決、帝国内での奴隷貿易が法律で禁止され、同時に奴隷船に対する積極的な取り締まりも行われるようになった。しかしながら、この時点では、あくまでも奴隷の輸送を禁じるにとどまり、奴隷制そのものが廃止されたわけではなかった。そのため、その後は奴隷制そのものへの廃止運動へと引き継がれ、一八三三年には奴隷制廃止法が議会で成立し、国内および帝国内の植民地における奴隷制度が違法なものと認められることになった。こうして奴隷解放が行われたものの、農園主には二〇〇〇万ポンドもの補償金が支払われたのに対し、解放された人々には何の補償も行われなかった。

文学作品に描かれた奴隷制

このような奴隷問題は、イギリスの文学作品においてもしばしば言及されている。ダニエル・デフォー（Daniel Defoe, 1660-1731）の『ロビンソン・クルーソー』（一七一九年）の主人公が難破したのは、ブラジルでの農園経営に成功し、新たに奴隷を入手しようと出かけた航海においてであることは意外に知られていない。W・M・サッカリー（W. M. Thackeray, 1811-63）の『虚栄の市』（一八四八年）には、黒人の召使や白人と黒人のハーフ《ムラート》が登場し、その描かれ方に偏りがあることにはすぐに気づかされる。それだけではなく、この小説に添えられた挿絵が作者自身の手によるものであることを考えれば、この作品が言葉と視覚イメージの両方において当時のイギリス社会が持っていた黒人に対する悪意のあるステレオタイプを映し出していることは一目瞭然である。

また、エドワード・W・サイード（Edward W. Said, 1935-2003）がジェイン・オースティン（Jane Austen, 1775-1817）の『マンスフィールド・パーク』（一八一四年）を取り上げて論じたことはその後の文学批評に大きな影響を与えることになった。オースティンのような政治とは無縁に見える作家たちでさえ、生きていた時代を超越することはできず、その作品には植民地での大規模農園経営や奴隷貿易などの帝国主義の歴史が塗り込められていることを指摘するポスト植民地主義批評というひとつの大きな流れが作られることになった。

図５　サッカリー『虚栄の市』に添えられたスウォーツ嬢の挿絵（サッカリー自身の作）

もうひとつの奴隷制

最後に、日本ではあまり知られていない白人奴隷についても触れておきたい。一五三〇年から一七八〇年にかけて、北アフリカのバルバリー海岸の海賊が中心となって、ヨーロッパの商船や海岸沿いの町を襲撃して、一〇〇万もの白人たちが拉致され、奴隷としてアラブ諸国に売られていたという事実がある。その実情については、奴隷とされた船員たちが書き残した日記や記録などに頼るしかないが、多くはイスラム教徒に奴隷として売られ強制的な労働を強いられていたという。（向井秀忠）

7 探検――世界の果てまで

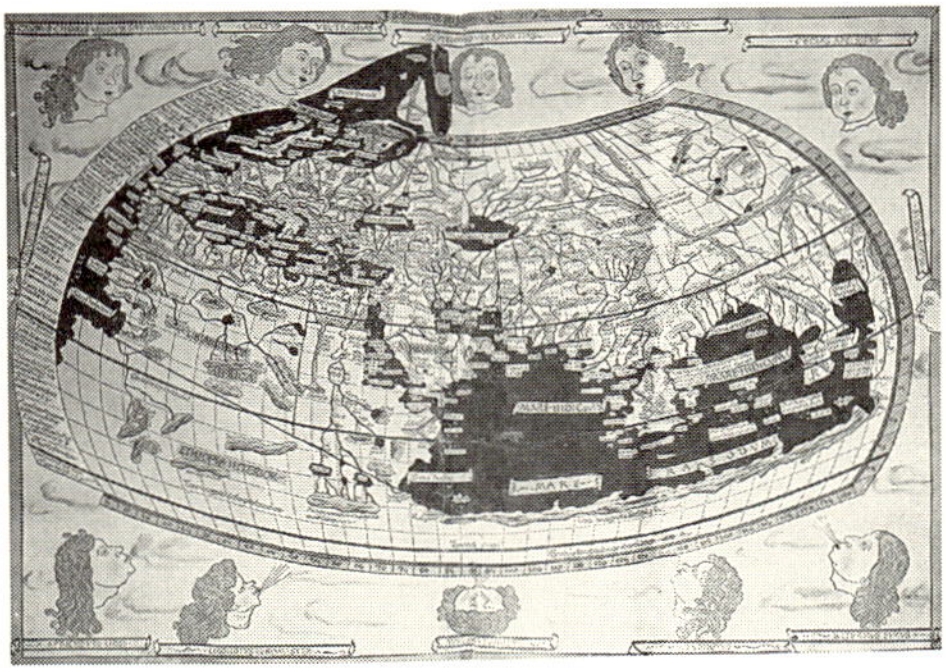

図１　プトレマイオスの世界像，ブリテン島はほぼ北端

辺境から中心へ

古代ギリシアの地理学者で、歴史家でもあったストラボン（64BC?-c.23AD）は「その民族が島に住んでいて、孤立している場合には、われわれに益することも、われわれを害することもない」とブリテン島について述べている。キリスト教化が進んだ後も、紀元三七〇年頃は依然として辺境扱いであった。ジョウゼフ・コンラッド（Joseph Conrad, 1857-1924）の『闇の奥』（一八九九年）の冒頭で、語り手マーロウが言うように、ロンドンも「かつては地上の闇黒地帯の一つだった」のである。

そもそもヨーロッパ自体が長く辺境とされていた。ヨーロッパこそが世界の中心に位置するという意識が生まれたのはルネッサンス期であったとされる。ヨーロッパ人は新しく発見された世界の「未開」性を情報収集によって確認し、「文明」の地ヨーロッパの中心性を強固なものとしようとした。エリック・リードの言うように「ルネッサンス以降、旅は世界を情報として所有するための、きわめて精巧に構成された方法になった」のである。ヨーロッパから各地に渡った旅人は、近代的な「知」の地平を拡大するという文化的使命を帯びた英雄でもあった。

探検家たち

大航海時代にポルトガル、スペインに続いてイギリスが海外への進出を始めたと

図2　フランシス・ドレイク

図3　ジェイムズ・クック

き、探検の基層にあった動機も、「辺境」イギリスを中心的存在へと転換するための情報収集であった。近代イギリス経験論の創始者フランシス・ベーコン（Francis Bacon, 1561-1626）が「自然界のすべての物体と属性はできうるかぎり数、目方、寸法、明確な定義に還元しなくてはならない」と観察・記述の重要性を勧告した。私掠船の船乗りまでもが精確な航海日誌を日課とするようになった背景には、王立協会がベーコンの勧告に基づき、遠洋航海に出かけるあらゆる探検者、航海士、旅人に各種の道具を駆使しての精緻な観察を指示したことが大きいとされる。

一七世紀以降の経済発展を背景として、大英帝国は数々の探検を進め、いっそうの経済力と政治力を獲得していった。「探検」は「冒険」と似ているが、同じではない。冒険を個人による日常からの脱出とすれば、組織的に行われ、帰還を前提とするのが探検だろう。元は私掠船船長とはいえ、一五七七年に五隻の船隊を率いて出発し、八〇年にイギリス人として初の世界周航に成功したフランシス・ドレイクも、この意味で探検家と呼べるだろう。ドレイクは、エリザベス一世からナイト爵を授与され、スペインの無敵艦隊に対してはイギリス海軍副司令官として活躍した。

極地探検と悲運の英雄

イギリス人による探検は数多いが、有名な例をいくつか紹介したい。国家的事業としての探検でもっとも有名なのは、ジェイムズ・クックによる三度の「南太平洋学術調査」であろう。貧しい農夫の家に生まれたクックは、当時地理学的にはまだ空白であった南太平洋上をタヒチ、ハワイ、ニュージーランド、オーストラリアと

図4　タヒチ入江とクックの船（中央右手の２隻）

探検し、それらの土地を地図化し、場所を命名した。同行したジョウゼフ・バンクス（Joseph Banks, 1743-1820）を中心とする博物学チームは標本を採集した。

探検には悲運の英雄もつきものだった。一九世紀初めになると、蒸気船等の産業革命による技術革新を背景に大航海時代以来の北極熱が再燃。数々の探検隊が北極を目指した。なかでも一八四五年、一二八人の乗組員ともども忽然と消息を絶ったジョン・フランクリン大尉（John Franklin, 1786-1847）の探検隊の捜索は、国民注視の中、その後一〇年以上にわたって続けられた。結局、全員餓死したことが判明するが、これらの捜索自体が北極圏の地理の解明に貢献した。一九一二年、ノルウェーのアムンゼンの南極点到達の三四日後に同地に到達し、帰途遭難したロバート・スコット大佐（Robert Falcon Scott, 1868-1912）も、フランクリン大尉の探検記を読んで極地への憧れをかき立てられたという。

アフリカ大陸探検

ナポレオンのエジプト遠征（1798-99）は、イギリスのインド支配への打撃を企図したものだった。これをきっかけとして、「暗黒大陸」アフリカに対するイギリス国内の関心は高まった。科学的好奇心に、キリスト教伝道という使命が加わり、さらに一八三〇年代以降は豊かな資源と領土を狙った商業的・政治的野心も相まってアフリカ探検は盛んになった。

一九世紀最大のアフリカ探検を行った宣教師リヴィングストン（David Livingstone, 1813-73）は、前人未踏の奥地まで入って伝道に努めたのち、政府の探検隊を

図５　リヴィングストンとスタンリーの出会い

図６　スタンリーとアラブ商人から贈られた少年

指揮して、大河の水源発見と奥地での奴隷貿易の実態解明に貢献した。消息不明となったこの国民的英雄の捜索を依頼され、一八七一年タンガニーカ湖畔でその健在を「発見」したのは、ウェールズ生まれの米国人ヘンリー・スタンリー（Henry Morton Stanley, 1841-1904）だった。スタンリーは、後にイギリスに帰化し、コンゴ地方探検などで英領アフリカの基礎作りに貢献した。

探検記と文学作品

一八三一年、若き博物学者チャールズ・ダーウィン（Charles Robert Darwin, 1809-82）は、イギリス海軍の南米測量船ビーグル号による五年にわたる世界一周の探検旅行に乗船し、『ビーグル号航海記』（一八三九年）を発表。ガラパゴス諸島での生物観察は、『種の起源』（一八五九年）における生物進化論に結実した。

探検記はイギリス文学の重要なジャンルをなすと共に数々の文学作品にも影響を与えた。極地探検はジョン・ミルトン（John Milton, 1608-74）の『失楽園』（一六六七年）、サミュエル・テイラー・コウルリッジ（S.T. Coleridge, 1772-1834）の「老水夫行」（一七九八年）、メアリ・シェリー（Mary Shelley, 1797-1851）の『フランケンシュタイン』（一八一八年）等に影響を与え、アフリカ探検はヘンリー・ハガード（Henry Haggard, 1856-1925）、コンラッドの文学を語るために欠かせない。ウィルキンズ主教の『新世界発見』とゴドウィン主教の『月の男』（ともに一六三八年刊）、Ｈ・Ｇ・ウェルズ（H. G. Wells, 1866-1946）の宇宙旅行に始まる現代ＳＦすら、探検記の系譜に連なると言えるだろう。

（中川僚子）

8 万国博覧会——世界に誇る産業技術

燦然とかがやく水晶宮

ロンドンのハイド・パークで一八五一年五月一日から一〇月一五日までロンドン大博覧会（the Great Exhibition）が開催された。これが、最初の国際博覧会（通称、万国博覧会）である。ヴィクトリア女王の夫アルバート公を中心とする芸術・工業・産業振興のための王立委員会のメンバーたちによって、工業技術とデザインの祝典として組織されたものであった。会場は、鋳鉄の柱とガラスのはめ板、ガラス屋根という設計により、実質五カ月ほどで建設された。幅は約五六〇メートル、奥行き約一二〇メートル、高さが約三〇メートルの巨大な建築物で、それまでのヨーロッパの大建築物がすべて石造り、すくなくとも煉瓦造りであったのに対し、光に満ちあふれた大空間であった。設計者は、ジョウゼフ・パクストン（Joseph Paxton, 1801-65）。ダービシャのチャッツワース大庭園に幅約四〇メートル、奥行き約九〇メートル、高さ約二三メートルのパーム・ハウス（palm house）を建設して、ここを訪れたヴィクトリア女王を「とほうもない（stupendous）」と驚かせ、この温室内で巨大なヤシやシュロを育て、アマゾン原産のオオオニバスを開花させた造園師であった。

ハイド・パークにもとから生えていた背の高い樹木をそのまま取り込んだ、光りかがやくこの建物を、『パンチ』(1)誌は「水晶宮（the Crystal Palace）」と呼んだ。こ

(1) 正式名は『パンチ，またはロンドンどんちゃんセレナーデ』（*Punch, or the London Charivari*）。世界でもっとも有名なイギリスの諷刺漫画週刊誌。1841年7月14日創刊。1992年4月8日号で廃刊に至るまで151年間続いた。

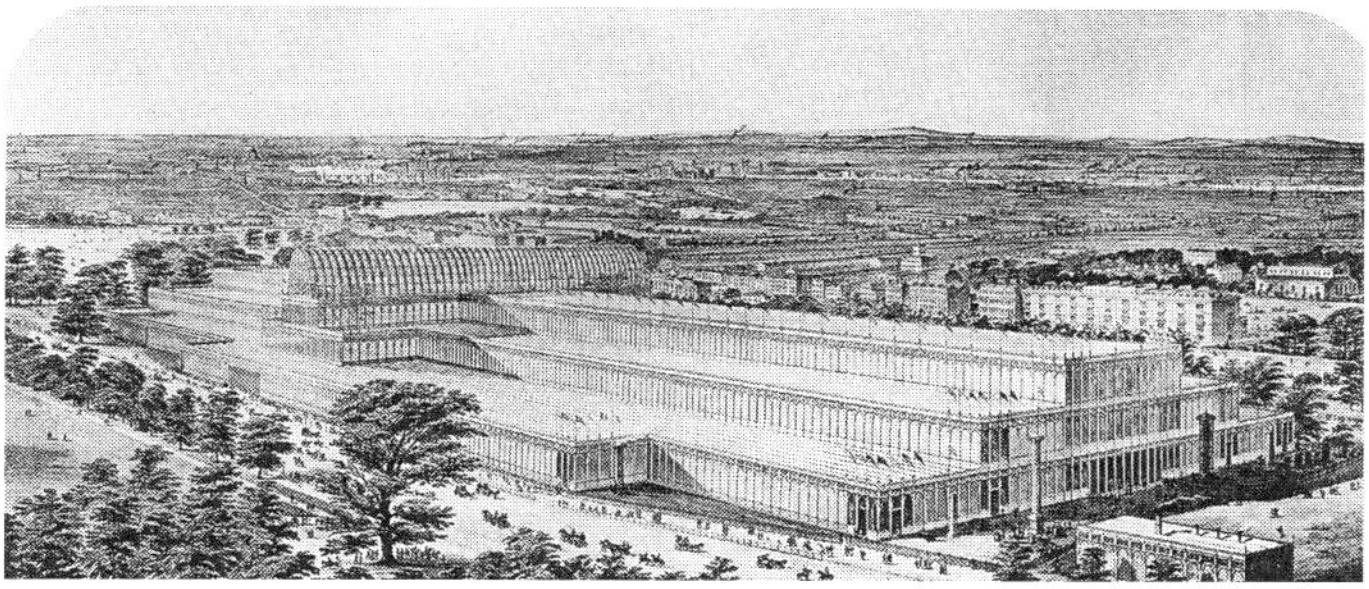

図1　水晶宮

の室内空間の各所に、新たに持ち込まれたヤシやシュロ類、観葉植物を豊富に配し、その緑の葉陰に大英帝国とその植民地、および世界各国から出品された美術品、発明品、機械類など、総数一万三〇〇〇名にのぼる出品者の品物が展示された。イギリス国内からの展示は、人間の産業活動の過程を示すため、原材料、機械類、製品とこの工程が最終的に生み出す（と考えられた）芸術である彫刻の四分野に分類された。これらのことからもわかるように、この会場は産業革命の成果を展示し、鉄とガラスの大量生産を可能なものにする産業技術を世界に誇示する格好の場でもあったのである。

この会場の建設には、造園師たちが南国の植物を越冬させようと技術的に腐心してきた温室様式が基本にあった。一八四五年にガラス税が撤廃されるまでガラスは贅沢品であり、鉄もまた大量生産ができない商品だったが、ヴィクトリア時代（一八三七－一九〇一）に入ってからの産業技術の進展はめざましく、石炭産業の発達によって鉄とガラスの大量生産が可能となり、この二つを組み合わせる技術も進歩した。つまり、水晶宮は当時の産業技術の粋を集めた建築物であり、博覧会はヴィクトリア時代の繁栄を象徴する出来事だったのである。もっとも、ジョン・ラスキン（John Ruskin, 1819-1900）は「これまでに建築された最大の温室」と批判し、カール・マルクス（Karl Marx, 1818-83）は、博覧会を資本家の商品に対する盲目的崇拝の象徴とみなしたのだが。

図2　水晶宮の中で女王列席のもと行われた開会式

水晶宮の文化記号論

万国博覧会やオリンピックが、開催国の産業や経済が世界に誇れる水準に達した時期におこなわれ、世界に向けて国家の力を誇示するという現在のかたちが生まれたのは、ロンドン大博覧会であったといえようが、この博覧会はどのような文化的意味合いを帯びていたのであろうか。

大博覧会が催されたハイド・パークは、もともとは王室の狩猟場という私有地だったが、一八三〇年代に下賜され、公的な場所（公園）となっていたため、会場にはあらゆる階層の人々が同時に入場し、展示物を観ることができたことをあげておかなければならない。これが意味するものは、一八三〇年にリヴァプールとマンチェスター間を走った世界初の鉄道の場合と同じだろう。車両の等級こそ別であったものの、すべての階層の人々が、一台の機関車に引かれて線路上を同時に運ばれていった。それまで特権的階級のみが利用していた馬車に代わって、階級にかかわりなく同じ乗り物を使うという平等が誕生したのである。因みに、トマス・クック（Thomas Cook, 1808-92）が列車を借り切り、労働者の禁酒運動のための団体旅行を始めたのが一八四一年であり、ヴィクトリア女王とアルバート公が初めて列車を利用したのはその翌年であったこと、またクックが往復の乗車券、宿泊料、入場券込みの博覧会見学ツアーを成功させたことなどを思い起こすなら、鉄道同様に大博覧会とは、産業革命による大衆社会の到来を告げるものでもあった。また、この博覧会は一八万六〇〇〇ポンドの利益を生み出すことになり、ヴィクトリア&アルバート美術館、自然史博物館、科学博物館の設立に使われることになったのである。

図3　シドナムに移築された水晶宮

その後の博覧会場

博覧会終了後、この大建築物はロンドン南部のシドナムに移築されて、庶民のための大小各種の催場を併設した複合施設として復活し、多くの来場者を集め、まさに、大衆化社会を象徴する建築物となった。しかし、一八七〇年代に入ると人気に翳りが見え始め、一九〇九年には破産の憂き目に陥り、政府に買い取られて第一次世界大戦中は軍事施設として用いられた。そのうえ、一九三六年に火災で全焼し、その後、再建されることはなかった。一八七〇年代から九〇年代にかけては、イギリス経済が構造不況に陥った時期にあたり、水晶宮に象徴される繁栄から凋落に至る過程は、大英帝国が繁栄から弱体化へと転落してゆく時代と軌を一にしており、第二次世界大戦の開戦を三年後に控えた年に消失した水晶宮は、大英帝国の命運をなぞるものでもあったといえるだろう。

ところで、日本から出品したのは、一八六二年に開かれた第二回目のロンドン万国博覧会からで、初代駐日公使であったラザフォード・オールコック（Rutherford Alcock, 1809-97）によって伝統工芸品が展示された。その後、イギリスで万国博覧会が開かれることはなかった。そして、六七年の第二回目のパリ万国博覧会には幕府と薩摩藩、佐賀藩が出品し、七三年のウィーン万国博覧会からは日本政府として公式に参加することとなったのである。日本の浮世絵や工芸品に注目が集まり、ジャポニスムが流行し、ヨーロッパの印象派や中流階級の生活様式に強い影響力を与えることになったのは、六七年のパリ万国博覧会の頃からであり、明治・大正時代の政府は日本の工芸品を精力的に展示し、輸出するようになった。　（木下　卓）

9 世界大戦——戦争と変わりゆくイギリス

図1　ドイツ軍の塹壕を奪取したイギリス兵

新しい戦争としての第一次世界大戦

第一次世界大戦は、現在もたんに大戦（the Great War）と呼ばれるように、イギリスに大きな衝撃を与えた歴史上の出来事だった。ドイツ、オーストリア・ハンガリー帝国、オスマン帝国からなる同盟国と、イギリス、フランス、ロシアを中心とする連合国との戦いは、主戦場となったヨーロッパではほとんどの国が参戦し、さらには参戦国の植民地をも巻き込み、アフリカ、中東、そしてアジアの一部にも戦域が広がる〈世界戦争〉となった。だが、大戦と呼ばれる最大の理由は、未曾有の犠牲者の数であろう。イギリス軍の戦死者約九〇万人、負傷者約二〇〇万人、民間人の死亡者も一〇万人を超えた。第二次世界大戦での民間人を含めたイギリスの戦死者が約四五万人であったのと比較しても、その惨禍の大きさが分かる。

一八七〇－七一年の普仏戦争でフランスが敗れた後、イギリスではドイツが次なる脅威とみなされていた。ドイツがフランスに進攻すればイギリス本土への攻撃の危険があり、また、ドイツ海軍の増強はイギリスの海上覇権を脅かすものだったからだ。ドイツ軍がベルギーに進攻したことを確認したイギリス政府は、一九一四年八月四日、ドイツに対して宣戦布告を行い、フランスに遠征軍を派遣した。当初はクリスマスまでに終結すると思われた西部戦線の戦いは、多大な戦死傷者を出しつつ四年にわたって続く消耗戦となった。

図2　イギリス軍の最初期の戦車

この〈新しい戦争〉では、戦闘機や戦車などの新兵器が投入されたが、まだ戦局を左右するレベルには達していなかった（ただし、イギリス本土に対するツェッペリン飛行船と飛行機による小規模な攻撃は行われた）。毒ガス兵器に対しても、すぐに防毒マスクによって対応がなされた。西部戦線の惨劇は、工業生産技術の発達により、大量の大砲、銃・弾薬を供給し続けることが可能になったことによるところが大きい。一斉に繰り出される無数の銃弾と砲弾に兵士は塹壕に釘づけになり、膠着状態を破ろうと行われた時代遅れの突撃作戦が多数の犠牲者を生みだした。

のちにイギリスの戦時連立内閣の首相を務めたロイド・ジョージが軍需大臣となった時、最初に手掛けたのが機関銃の増産であったことに、新時代の戦争のあり方が象徴されている。それは国家のすべてを注ぎ込まなければならない総力戦であり、食糧配給制を含む物資の統制が行われ、徴兵制度が初めて導入された。西部戦線に二一〇万人のアメリカ軍が投入され、第一次世界大戦は終結に向かうが、ドイツはその時すでに人的資源が枯渇し、経済も破綻し、食糧不足にあえいでいたのだった。

第一次世界大戦の影響

一九一八年一一月一一日、休戦協定が締結されると、イギリスは勝利の歓喜に沸くが、戦後復興は困難なものだった。落ち込んでいた工業生産力は、大恐慌（一九二九―三三）が終わるまで回復せず、復員兵の失業対策を難しくした。また、激しい戦闘は、シェル《砲弾》・ショックと呼ばれる戦争神経症患者を多く生み、手足を失った傷痍軍人と、戦争未亡人をも後に残した。

図3　勝利を祝う人々

図4　軍需工場で働く女性たち

この戦争は文学にも暗い影を落とし、塹壕戦や毒ガス兵器の悲惨と恐怖をリアリスティックに描いたウィルフレッド・オウエン（Wilfred Owen, 1893-1918）をはじめとする戦争詩人を輩出した。ヴァージニア・ウルフ（Virginia Woolf, 1882-1941）の『ダロウェイ夫人』（一九二五年）は、戦争神経症で自殺する元兵士セプティマスを副主人公とし、D・H・ロレンス（D. H. Lawrence, 1885-1930）の『チャタレイ夫人の恋人』（一九二八年）では、夫人の夫クリフォードは戦闘中の負傷により半身不随となった貴族という設定になっている。

その一方で、第一次世界大戦は意外な変化をイギリス社会にもたらした。総力戦体制の中で、一九一八年には男子普通選挙権と三〇歳以上の女性の選挙権が認められた。また、女性が労働力として動員されたために、女性の社会進出も進んだ。戦争遂行の財源を確保するため、裕福な階層に特別税の徴収や相続税の増額が行われ、土地を手放す大地主が現れた。

また、大英帝国の海外の領土や権益もこの大戦によって拡大した。アフリカでは、ドイツ領だった植民地を単独、あるいは同盟国と分割統治する形で獲得し、中東では、パレスチナやイラクで権益を広げた。映画『アラビアのロレンス』で知られるT・E・ロレンス（T. E. Lawrence, 1888-1935）は、考古学者として中東をよく知り、イギリス軍将校としてオスマン帝国に対するアラブ反乱を支援した。ロレンスが、映画に描かれるようにイギリスの権益にもましてアラブの独立を望んでいたかは疑問の余地があるが、戦時下に大英帝国が置かれた複雑な状況を象徴する人物の一人ということは言えるだろう。

図５　空襲で破壊された国会議事堂

図６　日本兵の軍刀を受け取る英印軍将校

第二次世界大戦と大英帝国の崩壊

ドイツのポーランド侵攻を受け、一九三九年九月三日、イギリスはフランスとともにドイツに宣戦布告し、第二次世界大戦が始まる。イギリスが遠征軍を送った西部戦線では、翌年五月まで戦端が開かれることがなかったが、その後、連合軍は瞬く間にイギリス海峡沿岸まで追い詰められた。ダンケルクの戦いに敗れたイギリス軍はヨーロッパ大陸から撤退し、パリが陥落したフランスも降伏した。

そのため、海峡を隔てて対峙するイギリスとドイツが、バトル・オブ・ブリテンと呼ばれる空爆の応酬を行い、イギリス本土に大きな損害がもたらされたことが第一次世界大戦とは異なる点である。自らも従軍したイーヴリン・ウォー（Evelyn Waugh, 1903-66）の『名誉の剣』三部作（一九五二―六一年）は、ヨーロッパ戦線を描いた傑作とされる。

また、イギリスはアジアにおいても本格的な戦闘に巻き込まれ、英印軍やオーストラリア軍などの応援を得る一方で、イギリス本国からも多くの兵士が送り込まれた。初戦で日本軍に敗れた体験は、泰緬鉄道の建設に強制動員されたイギリス人捕虜を描いた映画『戦場にかける橋』（一九五七年）などに作品化された。

第二次世界大戦はアメリカの参戦によって終結するが、戦勝国となったイギリスには空爆によって破壊された都市と莫大な債務が残された。また、戦争を機に植民地において独立の気運が高まり、アジアやアフリカの植民地を次々に失っていった。こうして、かつての大英帝国の影響力は衰えてゆくが、旧植民地の多くは現在もイギリス連邦に加盟している。

（青木　剛）

第2章

社会制度のウチとソト

化粧に余念がない「お嬢様」とこれを見守る「女中」の階級差は明らか
（A. L. エッグ画「化粧台前のお嬢様と女中」1850年代）

イギリスの王室と貴族階級

イギリスは中世に王室と貴族制が確立して以来、現代においても、その二つの制度が残っている数少ない国である。イギリスの貴族には、世襲貴族と一代貴族とがある。世襲貴族は、上から公爵（duke）、侯爵（marquess）、伯爵（earl）、子爵（viscount）、男爵（baron）と五つの位階から成っている。その下には、貴族には入らないが、世襲の位階である准男爵（baronet）が続く。ジェイン・オースティンの『マンスフィールド・パーク』や『説得』では、この准男爵の家庭が舞台になっている。

一代貴族（life peer）とは、功績のあった人物にその代限りとして与えられる称号である。鉄の女の異名をとったサッチャー元首相は首相の功績により男爵に叙せられている。一代貴族は国会の貴族院（上院）（House of Lords）の議員になり、現在総勢七〇〇余名のうち六〇〇名を超す貴族院議員がこの一代貴族によって構成されている（新しい法律で、世襲貴族の議員は現在九〇名近くまでに制限されている）。

イギリスの階級と社会

イギリスは階級社会と言われている。長い間社会は上流階級（upper class）、中産階級（middle class）、下層階級（lower class。現代では労働者階級 working class という）の三つの階級に分かれていた。昔はさらに、貴族の下に位置し、大地主の属するジェントリーと呼ばれる階層もあった。ジェントルマンという言葉の元となった階層である。一九世紀初頭のジェイン・オースティンの小説の世界で、男も女も仕事をしている気配がない人が多いのは、彼らがジェントリー階層に属する人びとであって、広大な土地からの収入で食べていけたからである。

現代においても、イギリスでは階級に対する意識があることは否定はできない。人びとの話す英語に階級が刻印されているとみなされるほどである。しかし、その反面、階級は制度化されているものではなく、社会における成功は、出自ではなく個人の努力や才能によるのは当然のことである。

イギリスが生んだユニークな職業人

いかにもイギリスらしい仕事と言えば、執事はその一つであろう。カントリー・ハウスを維持していくには欠くことのできない役割であり、倫理観と職業意識の高い、格式ある執事が輩出されていった。その他にも様々な召使がイギリスの社会を支える役割を果たしていた。乳母についてはミュージカルのメアリ・ポピンズやシェイクスピアの

『ロミオとジュリエット』の乳母が有名であるが、現代の職業としても、イギリス人の乳母（ナニー）は国際社会で定評がある。外国で乳母の仕事に携わっている人も多く、イギリスはナニーの輸出国となっているのである。

　世界でもっとも知られた探偵と言えば、文句なくシャーロック・ホームズであろう。助手のワトソンと共にベーカー街二二一B番地（当時は架空の番地）に住んでいたとされている。現在、最寄りの地下鉄駅構内の通路に、おなじみのパイプをくわえたホームズの横顔のシルエットが並んでいるほどである。ホームズに続く名探偵が多いのも、推理小説好きのイギリス人の国民性ゆえだと思われる。

〈〇〇七〉シリーズで有名なジェイムズ・ボンドは秘密情報部（通称MI6）に所属するれっきとした国家公務員という設定である。現実世界でも、MI6では第二次世界大戦中や冷戦時代に、他国との間で熾烈な諜報活動を行った。MI6の著名な諜報員であるキム・フィルビーや、高名な美術史学者がソ連のスパイであったことが発覚したことも含めて、諜報活動に関して事実は小説より奇なりという事件は少なくない。

社会を構成する多様な人びと

イギリスは本来多民族社会だったと言える。中世の早い時期から住んでいたアングロ＝サクソン族に加えて、一一世紀にはノルマン族がイギリスを征服し、大勢移住した（この間の歴史の悲哀は、ウォルター・スコットの『アイヴァンホー』に詳しい）。

　ユダヤ人は祖国を失って以来イギリスに住む人びとも多かった。一三世紀末にユダヤ人追放令が発布され、一時的にイギリスからユダヤ人が消えるが、また入国が許されるようになる。一九世紀にヨーロッパで大規模なユダヤ人迫害が起こり、この頃イギリスに渡ったユダヤ人はかなりの数に上る。また第二次世界大戦中には、ドイツから一万人に上るユダヤの子どもたちが親と離れてイギリスに疎開したこともあった。

　同性愛については、イギリスでは一九六〇年代まで違法であった。二〇〇四年の法律改正により、同性の結婚が可能になり、イギリス最初の同性愛者の結婚は、BBCでも大々的に報じられた。

　この章では、イギリスの社会構造の特筆すべき部分に焦点をあて、多民族、多文化社会でもあるイギリス社会の内側に、そして外側に生きてきた、多様な人びとの姿を探ってみたい。

（窪田憲子）

10

王室――時代とともに

図１　バッキンガム宮殿

変わる王室

イギリスの王室は伝統を色濃く残しており、それがまた大きなセールスポイントにもなっているが、時代に即して変化し、変わることで存続しているとも言える。最近の一例を挙げよう。一九九七年九月。ダイアナ妃の死に多くの国民が自発的に喪に服していた時、バッキンガム宮殿には何の旗も掲げられていなかった。宮殿の主である女王がここで執務中の際には通常王旗が翻る。また国王は頂点にいる人間で何人に対しても弔意を示すことはなく、したがって王旗が半旗になることもない。エリザベス女王は事故の一報をスコットランドでの休暇中に受け取ったのである。「宮殿はなぜ半旗を掲げないのか」という不満は潮のように高まっていった。二〇〇六年公開の映画『クィーン』でも、この辺りのエリザベス女王の苦悩が痛々しく表現されている。そして、人々の心を無視して過去の慣習に準拠していては生き残ることができないと悟った女王が、国旗であるユニオン・ジャックを半旗にする決定を下したのである。いわば王権が民意に妥協した瞬間であった。以来、女王が宮殿で執務中の時は王旗が、留守の時は国旗が掲揚されるようになった。

歴史に見る多彩な人物像

イギリス王室は、一〇六六年サクソン人を撃滅したノルマンディ公ウィリアム一

図2　ヘンリー８世

図3　エリザベス１世

世が国王に即位したことに始まる。その後一一五四年以降、プランタジネット家から国王が出るようになり、王朝の始まりとなった（プランタジネット朝）。

国王は最高権力者としての座を維持するために時には敵を倒し、時には譲歩や妥協をしてその地位を死守してきた。憲法の基といわれるマグナカルタ（一二一五年制定）は、国王の圧制に反抗した貴族や僧侶たちの要求にジョン王が屈した結果認めざるをえなかった勅許状である。王は屈したが王朝は生き残った。

妃を六人も替えたことで有名なヘンリー八世（チューダー朝、在位一五〇九－四七年）は絶対主義国家確立に寄与した権力者で、自らの離婚問題に反対するローマ教皇と絶縁し英国国教会を打ち立てた。この勢いを継いでスペインの無敵艦隊を破り、ヨーロッパにイングランドあり、と国威を高めたのがその娘エリザベス一世（在位一五五八－一六〇三年）である。「私はイングランドと結婚した」という有名な宣言のもと、生涯独身を通した。

しかし一六四〇年に始まったピューリタン革命では、絶対王政打破を目指す議会派に国王チャールズ一世が敗れて処刑され、一時、王制そのものがなくなってしまう。このことは国王側にとっては君主制といえども絶対ではないことを悟る教訓となり、国民側にとっては「いざという時には君主制をなくすこともできる」という自負となった。

一七一四年王位に就いたジョージ一世（ハノーヴァ朝の始まり。現在のウィンザー朝に繋がる）はドイツ系で、英語も話せず国情にも通じていなかったため政治を議会にまかせた。これが立憲君主制のスタートとなり、「国王は君臨すれども統治せ

図４　議会開会式でスピーチするエリザベス女王

ず」との原則が確立して議院内閣制に繋がっていく。一九世紀後半のヴィクトリア女王は、当時も今も名君として名高い。

時代と共に生き、あるいは時代を作った歴代の王、及び王室関係者の中には、個性的で多彩な人生を送った人物が多い。歴史好きのイギリス人の国民性ともあいまって、後世かれらにはしばしば異なった歴史解釈が加えられ、文学やドラマでも何度となく新しい視点からの人物分析が行われている。それが人々を一層惹きつけ、王室を身近なものに感じさせているともいえよう。

エリザベス二世は忙しい

現在の女王エリザベス二世はウィリアム一世から数えて四〇代目の君主。イギリスは女王の時代に栄えるという言い伝えどおり、国内に大過はなく、世界におけるイギリスのプレゼンス（存在感）もまだ健在である。

女王の職務は忙しい。「一年に四〇〇〇以上の公務をこなし、そのすべてが一〇〇人以上のスタッフを巻き込む」と言われる。国内では形式上議会を開催し、首相を任命し、議会を通過した法律も実際に法令化されるには女王のサインが必要である。政治の背景を把握するために行われる週一回の首相との懇談も欠かせない。さらに陸海空軍、国教会、五三カ国から成るイギリス連邦の長でもある。制度上宣戦布告の権限も女王にある。国民にとっては国の安定と継続のシンボルであり、政党政治を超えて国民を統合するという重要な役割も果たす。

外に向かっては国家を代表する元首であり、訪れた国は一二〇カ国を超える。

二五歳で王位に就いた時、エリザベス女王は「義務を果たします」と宣誓した。その言葉どおりに誠実に実行し続けるその姿勢は多くの人を魅了している。

二一世紀の王室

しかし一方で、現在イギリス社会の問題となっている貧富の格差、人種・移民問題などは、根本的な社会構造の変革なしには解決できないといわれ、その改革を阻むのが、君主制、貴族制、国教会制という、いわば伝統的な支配体制を維持しようとする「エスタブリッシュメント」と呼ばれる勢力であるとよくいわれる。

二〇〇七年後半、有名百貨店ハロッズのオーナーでエジプト人であるモハメド・アル・ファイド氏が、パリでダイアナ妃とともに命を落とした息子（及びダイアナ妃）の死因を特定する訴えを起こした時[1]、アル・ファイド氏は、あの事故は、エリザベス女王の夫君、フィリップ殿下以下、「エスタブリッシュメント」による暗殺計画であったと糾弾した。このコメントは各方面で黙殺されたものの、公の席でこれほど大胆にエスタブリッシュメントを批判したことはなかった。

君主制をなくし共和制を唱える勢力もまた根強い[2]。北欧型の「バイセクル・モナーキー」（自転車でパンを買いにいくようなスケールダウンした王室）を望む声もある。現在王室に対する批判がとくに高まっているわけではないが、二一世紀の王室は民意を無視できないというエリザベス女王の意思を、後継者であるチャールズ皇太子、ウィリアム王子がどのように引き継ぐかが問われることになろう。

（高階玲子）

(1) この事件に関しては，フランス警察及びパリに赴き調査したロンドン警視庁が「事故死」との結論を出しているが，イギリスでの検死は行われなかった。アル・ファイド氏はこれを不服として訴えを起こし，イギリスでも検死審問が行われることになった。

(2) たとえば，『ガーディアン』紙は，民主主義的なコンセンサスのもとに，共和制へ移行することを目標に，世論を喚起することを社の方針に挙げている。

11

階級──話し方ですべてがわかる

イギリスの階級制度

現代のイギリスにはもはや階級制度も階級意識も存在しないと主張する人々は少なくない。イギリスの大衆紙『デイリー・メイル』（*The Daily Mail*）のジャーナリストであるリンダ・リー＝ポッターが、二〇〇〇年に『一流のもの《クラス・アクト》──イギリスの階級制度に打ち勝つ方法』という階級に関する本を出版したときにも、「階級」というテーマ自体が時代錯誤だという反応が多かったという。しかしそれでも階級に関する本は毎年のように出版されているし、テレビやラジオ、新聞では常に階級に関するなんらかの言及が見られる。小説、戯曲、映画、テレビドラマ、音楽、美術といった、イギリスの文化のあらゆるジャンルについて、「階級」の要素を無視して語るのはきわめて難しいのである。

「階級」と一口にいっても、イギリスの階級はなかなか複雑である。リー＝ポッターはその著書で現代のイギリスの階級を「上流階級、成金、中産階級上層、中産階級中層、中産階級下層、労働者階級」に分けているが、この分け方が今は標準的であろう。上流階級とはもともと、広大な土地を持ち、そこから得られる収入で暮らすことのできる貴族や大地主をいう。現代では彼らも仕事を持ったり、屋敷や土地の一部を公開して、そこから収入を得て暮らしていることが多い。

これらの貴族や大地主の広大な屋敷と土地が切り売りされたり、相続のために分けられたりすることを防ぐために、イギリスでは昔から長子相続制度がとられていた。つまり長男が父親の屋敷と土地、そして貴族の場合は称号を引き継ぐわけだが、すると次男以下の兄弟は、自ら生計をたてていく必要にせまられる。しかし貴族や地主の子息が就くことができる職業は限られていた。たとえばジェイン・オースティンの小説『マンスフィールド・パーク』では主要な登場人物の一人であるエドマンドは、准男爵サー・トマスの次男である。彼は牧師になることが決まっていて、「私は何らかの職業に就かなければなりませんが、法律にも、陸軍にも、海軍にも向いていませんから」と、自分が聖職に就く理由を説明するのである。[1]

この場合の「職」は英語で“profession”といい、いわゆる「専門職」であり、同じ職でも、商売や手職などの“trade”と区別される。一九世紀には、これらの“profession”につく人々を中産階級上層、“trade”に従事する人々を中産階級下層と呼ぶようになっていた。ただし、たとえば商業に携わっていても、成功して財をなし、また、教育も受けていれば、「紳士」とみなされ、中産階級上層の一員になることができた。[2]

一方で、労働者階級の出身でも、読み書きなどの基礎的な教育をうけて商売に関わったり、事務職に就いて、中産階級下層の一員となる者も、とくに一九世紀の後半からその数が急激に増えていった。つまり、同じ「中産階級」の一員であっても、中産階級上層は上流階級との関係が強く、中産階級下層は、労働者階級との関係が強い。そして中産階級下層の人々が成功して財力を持ち、自分の子どもたちをパブリック・スクール（イギリスでは私立の中高等学校を指す）に入れるなどして、「紳

(1)　当時は上流階級の次男以下の子息がなれるのは法律家か軍隊の士官か聖職者だったのであり，牧師になる人々は必ずしも使命感にかられて聖職に就いていたわけでもなかったのである。

(2)　ジェイン・オースティンの『高慢と偏見』（1813年）で，ベネット夫妻がぜひ自分の娘の一人と結婚させたいと狙いをつける金持ちの紳士のチャールズ・ビングリーの父親は商人である。

士・淑女」に仕立て上げると、彼らは「中産階級中層」の仲間入りをすることになるのである。

図１　エプソム競馬に向かう鉄道の乗客。右から１等，２等，３等となっており，乗客の服装や言動の違いが明らかとなっている。

階級と話し方

こうした階級の意識は現在でもイギリスに根強く残っている。とくに階級がはっきりと現れるのは、話し言葉においてである。労働者階級の人々は、住んでいる地域の方言を話し、中産階級下層の人々は、労働者階級ほど訛りが強くないが、やはりその地域の訛りを彼らの話し言葉に聞くことができる。それに対して、中産階級上層や上流階級の人々は“Received Pronunciation”（「上流・知識階級で受け入れられた発音」、通称ＲＰ）と呼ばれる、いわゆる「標準英語」を話す。したがって、別の階級に属する、あるいは属するふりをするためには、まず話し方を変えなければいけないので、そう簡単にできることではないのである。

アッパーと非アッパー

話し手の階級を表すのは発音だけではない。同じことを言うにも、階級によって表現や使う言葉が違うのである。このことをアラン・S・C・ロス（Alan S. C. Ross, 1907-80）という言語学者が一九五四年、学術誌に掲載した論文「現代英語における言語的階級指標」で論じ、上流階級（中産階級上層を含む）の言葉“U(pper)”と非上流階級（中産階級下層と労働者階級）の言葉“non-U(pper)”に分けて分析した。これは後に、貴族の娘で、作家のナンシー・ミットフォード（Nancy Mitford, 1904-

73）編集の『ノブレス・オブリージュ――イギリスの上流階級に顕著な特質の研究』というユーモラスなエッセイ集に収められた。この本には、ミットフォード自身による「イギリスの上流階級」というエッセイが収められているが、その中で彼女はロスの論文を引用しながら、さらに“U”、“non-U”論を展開させ、“U/non-U”という言葉をすっかりイギリスに定着させた。以下がいくつかの例である。

U	NON-U	
lunch	dinner	昼食
riding	horse-riding	乗馬
looking-glass	mirror	鏡
how do you do	pleased to meet you	はじめまして
table-napkin	serviette	ナプキン

じつはミットフォード自身は、半分は冗談のつもりでこの“U/non-U”リストを作っている。かといってでたらめでもなく、“U/non-U”の区分の多くにはそれなりの理由が見られる。たとえば上流階級にとっては“riding”といえば馬に乗ることに決まっていて、わざわざ“horseback”などという言葉をつけ加える必要がないのである。また、“mirror”や“serviette”といったフランス系の言葉を「気取って」わざわざ使うことは非上流階級の証とみなされる。

階級意識は話し方や言葉だけでなく、食事の時間（非上流階級はディナーを昼にとる）、好むスポーツ、そして子どもにつける名前にいたるまで、生活のあらゆる場面に見られるのである。

（新井潤美）

12

ジェントルマン――この曖昧なるもの

「ジェントルマン」という社会的地位

こういう逸話がある。ある重要な人物が自宅で記者会見をするというので、家の前でおおぜいの新聞記者が待っていた。その家の執事が玄関に現れ、次のように言った。「新聞記者は裏口に回ってください。『タイムズ』紙の紳士《ジェントルマン》はこちらへどうぞ。」

イギリスでは新聞記者の地位は決して高くない。彼らは「ジェントルマン」とは見なされなかった。しかしイギリスを代表する高級紙『タイムズ』は別格というわけである。このように、現代では「ジェントルマン」という呼称は比較的柔軟に使われている。

とは言え、昔から「ジェントルマン」という言葉には、はっきりとした一つだけの定義があったわけではない。この呼称は元来は土地から得た収益などで暮らし、仕事をする必要がない階級（ジェントリー階層と呼ばれる）の男性を指すものであった。また、一三四八年から四九年の間に、イギリスの人口の三分の一を奪ったといわれる黒死病の後の社会的混乱の中で、一四一三年に、すべての男性はその住居だけでなく、その社会的地位をも明らかにしなければいけないという法令がだされた。この際、貴族の次男や三男など、親から爵位を受け継ぐことができない上流階級の男性は、自分の社会的地位に「ジェントルマン」という呼称を当てはめたので、

「ジェントルマン」とは、爵位のない上流階級の男性をとくに指す言葉になったのである。

内面の「ジェントルマン」

しかし、これ以前には「ジェントルマン」という言葉が社会的地位ではなく、内面的な要素を表すのに使われていたことは、ジェフリー・チョーサー（Geoffrey Chaucer, c.1343-1400?）の『カンタベリ物語』などからも明らかである。チョーサーにとって、真の「ジェントルマンらしさ（gentilesse）」とは、社会的地位とは別の要素として見ることができるものであり、とくに女性に対する男性の振る舞いに示されるものであった。

また、文筆家のリチャード・スティール（Richard Steele, 1672-1729）は、彼が編集していた諷刺刊行誌『タトラー』（*The Tatler*）において、「ジェントルマンという呼称は、ある男性のおかれた社会的立場を指すのではなくて、そこでの振る舞い方を指すものである」と書いている（二〇七号、一七一四年）[1]。

ジェイン・オースティンの人気小説『高慢と偏見』（一八一三年）では、「ジェントルマン」という言葉の意味にはきわめて柔軟性があるのが見受けられる。ヒロインのエリザベス・ベネットは、大地主のダーシー氏との結婚をそのおばで貴族の娘でもあるレイディ・キャサリンに反対される。彼女はレイディ・キャサリンに対して、「私はジェントルマンの娘ですから」と自信を持って返事をし、レイディ・キャサリンはそのことは認める。「たしかにあなたはジェントルマンの娘だわ。でも

(1) ただしスティールは，社会的地位がジェントルマンであっても，振る舞いが伴わなければ本当にジェントルマンとはいえないと言っているのであり，社会的地位とは別にジェントルマンが存在すると考えているわけではない。

図１　真の品性
母親（しつけをする良い機会だと思い）：「新しいスーツはとてもお似合いよ，ジェラルド。でも立派な上着を着ているだけではジェントルマンとは言えないわよね。」
ジェラルド：「もちろんです，お母様。帽子もかぶらなくては！」

あなたのお母様は？　あなたのおじ様やおば様は？」とたずねられると、エリザベスはこれには直接反論できず、「あなたの甥ごさんに異存がなければあなたには関係ないでしょう」としか言えないのである。エリザベスの母親の兄は商人だし、妹は事務弁護士に嫁いでいる。つまり、当時の社会制度からするとたしかに「ジェントルマン」とはいえない人々なのである。

しかし、その商人のおじ夫妻と共にダーシーの邸宅ペンバリーを訪ねて、偶然に彼らをダーシーに引き合わせることになったときのエリザベスは、おじを恥じることはなく、そのジェントルマンらしい態度を誇りに思い、ダーシー自身もおじをジェントルマンとして認める様子を見てうれしく思う。「ジェントルマン」という言葉は、社会的地位を指す場合と、教育、趣味、立ち居振る舞いや言動が示す内面的な要素を指す場合の、二通りに使われているのである。

したがって、社会的に低い地位に生まれていても、教育を受けて内面を磨けば、「ジェントルマン」になるのも可能である。チャールズ・ディケンズの『大いなる遺産』の主人公ピップが、労働者階級に生まれながらもジェントルマンになることを真剣に望むのは、したがって、だいそれたことではない。そして、ジェントルマンになるためにピップは話し方やテーブル・マナーなどと共に、内面についても指導を受ける。「真のジェントルマン」のポケット氏はピップに対して、「世界が始まって以来、ジェントルマンの心を持たない者が、ジェントルマンの振る舞いをすることはできたことはない」と諭すのである。これはきわめて曖昧な指導だが、ピップは最初のうちは自分の出身階級を恥じ、生まれたときから育ててくれて可愛がってくれた義兄のジョーが労働者階級なので恥ずかしく思っている。これはピップがまだ「ジェントルマンの心」を持ちえていない証拠なのである。

「ジェントルマン」の心

このように、「ジェントルマン」には大きく二通りの意味がある。上流階級あるいは中産階級上層の男性という、社会的地位を指す場合と、ディケンズのピップのように、人間としての品位、誠実、高潔といった、「ジェントルマンの心」を持つ人を指す場合である。現在でもイギリスで「ジェントルマン」という言葉を口にする場合、この二つの意味を時と場合によって使い分けている。例えばある人の言葉づかい、発音、靴が綺麗に磨いてあるか、鼻をかむのにハンカチを使うかといった事柄で、社会的地位としての「ジェントルマン」を認識することができる。一方で、例えば労働者階級の男性に親切にしてもらって、「あなたは本当にジェントルマンね」と言った場合、それは「ジェントルマンの心」があるということで、とくに違和感はないのである。ただし、「ジェントルマンの心」は今では、おもに「女性に親切である」という要素のみを指す場合が多い。

現在では「ジェントルマン」という言葉は、相手が本当にジェントルマンかということとは関係なく、一般的な呼称としても使われる（女性の場合は「レイディ」）。むしろ、店などで「こちらのジェントルマン」ではなく、人《パーソン》と呼ばれた場合は、敢えて「ジェントルマン」でないことが強調されているのである。（新井潤美）

13

家事使用人——階下の人々

階下の人々

入り口玄関ホールを基準にすると、台所・洗濯場をはじめ家事使用人の領域は地下あるいは半地下の階下におかれる。そこから「階下の人々」とは家事使用人のことを云う。大きな邸宅では家事使用人の仕事場として専用別棟があった。また、それほど大きくない住居では裏庭に面したところに台所や洗濯場がおかれたりもした。家事使用人はヴィクトリア時代末「一九〇一年までに……鉱業や土木建設や農業を凌ぐ、約一五〇万人もの総労働力をもつ最大級の職業集団を形成した(1)」。続く二〇世紀においても、家事使用人は無視できない存在であった。

そこで家事使用人の世界を描く小説・映画・テレビ番組が現れた。その際、背景となる時代はしばしば二〇世紀前半に設定される。これは、旧き良き生活が残る最後の頃にあたる。カズオ・イシグロ（Kazuo Ishiguro, 1954-）『日の名残り』（一九八九年）の執事スティーヴンズは、主人である英国貴族がカントリー・ハウスを舞台にアマチュア外交を繰り広げた第二次大戦前をもっとも充実した日々として追憶する。スティーヴンズが執事としては完璧でありながら、今日の読者に滑稽にうつるならば、それは容赦なく変貌を遂げた時代に家事使用人がきたした齟齬のあらわれでもあるだろう。二度の大戦を経て大きく変革した世界に、今日の我々は住んでいる。

(1)　また，10年後の1911年には，女性の家事使用人だけでおよそ130万人になった。このような基礎データについては，パメラ・ホーン著，子安雅博訳『ヴィクトリアン・サーヴァント——階下の世界——』（英宝社，2005），p.23，p.250参照。

図１　1900年代のクレスウェル・ホール家事使用人

今や家事使用人は激減した。家事使用人となる以外に雇用の場が多様に開かれたこと、また水道・電気・ガスの普及で家事の労力が大いに省かれるようになったことが主な原因であろう。

階下の位階

貧しい家に生まれても、一〇歳そこそこでお屋敷に奉公に上がれば、少なくとも飢えることも凍えることもなく暮らすことができる。何の技能もなければ、当然下働きから始める。

女子ならば雑役女中として単純で汚れる労働をこなす。たとえば台所の下働きをする、子守女中となる、など。その後実地に仕事を覚えながら、運命は三系統にわかれていく。掃除や給仕にたずさわる家女中や女主人の身の回りの世話をする小間使いとなり、ついには女中頭（ハウスキーパー）となる。あるいは、台所女中として腕をみがき料理人（コック）となる。または乳母（ナニー）として家族の信頼を得る。

男子ならば、屋外での庭園の手入れや馬の世話などの下仕事から始めて管理的立場に上がっていく。外見が良く機転がきけば、従僕（フットマン）として家内労働をこなすようになる。主人に気に入られると従者（ヴァレイ）となる。そして執事（バトラー）が、使用人の仕事全般を統括管理し、家政をとどこおりなく運営する。

男女とも家庭教師は教養と出自がものを云うので、他の使用人とは一線を画している。

図２　家事使用人肖像画が飾られている家事使用人部屋

図３　階下におりてくる主人一家を迎える使用人

階上と階下

階上の主人一家に人間ドラマがあれば、階下の使用人世界にもドラマはある。時に二つの世界が交錯してさらなるドラマが生まれる。話題をよんだテレビ番組を二つあげておく。『階上と階下』（一九七一―七五年）は、二〇世紀初頭に設定された単なる時代物コスチューム・プレイではなく、社会の変化に翻弄される階上と階下の人間たちをともに描いて見ごたえのある作品となった。『マナーハウス』（二〇〇二年）は、一般から募集した現代人に再現させた一九〇〇年代の生活を収録した。当時の生活の不便さが明らかになるだけではなく、階上と階下の心理的葛藤も生々しく現れている。

映画では、ロバート・アルトマン監督の『ゴスフォード・パーク』（二〇〇一年）が歴史上消滅する直前の使用人界を描ききっている。一九三二年一一月のカントリー・ハウスに舞台を設定し、「階上と階下」がからみ、当主の殺人事件に発展する。当主は「サー」の肩書きはあるが、工場経営による成金。賭けで妹に勝ち、財産目当てに妻の座に収まった夫人とのあいだに適齢期の娘がひとり。親族や友人たちを狩猟に招くと、おのおのについてきた使用人と住み込みの使用人たちが入り乱れ、人間模様が複雑に展開する。婚姻外の恋愛騒ぎは「階上と階下」が混ざり合い、明るみになるだけでも十指に余る。当主が手をつけた使用人は複数。工場主という立場を利用して、女工にも手を出していた。

アカデミー脚本賞を受賞するだけあって、人物設定は明確で使用人の職分も秩序も明快に描かれている。執事と従僕が家政を切り回し、従者は主人に忠実に仕える。

⑵ スティーヴン・ダルドリー監督映画『めぐりあう時間たち』(2002) では，ネリー相手にびくびくするヴァージニアに姉ヴァネッサがあきれる場面があり，ヴァージニアの繊細すぎる精神状態を効果的に表していた。

図4 汚れたお皿は急いで階下に運び洗う

台所女中が複数いても正餐の準備となるとてんてこ舞い。女中頭と料理人の間に漂う緊張感も、個人的な事情もさることながら、女使用人界ではこの二系が張り合うものなのだ。娘ざかりの当家の令嬢にはもはや乳母も家庭教師も必要ではない。令嬢の悩みを聞く家女中は、主人をかばうほどに階上の生活に入りこんでいる。

うわてはどちら?

主人は使用人に命令し、使用人は主人に従う。これが普通であるはずだ。だが、できすぎの使用人の尻にひかれる主人にも、よくお目にかかる。

レナードとヴァージニアのウルフ夫妻にとって料理人ネリー (Nellie Boxall, 1890-1965) とのほぼ二〇年にわたる関係は、頭痛のたねであったらしく日記や手紙でしばしば愚痴っている。(2) 気に入らないことがあれば台所仕事を放棄して、夫妻を飢餓に追い込みかねない。時に辞職を宣言して脅す。ネリーのご機嫌をとることに疲労困憊する夫婦。最終的には夫妻に引き止められることなく去っていく。ついに夫妻が補充人員をあらかじめ確保したからだ。

P・G・ウッドハウス (P. G. Wodehouse, 1881-1975) が一九一九年に始めたジーヴス&ウースター連作小説では、二〇世紀初頭の従者ジーヴスが知恵者で人望をあつめ、いつも主人ウースターのうわてを行く。それが常にご主人さまを立て、控えめであるから非の打ち所がない。テレビ番組 (一九九〇–九三年) も人気を博した。時を越えて長く愛されてきたのは、ジーヴスほど出来のよい使用人は理想であって、夢物語だからかもしれない。

(岩田託子)

14

スパイ――イギリス外交戦略の要

図１　フランシス・ウォルシンガム

図２　ダニエル・デフォー

初期のイギリスのスパイ組織

スパイの歴史は古いが、イギリスに初めて国家公認のスパイ組織ができたのはエリザベス時代の頃で、その責任者はサー・フランシス・ウォルシンガム（Sir Francis Walsingham, 1530?-90）であった。ウォルシンガムはオックスフォード、ケンブリッジ両大学の在学生と卒業生を中心にスパイをスカウトした。その中には、当時シェイクスピアと並び称された劇作家のクリストファー・マーロウ（Christopher Marlowe, 1564-93）も含まれていたとも言われる。ウォルシンガムの作った組織は、当時エリザベス一世と対立関係にあったスコットランド女王のメアリ・スチュアートの処刑や、イギリスと覇権を争っていたスペインの「無敵艦隊」撃破の影で暗躍し、のちの「大英帝国」の繁栄に大きく貢献した。しかし、スパイ活動に多額の私財を投じていたウォルシンガムにエリザベス一世からはなんの報償もなく、やがてウォルシンガムは破産することになる。

その後のイギリスには常設された情報機関がなく、諜報機関が編成されてもその活動は個人の資質に拠るところが大きかった。例えば、一七〇七年のスコットランド議会の閉鎖（事実上のスコットランドのイングランドへの併合）の際にスパイとして活動していたのは、当時の下院議長ロバート・ハーリーに私費で雇われた作家のダニエル・デフォーであった。デフォーは当時精力的な政治パンフレットの書き手と

図3　内務省保安部（MI5）

して知られていたが、その活動を通してイングランド全土にわたる独自の情報網も持っていた。エディンバラ入りしたデフォーは匿名のパンフレットを書き殴ってスコットランドの民衆を煽り、世論をイングランドとの合併へと導くことに成功した。しかし、ハーリーも私費で諜報活動を行っていたためか、デフォーにもやはりなんの報償もなかった。デフォーが『ロビンソン・クルーソー』（一七一九年）を皮切りに、矢継ぎ早に小説を発表し始めたのは、政府との関係が切れたあとのことである。

MI5とMI6

二〇世紀初頭に国内におけるドイツのスパイ組織の存在が明らかになると、イギリス政府は新たな情報機関の設立に迫られた。新しい情報組織は当初から国内局と海外局に分かれていた。国内局は第一次世界大戦初期に陸軍直轄となり、ＭＩ５（Military Intelligence 5）と命名され、国内での情報収集と他国の諜報活動防止を担当した。海外局は第一次世界大戦末期に陸軍直轄となり、ＭＩ６（Military Intelligence 6）と呼ばれ、海外での軍事情報の収集を担当した。このふたつの組織は統合が検討されたこともあったが実現せず現在に至っている。ただし両者とも陸軍の管轄下を離れ、名称も変更されている。ＭＩ５は内務省の保安部（Security Service, 略称ＳＳ）となり、ＭＩ６は外務省所属（実態は首相直轄）の秘密情報部（Secret Intelligence Service, 略称ＳＩＳ）となった。しかし、一般にはＭＩ５とＭＩ６はいまだに通称として使われている。

両組織とも当初は対ドイツ、次いで対ソ連の活動がもっとも重要であったが、冷

図4　秘密情報部（MI6）

戦終結後は対テロ組織が任務の中心になりつつある。従来IRA対策は首都警察（ロンドン警視庁とも訳される。通称スコットランド・ヤード）と現地の警察が担当していたが、一九九二年一〇月以降はMI5が主導している。MI6もアメリカのCIAをはじめとする他国の情報組織と連携を取りながら、海外のテロ組織の情報収集にあたっている。

イラクは四五分以内に大量破壊兵器の配備が可能である、という二〇〇二年九月のイギリス政府の報告がイラク戦争の直接のきっかけとなった。しかし、MI6がもたらしたこの情報は誤りだった。信頼回復と組織の変革を迫られたMI6は、二〇〇五年一〇月に公式サイトと新聞紙上で創設以来初めて工作員の求人広告を出した。応募資格は、父母どちらかがイギリス人であり、過去一〇年間に五年以上イギリスに住んでいた二一歳以上のイギリス人、となっている。また二〇〇八年九月にはアメリカのSNS大手のフェイスブックにも求人広告を出している。MI5も同様の求人活動を行っているが、二〇〇八年八月一八日付けの『ファイナンシャル・タイムズ』（*The Financial Times*）紙の報道によると、ゲイの積極的な採用にも乗り出しているという。知性と行動力等様々な資質を必要とし、生命の危険さえあるのに報酬は多くはない（公務員並みと言われる）スパイという職業に、優秀な人材が求人広告に反応するのだろうか。

スパイの大衆文化への浸透

前述したマーロウやデフォーの他にも、スパイ経験のある作家は多い。実体験を

図５　ウィリアム・サマセット・モーム

元に『事件の核心』（一九四八年）等のスパイ小説を書いたグレアム・グリーン（Graham Greene, 1904-91）はＭＩ６で働いていた五年間、直属上司がＫＧＢの二重スパイのキム・フィルビーであったという逸話を持つ。スパイ小説というジャンルにリアリティを与えた『アシェンデン』（一九二八年）を書いたウィリアム・サマセット・モーム（William Somerset Maugham, 1874-1965）は、ロシア革命阻止という重大な任務を命じられるほどのベテラン工作員だった。『アシェンデン』とは対照的に荒唐無稽とも言える『カジノ・ロワイヤル』（一九五三年）に始まる「ジェイムズ・ボンド」シリーズを書いたイアン・フレミング（Ian Fleming, 1908-64）は戦場でも活躍し、天才的な戦略家だったと言われている。その他、スパイ経験の有無にかかわらず、スパイ小説を書いて人気を博した作家は数多くいる。また、ジャンルとしてはスパイ小説に属さないものの、スパイが主要人物として登場する小説や、スパイ小説特有のプロットが使われている小説も数多く発表されている。

スパイ小説はイギリスで依然として人気があるが、スパイのイメージを決定づけたのはなんといっても映画の「ジェイムズ・ボンド」シリーズであろう。派手な格闘を繰り広げ、最新の秘密兵器を使いこなし、任務が終われば美女と戯れる、強くてダンディなボンドを演じた歴代俳優たちの映像は、現実離れしているにもかかわらず、確実にスパイの文化的アイコンになっている。

（黒川敬三）

15

探偵——名探偵から犯罪者まで

名探偵は一日にして成らず

イギリスを代表する探偵といえば、まずシャーロック・ホームズの名が挙げられるだろう。パイプをくわえ、鳥打ち帽にインバネス・コートを身につけた長身痩軀、鋭い観察力と俊敏な行動力で証拠を集め、それらを論理的・科学的方法で推理分析し、事件を解明する。アーサー・コナン・ドイル（Arthur Conan Doyle, 1859-1930）が生み出した小説の主人公は、まるで実在の人物のように、時代を超えて、イギリスの探偵像を一身に背負っている。しかし、その誕生までには長い道のりがあった。

ホームズ以前——「蛇の道は蛇」の犯罪捜査

ホームズを初め、推理／探偵小説の「探偵」といえば、いわゆる私立探偵のイメージが強い。しかし、英語の「ディテクティブ（detective）」は、犯罪捜査・逮捕に当たる者という意味で、私立探偵と、警察機構に所属する警官・刑事の双方を指す。

歴史を遡れば、そもそもこの二者の区別は明確ではない。一八二九年、当時のロバート・ピール（Robert Peel, 1788-1850）内相のもとでロンドン首都警察が開設されるまで、イギリスには確固たる警察機構は存在しなかった。その機能は、各教会教区内で、治安判事と警吏、そして捕《と》り方《かた》によって果たされていたが、刑事、探偵の前身となるべき警吏や捕り方は、犯罪者との区別すらつかないこともしばしばだ

(1) 有名な例として，18世紀初頭のジョナサン・ワイルドがいる。みずから組織した盗賊集団の盗品故買の店を開く一方，金をもらって盗品探しの依頼を受け，犯罪者逮捕も行った。ワイルドは凶悪犯逮捕の功労や，繁盛した店のもうけを慈善事業に寄付したことから名士として英雄扱いされたが，ついには盗品を扱った罪で絞首刑にされた。

図１　ヴィクトリア時代最初期の探偵実話小説集

った。仲間の手口や、下層社会の裏情報に通じていた犯罪者たちが、投獄をきっかけに治安判事らの手先を務めるようになり、逮捕に協力するパターンが横行していたのだ。[1]

現在の刑事巡査／探偵の前身とされるのは、一七四八年、小説家ヘンリー・フィールディング（Henry Fielding, 1707-54）が治安判事に任命され組織した、ボウ街逮捕班員（Bow Street runners）である。教区を超えての彼らの活躍は、犯罪が野放し状態だった当時のイギリスでは大評判になった。だが、検挙率を上げるために密告と犯罪者逮捕にたいする報奨金が奨励されるようになると、賞金稼ぎが目的化して、犯人をでっち上げ、仲間を売り合う犯罪者たちとも区別がつかなくなっていった。時に英雄視されることはあっても、「泥棒を捕らえるには泥棒を使え」という諺を地で行く状況下で、一般的な刑事や探偵像は、長い間、下層階級に属するいかがわしい悪漢だった。[2]

一九世紀半ばになって警察制度が整い、その信用度が高まると、通俗小説でも警官が次第に正義の味方として描かれるようになる。チャールズ・ディケンズも、『荒涼館』（一八五二年）を初め、作中で現実味のある警官像の創出に力を入れている。だが社会が次第に豊かになるとともに、犯罪の性格も、下層階級の暴力・殺人や窃盗から、上流階級の腐敗にともなう詐欺や知能犯といった、実体の見えにくいものへと移行してゆく。世紀末には、捜査における警察の失策も増え、とくにアイルランド過激派によるテロや「切り裂きジャック」[3]事件によって、その威信は大きく揺らいでいた。

⑵　ロンドン警視庁に正式に刑事部が開設されたのは1842年，市民の治安に対する意識が高まってからのことである。

⑶　1888年８月から３カ月間に，ロンドンの貧民街イースト・エンドで起こった５件の連続殺人事件。娼婦ばかりを狙い，体を刃物で無残に切り裂き殺害した。「切り裂きジャック」の名は警察への犯行声明の手紙に記されたもので，様々な容疑者が挙げられたが真犯人は捕まらず，事件を題材に多くの小説が書かれている。

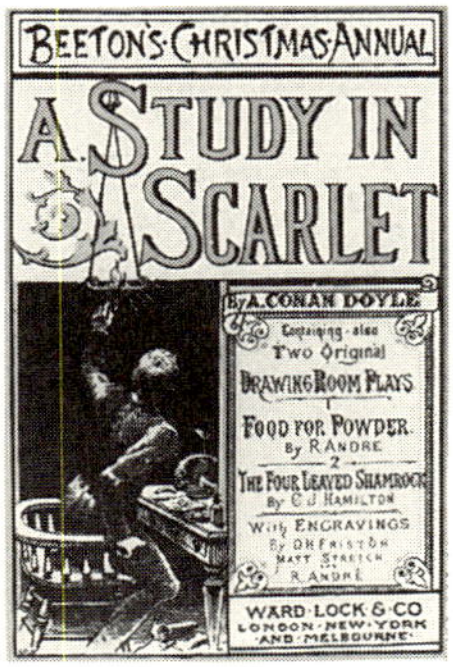

図２　ホームズ第１作『緋色の研究』の掲載誌表紙

名探偵ホームズ登場

ホームズが登場したのは、まさにこのような時期だった。

一般人が事件の謎解きを行う作品は、推理・怪奇小説の源流であるゴシックロマンスに遡る。ウィリアム・ゴドウィン（William Godwin, 1756-1836）の『ケイレブ・ウィリアムズ』（一七九四年）では、ある若者が、主人となった貴族の殺人をあばき、素人探偵の嚆矢となる。同じ流れを汲み、初期の長編推理小説の代表的作家とされるウィルキー・コリンズ（Wilkie Collins, 1824-89）の出世作『白衣の女』（一八六〇年）でも、事件を解決するのは画家とその恋人である。

しかし、謎解きを特技とするヒーロー的探偵像を用意したのは、アメリカの詩人・小説家であり推理小説の元祖とされる、エドガー・アラン・ポー（Edgar Allan Poe, 1809-49）であり、彼が「モルグ街の殺人」（一八四一年）に登場させたオーギュスト・デュパンだった。[4] 貴族の子弟で、無能な警察を軽蔑し、ほぼ居ながらにして推理力のみで事件を解決するデュパンは、それまでの犯罪者同然の探偵像とは大きく異なる。デュパンの影響下で創造されたホームズも、知的階級の出身で、事件解決の決め手が科学的推理力である点でデュパンに似るが、大きく異なるのは行動力と活動範囲の広さだ。上流階級の内々の事件を扱って地方の荘園などを訪れることもあれば、時には変装してみずからロンドンのスラムに乗り込んでゆく。彼が扱う事件はまた、イギリス植民地出身者や、滞在中の外国人を巡るものも多い。進歩的な科学主義、合理主義を捜査に取り入れながらも浮世離れした推理ゲームに陥ることなく、階級や人種を縦横に超えて活躍するホームズは、一九世紀末のイギリス

(4)　多くの作家に霊感を与えたのは，1817年，パリ警視庁に開設された世界初の犯罪捜査部の刑事，フランソワ・ウージェーヌ・ヴィドックの回想録とされる。変装を得意とし，犯罪者としての過去の経験を逆手にとった波瀾万丈の活躍は冒険譚に近く，どんな難事件も解決する，ヒーロー的探偵像の原型となった。

中産階級読者層の知的好奇心を満たし、かげりをみせ始めた「世界に冠たる」大英帝国の誇りを記憶に留めるための、うってつけの主人公だったといえよう。

ホームズ以降——住み分ける名探偵と警察

その後イギリスでは、名探偵が続々と現れる。アガサ・クリスティ（Agatha Christie, 1890-1976）が描く、「灰色の脳細胞」を駆使するエルキュール・ポワロ、片田舎の小村に住み、安楽椅子で編み物をしながら名推理を見せる老婦人ミス・マープルほか、独特の逆説を謎解きに生かしたG・K・チェスタトン（Gilbert Keith Chesterton, 1874-1936）のブラウン神父、ドロシー・セイヤーズ（Dorothy Sayers, 1893-1957）の貴族探偵ウィムジィ卿、ディック・フランシス（Dick Francis, 1920-）の競馬ミステリで活躍する元騎手シド・ハレーなど、異色の素人探偵たちが数多く造形された。

現在では、過去の名探偵に劣らず、クロフツ（Freeman Willis Crofts, 1879-1957）などの伝統を受け継ぐ地道で現実味溢れる警察ものに人気があり、P・D・ジェイムズ（P. D. James, 1920-）のダルグリッシュ警視、コリン・デクスター（Collin Dexter, 1930-）のモース警部、R・D・ウィングフィールド（R. D. Wingfield, 1928-2007）のフロスト警部など、小説シリーズが次々とテレビ・ドラマ化されている。警察制度が整備された上で、階級意識が以前より薄れ、犯罪とその捜査方法も多様化してきたイギリスの、世相を映した状況といえるだろう。

（伊達恵理）

16

スコットランド・ヤード——治安維持の象徴

ロンドンの旧警察制度

イングランドにおける治安を守る最初の職業は、一一世紀のノルマン征服期に起源を持つ「カンスタブル」だとされる。カンスタブルは一二八五年にエドワード一世が発令した「ウィンチェスター法」において、教区の治安を守る役人（パリッシュ・カンスタブル）として正式に法制化された。原則的には無給の輪番制であったが、職業や身分によって免除されたり、代理の者を立てることもできた。のちの作家ダニエル・デフォーは教会に一〇ポンド寄付することで義務を免れている。また、カンスタブルの下には夜警をおもな任務とする監視員が置かれた。カンスタブルと監視員は逮捕権を持ち、確保した容疑者をロンドン市長に引き渡すことになっていた。

ウィンチェスター法では五世紀に起源を持つといわれる「ヒュー・アンド・クライ」という慣習も成文化された。ヒュー・アンド・クライとは、例えば泥棒がいると、住民全員で「泥棒だ！」と大声で叫びながら追跡して捕まえることを指す。これに参加しない住民には五ポンドの罰金が課せられた。チャールズ・ディケンズの『オリヴァー・トゥイスト』（一八三七—三九年）に、スリに間違われたオリヴァーが市民たちに追いかけられる場面があるように、この制度はヴィクトリア時代まで続いた。

一四世紀前半までにはカンスタブルを指揮監督する治安判事が置かれていたが、

図1　ヘンリー・フィールディング(ウィリアム・ホガースの版画)

両者とも次第に腐敗が目立つようになった。このため一七世紀はじめ頃から治安は悪化し始め、一八世紀半ばにはロンドンは世界一の犯罪都市になっていた。そこで、『トム・ジョウンズ』（一七四九年）などの小説を書いた文豪で、ウィンチェスターの治安判事を務めていたヘンリー・フィールディングが改革に乗り出した。フィールディングは史上初めて犯罪白書を発表し、強盗の指名手配書を新聞に掲載し、ボウ・ストリートの住民で警察隊を組織した。とくに警察隊は短期間に犯罪集団を撲滅させて政府に高く評価された。次いで同じような警察組織が各地域で結成され、それぞれ一定の成果を挙げた。

新首都警察の誕生

しかし、一九世紀初めになって国内外からロンドンへの人口流入が進むと、治安は再び悪化した。また、市民が集団で暴徒化する事件が増え始め、従来からある地域ごとの警察隊では対処できなくなっていた。そこで、ロンドンの治安維持向上には警察組織の中央集権化が必要だと考えた内務大臣のロバート・ピールの主導によって、一八二九年に新首都警察が設置された。

首都警察（Metropolitan Police Service, ロンドン警視庁とも訳される）はシティ・オブ・ロンドンと呼ばれる約一マイル四方の地区を除くロンドン全域を管轄し、ふたりのコミッショナー（警視総監）が直接の指揮を執った。警察官には初めて制服が支給されたが、武器は護身用の警棒しか与えられなかった。これは、警察の目的は犯罪者の捜査と逮捕よりも犯罪の防止にあるという理念を反映したもので、その伝

図２　ロバート・ピール

統は現代にも受け継がれている。

警察官による監視が厳しくなったために、ロンドンの治安は徐々に改善された。一方、犯罪者とその予備軍はリヴァプールやマンチェスターなどの他の大都市に流れたため、地方にも首都警察をモデルとした警察組織が整備された。なお、シティ地区を管轄するシティ警察（City of London Police）は一八三九年に創設され、何度か首都警察との統合が検討されたが実現せず現在に至っている。

なぜ「スコットランド・ヤード」と呼ばれるのか

首都警察の初代本部はホワイトホール・プレイス四番地の地下一階、地上四階建ての借家に置かれた。市民は首都警察本部、時には首都警察全体を「スコットランド・ヤード」という愛称で呼ぶようになった。その名称の由来にはふたつの有力な説がある。ひとつは、その場所に一三世紀頃までスコットランド王家が所有する邸宅があったからというもので、もうひとつは、建物の裏口がグレート・スコットランド・ヤードという広場に面していて、中世までスコットという名前の人物がその土地を所有していたからというものである。

その後警察の組織が拡大し、本部は手狭になったために一八九〇年にウェストミンスター橋近くのテムズ河畔に新しく建設した大きな庁舎に移転した。アーサー・コナン・ドイルの「シャーロック・ホームズ」シリーズに度々登場するのはこの建物である。さらに一九六七年にブロードウェイ一〇番地にある二〇階建て総ガラス張りビルの現庁舎に移転したのちも、本部および首都警察はスコットランド・ヤードの愛称で呼ばれており、庁舎の入り口にも“NEW SCOTLAND YARD”という表示がある。

図3　『パンチ』誌の諷刺画

制服の警察官と私服の警察官

一九世紀半ばにマスコミによる警察批判が激しくなった。『タイムズ』紙は警察官の暴力と怠慢を批判する投書を何度も掲載し、『パンチ』誌はそうした警察官の姿を揶揄するイラストをさかんに載せた。そのため警察の上層部は警察官への教育を強化した。その成果もあってか、現在のロンドンの警察官はおおむね市民に親切で、新警察発案者であるロバート・ピールの名にちなんだ「ボビー」あるいは「ピーラー」の愛称で親しまれている。独特のヘルメットと制服姿は観光客にも人気があり、カメラを向けられると愛想良くポーズをとる警察官もいる。

新警察発足直後、私服警察官はスパイと同様に非紳士的なものとみなされたため、警察は私服警察官の導入に慎重だった。しかし、私服での捜査が必須となるような事件が増加したため、一八四二年、本部に少人数からなる刑事部が秘密裏に置かれた。現在では他国と同じく私服警察官の存在は公然のものとなっており、内務省保安部（ＭＩ５）と連携して防諜活動を担当する特殊部門やテロ対策部門をはじめとする各部署には多数の私服警察官が在籍していると思われる。中にはノルウェー国立美術館から盗まれたムンクの「叫び」をおとり捜査で取り戻した美術特捜班などもあり、私服警察官は国境を越えて活躍している。

（黒川敬三）

17 同性愛——その名を告げられぬ愛

(1)「ソドミー」は，『創世記』に登場する，神によって滅ぼされた罪業の古都市ソドムに由来する言葉である。「ソドム」は口にするのも憚られる悪徳に対してキリスト教徒がしばしば婉曲的に使用する語である。

(2)『ソネット集』の第1部から，美青年に寄せる詩人の同性愛的思慕を読み取ることが可能である。現在ではサウサンプトン伯爵と目されているこの美青年のモデルが誰かという問題は，長い間議論の的であった。ワイルドはこの問題を『ソネット集』の献辞の相手W. H. 氏と関連づけて短編小説「W. H. 氏の肖像」（1890年）を書いた。

同性愛は罪か

同性愛とは、自分と同一の性を持つ者を性的な愛の対象とすること、あるいは、同性間の性行為そのものを示す。これと同義の「ホモセクシュアリティ」という用語が英語で使用されるようになったのは、一八九〇年代になってからのことである。それ以前は、獣姦などの異常性行為全般を意味する「ソドミー」(1)、「バガリー」と呼ばれた。こうした呼称から察せられるように、生殖を性行為の主要な目的のひとつとするキリスト教的観点からすれば、同性愛は、より強烈な快楽追求の果てに行き着く罪深い行為として、実例こそ多くはないものの、一五三三年以来、一九世紀にいたるまでイギリスでは極刑に処される犯罪とみなされたのである。

その一方で、ルネッサンス期においては、劇作家クリストファー・マーロウがキリストと聖ヨハネが同性愛の関係にあったという挑戦的な発言をし、ウィリアム・シェイクスピアの『ソネット集』（一六〇九年）にも同性愛の要素を読み取ることが可能である(2)。また、家父長制の家で権力を持つ年長者と立場の低い若年の徒弟がひとつ屋根の下で生活を共にしていた当時のイギリスでは、責任を伴わず手軽に性的欲求を満たすことのできる同性愛が水面下で広く行われ、黙認されていたという一面もある。ところが、そうした現実とは裏腹に、同性愛は人々の概念においては依然忌むべき罪であり続けた。こうしたダブル・スタンダードにイギリスの偽善性が

図1　ワイルド（左）とダグラス。ふたりはともにオックスフォード大学出身であった

垣間見えるのである。

オックスフォード大学と同性愛

同性愛は、家父長制の屋内、船内、軍隊、ローマ・カトリックの修道院など、上下関係の立場にある同性が寝食を共にする場で常習的に行われていたが、教育現場もまた長い間同性愛の機会を提供していた。とくに一九世紀のオックスフォード大学では、この傾向が顕著であった。

一八三三年のオックスフォード・ムーヴメントを通して〈同性愛〉を匂わせる情緒的友情の絆が深まったことは見過ごすことができない。たとえば、アルフレッド・テニスン（Alfred Tennyson, 1809-92）の詩『イン・メモリアム』（一八五〇年）に見られる友人の死を悼む詩人の心境にこの影響を見ることができるのである。

さらに、一九世紀のオックスフォード大学では古代ギリシアの研究が盛んであった。古代ギリシア世界では、同性愛が自由に謳歌されていた。ヘレニズム文化称揚の雰囲気が横溢する中で、プラトンが『饗宴』で示した精神的同性愛への憧れが、単なる性的欲求のはけ口以上の、高い精神性と美意識を伴って、知的好奇心に満ちた青年の間で高まっていった。オックスフォード・ヘレニズムの洗礼を受けた者には、ウォルター・ペイター（Walter Pater, 1839-94）、ジョン・アディングトン・シモンズ（John Addington Symonds, 1840-93）、オスカー・ワイルド（Oscar Wilde, 1854-1900）らがおり、彼らはその文芸活動を通じて同性愛を暗示した。

こうした文化的な傾向を反映するかのように、一九世紀になって一時は緩められ

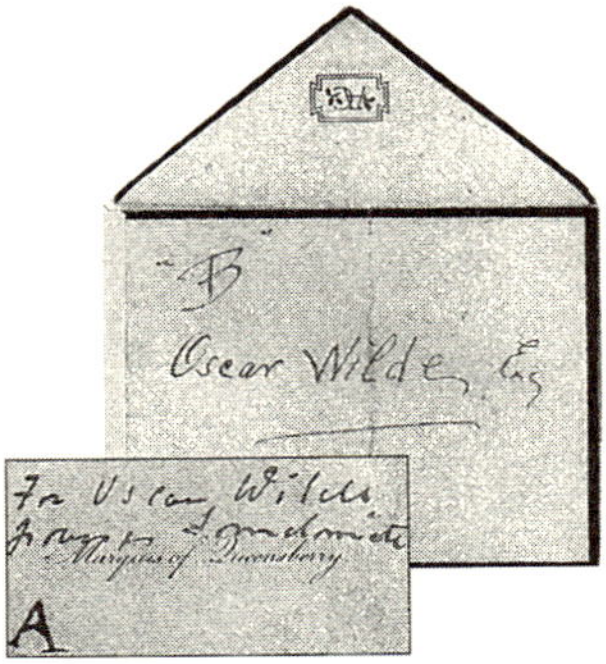

図2　侯爵がワイルドに送ったカード

た同性愛禁止法が一八八五年の修正案で再び強化された。そこで、同性愛を病理とみなすことで同性愛は犯罪か否か、という疑問が提示されはじめた。それまで同性愛は後天的に習得される悪徳と考えられていたが、性科学者のハヴロック・エリス（Havelock Ellis, 1859-1929）らが、同性愛の傾向を先天的に有する場合でも制裁を受けるべきかという問いを投げかけたのである。

オスカー・ワイルドと同性愛

こうした一九世紀イギリスの同性愛をめぐるさまざまな側面を象徴する人物こそ、自らを「私は自分の時代の芸術と文化の象徴的人物であった」（『深淵より』）と形容したワイルドである。有名なワイルド裁判も、彼をイギリス文化の象徴的人物にした一因であろう。当時貴族の美青年アルフレッド・ダグラス（Alfred Douglas, 1870-1945）と同性愛関係にあったワイルドが、ダグラスの父クイーンズベリ侯爵に同性愛者をほのめかす言葉で侮辱されたのが事の始まりだった。父を日頃から憎むダグラスにそそのかされる形で、ワイルドが侯爵を名誉毀損で訴えたのは一八九五年であった。同性愛禁止法の修正案が出された一〇年後のことである。結果は、ワイルドが同性愛者である証拠が次々に明るみに出て、彼は告訴を取りさげざるをえなくなった。それどころか、最終的には、破産に追いこまれ、二年の禁固重労働の刑に処せられたのである。

風習喜劇の成功で時代の寵児となったワイルドが、貴族の父子の愛憎劇に翻弄され、家族も財産も名誉も失い、後にはその芸術的才能まで枯渇させる原因となった

(3) 異性との関係を禁じられた同性が寝食を共にするローマ・カトリックの修道院では，同性愛関係に陥る者が多く，ローマ・カトリックと同性愛は暗黙のうちに同一視されていた。

図３　ワイルド裁判の模様を伝える当時の新聞

このワイルド裁判は当時の一大スキャンダルとしてイギリス中の注目を集めた。以来ワイルドは長い間不道徳の権化のようにみなされ，忌み嫌われた。ワイルドはその言動や作品を通してイギリスの偽善，俗物根性を暴露し，攻撃してきたが，同性愛を理由にその社会から報復を受けたとも言える。

法廷で，ダグラスの詩に見られる「その名をあえて告げられぬ愛」について説明を求められたワイルドは，それは，プラトンが自らの哲学の基盤としていたような，ミケランジェロとシェイクスピアのソネットに見出せるような，年長者が若者に寄せる偉大かつ深く精神的な，完璧で純粋な愛であると，熱のこもった答弁を展開し，拍手喝采を浴びたが，これもイギリス式偽善に対する堂々たる挑戦であった。

若き日にはギリシア詩で賞を授かり，大学ではペイターを師と仰ぎ，ギリシアに赴くなど，ヘレニズムの美と精神の自由を心から愛し，絶世の美青年と快楽のかぎりをつくし，同性愛禁止法によってその華麗な人生の頂点から恥辱と貧困と孤独がうずまく底辺へと突き落とされたワイルドは，死の直前にカトリックに改宗した。ワイルドは晩年にカトリックは罪人のためにあると語ったが，このことは暗黙のうちにカトリックが同性愛と同一視されていたことと無関係ではないであろう。(3)

ワイルドがフランスの安宿でその波乱に満ちた生涯の幕を閉じてから一世紀以上が経過した二〇〇五年，イギリスでは同性愛のカップルに一般の夫婦と同等，または同等に近い利益と保護を認めるパートナー法が施行された。同性愛はもはや「その名を告げられぬ愛」ではなくなりつつある。

（鈴木ふさ子）

18

ユダヤ人——歴史に翻弄され続けた人々

図１　サー・ジョン・ギルバート作「シャイロック」(1864年)。右端がシャイロック

イギリス文学に描かれたユダヤ人

イギリス文学に登場するユダヤ人でもっとも有名なのは、シェイクスピア（William Shakespeare, 1564-1616）の『ヴェニスの商人』（一五九六年）のシャイロックではないだろうか。貸したお金が戻らないとわかると、契約通りに心臓近くの肉一ポンドを要求する強欲な金貸しとして描かれる。同時代の劇作家クリストファー・マーロウも『マルタ島のユダヤ人』（一五九〇年）において、強欲なうえ、娘を殺すことも厭わない残虐な金貸しユダヤ人を登場させている。また、それから三〇〇年ほど時代の下ったヴィクトリア時代を代表する小説家チャールズ・ディケンズも『オリヴァー・トゥイスト』においてフェイギンという名前の印象に残るユダヤ人を登場させている。フェイギンは、主に子どもを使った窃盗団の親方であり、主人公の少年に親切なふりをしながら近づき、以後も執拗にこき使う。

このように、イギリスの文学作品に登場するユダヤ人には、時代を超えて、不正直さ、強欲さ、残忍さなどの否定的なステレオタイプがつきまとうことがよくわかる。これは、例えば、ユダヤ人世界支配陰謀説のようなある種の荒唐無稽ともいえる書籍が出版され、またそれが確実にある程度は売れて読まれているという現在の状況を考えれば、ユダヤ人をめぐる言説はシェイクスピアの時代からそれほど変わってはいないことがわかるであろう。

図2　ディケンズ『オリヴァー・トゥイスト』に描かれたフェイギンの挿絵（ジョージ・クルックシャンク作）

イギリスにおけるユダヤ人の追放まで

ユダヤ人のイギリスへの移住については、一〇六六年のノルマン人による征服の頃にまでさかのぼるとされ、史料的に最初のユダヤ人社会が確認できるのはヘンリー一世時代の一二世紀初め頃のロンドンとされている。中世のヨーロッパ社会でのユダヤ人社会の規模は大きくはならず、居住地も東部と南部に集中していただけでなく、人数は最盛期のロンドンでも四五〇人くらいであったという。同業組合ギルドに加入することが許されなかったことから、主な仕事として、医師、金細工師、商人（葡萄酒・魚・チーズなど）のほか、キリスト教徒は職業にすることが許されていなかった高利金貸し業などに限られ、職業選択の自由はかなり限定されていた。しかも、当時のユダヤ人は国王の財産と見なされており、蓄えた資産をしばしば没収された。つまり、高利でもって貸し付け、厳しく取り立てたにしても、それが最後には国王の財産となるという、いわば国王の代理取立人のようなもので、人々の恨みだけを買うという理不尽さがあった。実際、この反感が、一一四四年のノリッジ儀式殺人告発事件や一一九〇年のヨークでの集団自死事件など悲惨な出来事につながることもあった。

一二七五年には、「ユダヤ人社会制定法」が定められ、不動産を抵当とするユダヤ人による高利貸付が禁止された。以後、イギリスのユダヤ人たちは、質業などを細々と続けていくか、改宗するしかなく、一二九〇年には、国内の反ユダヤ感情の高まりを受けて、エドワード一世はユダヤ人の国外追放に踏み切った。

図3　オリヴァー・クロムウェル

ユダヤ人の国外追放から再入国まで

国外追放の一二九〇年から再入国が認められる一六五六年の三五〇年間は表向きにはイギリスにユダヤ人はいなかったことになる。ただし、例外的に、国王の特別な許可を得た者と改宗ユダヤ人とその志願者は入国と居住が許された。国王ヘンリー四世は自分の病気を診てもらうために二人のユダヤ人医師の入国を許可し、時のロンドン市長も夫人のためにユダヤ人医師ひとりの入国許可を国王から得た。また、一二三二年にロンドンに創設された改宗ユダヤ人の収容施設「改宗者の家」は貧しい人たちを中心に、棄教を条件に生活の保障を行ったものである。

このほか、高まった反ユダヤ感情を受けて、一四八一年にはスペインのセビリアに、一五三六年にはポルトガルに、それぞれ異端審問所が設置される。これを機に、表面上は改宗をした隠れユダヤ教徒としてイベリア半島で経済活動をしていたユダヤ人たちの多くは、商業的につながりのあった北イタリアやアントワープへ移住していく。しかしながら、両地域にも異端審問所が設置されると、今度はイギリスへ移住してきたが、ヘンリー八世などルネッサンス期のイギリス王室は、医師、楽師、御用商人などとして雇うなど、ユダヤ人の滞在を黙認していた。彼らの知識と技術力の高さなどを評価していたことが大きな理由であるが、最近では、スペインの動向を伝えるスパイ活動的な面もあったとされている。

こうして、表面的には長く続いたイギリスにおけるユダヤ人空白の時代は、一六五六年、オリヴァー・クロムウェル（Oliver Cromwell, 1599-1658）の政府によって再入国が認められたことで終結する。千年王国論とピューリタン革命などの思想的理由やヨーロッパなどにおける反ユダヤ人感情の高まりによるユダヤ人難民問題だけでなく、クロムウェルのピューリタン政府がイベリア半島を中心に活動していたユダヤ人の経済力と情報力を重視していたことも後押しとなった。

再入国以後の在英ユダヤ人

一八世紀に入ると、とくに宗教的なこだわりも弱かった都市部のユダヤ人を中心に同化・棄教が進んでいくことになる。まず、裕福な層は地所を購入し、近隣の貴族やジェントリー層との交際を始めることでユダヤ人たちの世俗化が進んでくる。また、一八三〇年からは法律的規制も解かれ始めて公職にも就けるようになると、(1)イギリス社会の中で生活しやすくするためにもますます同化傾向が強まっていった。しかし、これは富裕層の話であり、英語にも不自由で、とくに技術も持たなかった貧しいユダヤ人たちは、古着などの行商を生業とせざるを得ず、売るために盗品を入手することを目的に犯罪に手を染める者も少なくなかったようだ。

一八世紀後半にはオーストリアで、そして一九世紀末から二〇世紀初めには帝政ロシアなどで反ユダヤ感情が高まると、ヨーロッパ諸国からユダヤ人は反ユダヤ感情が比較的穏やかであったイギリスに一〇万人規模で大量に流入するようになった。しかしながら、流入してきたユダヤ人が大都会に集中すると、都市圏を中心にイギリスでも反ユダヤ感情は高まり、一九一一年には南ウェールズの炭鉱町で大規模な反ユダヤ人暴動が起こるなど、潜在的な反ユダヤ感情には根強いものがあるといえよう。(2)

（向井秀忠）

(1) 小説家でもあるベンジャミン・ディズレイリ（Benjamin Disraeli, 1804-1881）は1868年に首相となるヴィクトリア時代のイギリスを代表する政治家である。それまでにイギリスの首相になった唯一のユダヤ人であるが，彼の場合，ユダヤ系の家庭に生まれながらも後にキリスト教に改宗している。

(2) ディケンズは，ユダヤ人の知人から『オリヴァー・トゥイスト』のフェイギンの描き方は反ユダヤ的であるという抗議の手紙を受け取ったが，そんな意識は本人にはなかったようである。作中では名前ではなく，「ユダヤ人（the Jew）」と呼ばれることも多い。そんな作家自身の無自覚さに人種偏見についての根深い問題を見出すことができる。

第3章

暮らしを彩るモノたち

18世紀のティーセット。床に置かれた皮製ケースに２つの紅茶缶と砂糖壺が入っている

イギリス人のイメージ

イギリス人のイメージとはどのようなものだろう。雨が降っているというのに、雨傘をピシッと畳んだまま手に持ち、ロンドンの町を闊歩するジェントルマン。ティールームで、美しいアンティークの銀器から紅茶を注ぎ、午後の優雅なひとときを楽しむご婦人。夕暮れ時、パブの片隅に陣取って地酒の黒ビールをぐい飲みし、ダーツに興じる若者たち。

これはいずれも映画などに見るイギリス人の定番イメージかも知れない。では、イギリス人の実際の暮らしとはどのようなものだろう。日々の生活ではどのようなモノを大切にしているのだろう。

ニュースを読む・見る

ウスターシャに住む友人ケヴィンとルース夫妻を例にとろう。彼らとは四〇年余りの付き合いだ。ケヴィンは最近会うたびに、私にどの新聞を読んでいるかと聞く。

周知のように、イギリスのジャーナリズムは質が高い。全国紙の中でもいわゆる「高級紙（quality paper）」と呼ばれるものは、政治色をはっきり打ち出す。一七八五年に創刊された『タイムズ』紙や、その八〇年後に創刊された『デイリー・テレグラフ』紙は保守系。他の高級紙『ガーディアン』（『マンチェスター・ガーディアン』として一八二一年創刊）と『インディペンデント』紙（一九八六年創刊）は中道左派寄り。近年そのうち二紙がタブロイド版発行に踏み切るなど顧客獲得競争が相当激しいようだが、発行部数はいずれも一〇〇万部以下である。芸能人のスキャンダルやヌード写真を掲載することで有名な大衆紙『サン』でさえ数百万部。発行部数一〇〇〇万部を超えるとギネスブックに記録される日本の全国紙に遠く及ばない。しかしイギリスの高級紙は、コラムから海外特派員の記事、死亡記事に至るまで中身が濃いのが特長だ。

ケヴィンは元来『ガーディアン』派。近年、年金生活に入り、国際週刊紙『ガーディアン・ウィークリー』を愛読している。良質で健全、コンパクトで経済的だという。

ケヴィンの父親は、明治・大正期の日本に滞在した英国国教会の宣教師だった。その影響もあってケヴィンは親日家である。家の中に日本の皿や茶碗、扇子が並ぶ。彼自身は最初期の南極探検隊にも参加したエンジニアで探検家だ。世界情勢に関心が深く、BBCのテレビ・ニュース番組を毎日欠かさず見る。BBCは国内外の情報収集力に優れ、報道が公正、公共性に富み、一般に高い評価を受けているのだ。

血縁・地縁ネットワーク

夫妻は海外に住む家族や親族が多く、手紙でのやり取りが欠かせない。世界のさまざまなところから送られてくるカラフルな絵葉書を、ルースは台所の食器棚の扉に飾っている。その葉書を裏返し、私に見せては、「ね、だれそれがこんな所に行ったのよ」と話が弾む。

ルースは地域社会にも根をしっかり張っている。その中心に位置するのが丘の上の小さな教区教会である。日曜日ごとに夫婦で礼拝に出席するのはもとより、彼女は数学教師であった経験を生かし、近隣の子どもの教育支援や、アフリカ諸国などへの自立教育支援の資金作りに余念がない。

先回私が誘われて見学したのは、その資金作りのための素人ファッションショーだった。幼児から高齢者まで、寄付された古着やアクセサリーを身につけ、司会者の口上よろしく、笑みを振りまきながら壇上を練り歩く。客の購買意欲を掻き立てようというのだ。人前で綺麗に歩く方法なども身につき一石二鳥だと素人モデル一同いたってご満悦だった。

イギリス人は、セカンドハンドの衣類を気軽に買い、身に着ける。それのみならず、良質の衣服や家具、食器となると何世代にもわたって大切に使う。ケヴィン夫妻の娘も結婚式では、大事に保管していた亡き祖母のウェディング・ドレスを身にまとい、誇らしげに写真に収まっていた。

聖書と墓地

イギリスは宗教色の強い国では決してないが、人口の七割余りはキリスト教の信徒である。ケヴィン宅では一家の重要なできごと、誕生や、結婚などがファミリー・バイブルと呼ばれる大型の聖書に書き込まれる。このような習慣は今では消えつつあるが、それでもキリスト教文化は暮らしの中にさまざまな形でとけこみ、聖書のことばが人々の口をついて出ることも少なくない。

死後の世界を信じ、古いものこそ尊いと考える国民気質ゆえだろうか。イギリスでは幽霊の出る屋敷は由緒ある不動産として価値が高いという。教会墓地に至っては、ポピュラーな散策地。怪奇小説『フランケンシュタイン』の作者メアリ・シェリーは、亡母ウルストンクラフトを慕ってその墓所で母親の著作物を読んだというし、妻子あるP・B・シェリーと逢引したのも、やはりその墓所だった。

第3章では、イギリス人の暮らしを彩るこのように多種多様のモノたちを取り上げる。

（久守和子）

19

紅茶／コーヒー——人生を楽しくするもの

生活に潤いときらめきを

イギリスの暮らしを彩るものとして、コーヒーと茶が登場したのは一七世紀のことである。この二つの飲み物がなかったら、イギリス人の生活はずいぶん寂しいものになっていたことだろう。

コーヒーは中東、とくにトルコの飲み物としてイギリスにもたらされた。一七世紀後半から一八世紀初めにかけて、ロンドンで花開いたコーヒー・ハウスの文化を抜きにして、近代市民社会成立期のイギリスを語ることはできない。政治、経済、文化などさまざまな側面で、人と人をつなぐ場所、あるいは「文化のるつぼ」として、コーヒー・ハウスはイギリス文化史上きわめて重要な役割を果たしたといえる。

いっぽう、中国を中心とする東洋の飲み物、茶は一八世紀初めころからイギリス市民階級の家庭で流行し、階級を超えて急速に普及して、一八〇〇年頃には「国民生活の必需品」と呼ばれるほどになった。イギリスの植民地支配とも深く結びつき、ボストン茶会事件やアヘン戦争の背景に茶税や茶貿易の問題があったことはよく知られている。初期には緑茶やボヒー茶（発酵茶）など中国産または日本産の茶が広く飲まれていたが、一九世紀中葉になると英領インド、スリランカで茶園開発が進み、やがて「紅茶の国イギリス」の時代となる。四〇〇年にわたるコーヒーと茶の文化的伝統を、コーヒー・ハウス、家庭のティー・テーブル、道具の愉しみという三つの側面から振り返ってみたい。

コーヒー・ハウスの時代——「憂鬱」から「快活」へ

コーヒーはエチオピア原産でイスラム教のモスクなどで眠気覚ましの秘薬として飲まれていたが、中東各地にコーヒー店ができてさらに普及する。ロバート・バートン（Robert Burton, 1577-1640）の『憂鬱の解剖』（一六二一年）にも、「憂鬱」の治療薬として、「トルコ人の飲み物で、すすのように黒く苦い実からつくるコファ」と「コファ・ハウス（陽気な会話の場所）」が紹介されている。一六五〇年代になると、イギリスでもコーヒー・ハウスが開店し、コーヒーやチョコレート（ココア）、茶など、新しい異国の飲み物と「陽気な会話」を楽しめる場所として人気を集めた。最盛期にはロンドン一帯に三〇〇〇軒を超える店が賑わったという。コーヒー・ハウスの時代はデフォーやスウィフト、アディソンやスティールが活躍した時代であり、政治と文学の距離が近く、さまざまな言論活動の中から近代イギリスの政治体制や社会制度の基礎ができてくる時代でもある。

この時代の気分を感じ取るには当時の新聞を読むとよい。例えば一七一〇年代の『スペクテイター』（*The Spectator*）は、コーヒー・ハウスの男性客だけでなく、家庭のティー・テーブルの女性たちにも広く読まれた新聞で、スペクテイター氏（架空の執筆者）のモットーは「中庸の精神」、「控えめな徳」そして「快活さ」だった。軽佻浮薄ではない、静かで落ち着いた明るさ。陽気、上機嫌。「理性と光の世紀」と呼ばれる一八世紀にふさわしい理想の生活像を『スペクテイター』は提案しようと

図1　「コーヒー・ハウスの喧噪」
（議論から喧嘩になることもあった）

していた。コーヒーと茶は、この時代の雰囲気にぴったりの飲み物だったといえる。

家でくつろぐ――ティー・テーブルの周りで

「年間一〇〇億リットルの紅茶を消費するイギリスは、世界でもずばぬけて紅茶を飲む国である。年間一人当たり一六〇〇杯のお茶にくらべるとコーヒーの九〇杯は取るに足りない」とトニ・マイエールは書いている（『イギリス人の生活』一九五九年）。茶の輸入額がコーヒーを上回ったのは一八世紀半ば頃で、すでに一九世紀の初めまでに、茶の一人当たりの消費量はコーヒーの六倍となっていた。コーヒー消費が減少したのではなく、茶の伸びが爆発的だったのだ。コーヒーはコーヒー・ハウスなど外で男性の飲む物という性格が強かったのに対し、茶は「家庭」で女性たちに愛好され、家庭生活に不可欠のものとなっていた。茶は家族の食事や団欒の飲み物となり、男女を問わず楽しめる「家でのもてなし」の飲み物ともなった。

多くの文学作品や絵画の中にも、それは表現されている。例えば、ウィリアム・クーパー（William Cowper, 1731-1800）は『課題』（一七八五年）という詩の中で、「陽気にさせるが酩酊させせない」飲み物として茶を賛美し、ドロシー・ワーズワス（Dorothy Wordsworth, 1771-1855）は、日記や手紙の中でお茶の愉しみについて書いている。オースティンの小説の登場人物も一日に何度も茶を飲み、会話を楽しんでいる。この頃には「ティー」という言葉に「飲み物としての茶」だけでなく、「（主に夕方の）食事時間」という意味も加わっていた。オースティンは、無駄なおしゃべりをちょっと皮肉に笑うこともあるけれど、暮らしの中で人と一緒にゆっくり話

図２　「お茶を飲む婦人」（J. H. ティッシュバイン画，1756年）

すことの大切さをよくわかっていた人なのだろう。

道具の愉しみと趣味の世界の拡大――文化の成熟をもたらしたもの

『エディンバラ・レビュー』（*The Edinburgh Review*）創刊者のひとりシドニー・スミス（Sydney Smith, 1771-1845）も大のお茶好きで、婚約者に「全財産を君にあげる」と言ってプレゼントしたのは、六個の銀のティー・スプーンだったという。一九世紀から二〇世紀にかけて茶道具やコーヒー道具に凝る愉しさは、階級や家族の有無、年齢などにかかわらず、誰にでも味わえるものとなっていった。例えばエリザベス・ギャスケル（Elizabeth Gaskell, 1810-1865）の『クランフォード』（一八五三年）には、あまり裕福ではない田舎町の老婦人たちのお茶会の様子がいきいきと描かれている。

図３　「お茶を飲む子猫」（ビアトリクス・ポター画，1890年代）

茶やコーヒーの歴史の背後には、中国へのインド産アヘン売り込み、アッサム茶園の過酷な労働、アフリカ、南北アメリカ、西インド諸島などにおける非人間的な奴隷貿易と砂糖生産があったことを忘れてはならない。そのいずれにも、イギリスは深く関わっていた。しかし、この二つの東方の飲み物がイギリス人の生活と文化を大きく変えたこと、健康や社交の飲み物となっただけでなく、家庭の幸福や趣味の世界の拡大を体験させてくれる飲み物であったことも、忘れることはできない。

もし「生活の芸術化」の度合いこそが文化水準の尺度であるとするならば、イギリスの日常生活に美しい道具とそれを愛でる趣味をもたらしたという点で、コーヒーと紅茶はイギリス文化の成熟に貢献したといえるだろう。

（滝口明子）

20 アンティーク／オークション――趣味、芸術、ビジネス

イギリス全体がアンティーク？

国自体がアンティークといってもよいほど、イギリスには古いものが多く残っている。「アンティーク」は骨董品と訳されるがその定義は明確でなく、一般的には約一〇〇年以上前のものを指すが、必ずしもそうでない場合もある。ただ、古ければ良いというものではなく、蒐集に値するもの（collectable）が条件と言えよう。そして製作された年代、希少性、コンディション、有用性、美的・工芸的価値、ユニークな特徴などの視点から吟味され、交換性の高いものは市場で売買される。アンティークの分類も「指貫《ゆびぬき》からカントリー・ハウスまで」と言われるように多岐にわたり、家具、絨毯、銀製品、陶器、武器、コイン、芸術品などから、ジュエリー、時計、書籍、衣類、クラフト製品、玩具、その他枚挙に暇がない。

イギリス人は古いものを大切にし他人が使用したものでも抵抗なく受け入れるので、モノの寿命が長い。どの家にも一つや二つは先祖代々からの何かが残されており、どの町へ行っても必ずといってよいほどアンティーク・ショップがある。アンティーク街を持つ町も少なくないし、アンティーク・フェアも頻繁に開催される。とくに、ロンドンはアンティークの宝庫だ。なかでも有名なのは、世界最大といわれるストリート・マーケットの、ポートベロー。ここには一五〇〇以上のアンティーク・ショップが軒を連ね、週末ともなると身動きがとれないほどの人で賑わう。

図１　ポートベローのアンティーク・マーケット

図2　アンティーク・ショップが多いケンジントン・チャーチ・ストリート

カムデン・パッセージでも古くからのショップがいまだに営業を続けている。比較的高級な家具や絨毯、ガラス製品、陶器などを集めた店が多いのがケンジントン・チャーチ・ストリート。気軽に覗けるバーモンジー・マーケットや週一回開かれる子どものためのコベントガーデン・アップル・マーケットも楽しい。

アンティークのある生活

ＢＢＣテレビの「アンティーク・ロードショー」は、人々が持ち寄ったアンティークをその道の専門家が鑑定して、もし市場に出した場合はどのくらいの値段が付くかを告げるという番組で、すでに三〇年以上続いている。各地を廻ってその土地の歴史や特徴を紹介しながら、そこに眠るアンティークを発掘し評価する趣向で、「これは祖母が大事にしていた人形で……」とか、「このテーブルは大叔父が植民地から持ち帰ったもので……」など、それにまつわる個人史も描き出される。

普通の市民が何気なく差し出す花瓶が実は非常に貴重なものだとわかり、高い値段を告げられてビックリする表情も含めて、アンティークを巡る生活の一部を微笑ましく垣間見ることができる。同時に、大英帝国時代の歴史もわかり、アンティークに関する情報も得られる、エンターテインメントと教育を兼ねた貴重な番組だ。このショーが開催される所では毎回五〇〇〇人以上の見物客が長い行列を作るという。

モノを使いまわしすることで人々が喜びを見出し経済効果も上がる。一石二鳥である。

図3　サザビーズ

オークション・ハウス

オークションとは「競売《けいばい》」のことで、売り手が競争入札という公の場でもっとも高い金額でモノを売るシステム。イギリスで一八世紀の半ば、ある貴族が個人的に所有していた古書を競売にかけたことからいわゆるオークション・ハウス（競売会社）が台頭し、絵画、貨幣、家具、宝石などにも手を広げていく。大手の会社としてはサザビーズ、クリスティーズ、ボナムズなどが歴史も古く有名。

競売会社は、売り手買い手双方からの手数料及びカタログ販売・カタログに掲載される写真料などで利益を出す。サザビーズの場合、現在五〇カ国以上で年間七〇〇回を超す競売を開催しており、美術品、車、ワイン、時には資産家の遺産一切を競売にかけたりしている。何億円もする高額な取引もあり注目を浴びることもあるが、売り上げの八〇パーセントは落札価格が五〇万円以下だという。

競売には一般の人も参加出来る場合が多い。下見会で、美術館で芸術品を鑑賞するように競売品を見た上で、当日会場に入り取引を追っていくと、競り合いのタイミング、電話やインターネットでの参加の様子などもよくわかって面白い。

競売を進める競《せ》り師の手さばきは見事で（オーケストラのコンダクターのようだといわれる）人気のある職業である。そして値段と緊張が徐々に高まり、ハンマーの一打に続く一件落着の瞬間などはドラマチックですらある。

オークションの様変わり

二〇〇八年四月、ロンドンで「キョウバイ」と銘打ったオークションがあり、盛

(1) 現在，日本の現代アーティストでは，村上隆，奈良美智等が注目されている。

図４　クリスティーズ

況だった。競売に付されたのは草間弥生をはじめとする日本の現代アート。主催者は最近ロンドンに進出したニューヨークに本拠を置く競売会社、フィリップ・ド・ピューリー。この会社は、デミアン・ハーストを手がけるなど、現代アート分野に強く、単に作品を競売にかけるだけでなく新進の芸術家を支援して版権自体を入手するなど事業の幅を広げている。

競売の世界は旧来の美術品の供給が不足気味といわれているが、一方で世界的な富裕層の拡大に伴う需要が伸びる傾向にあり、老舗の競売会社も新しい分野を開拓している。その戦略の一つとして、クリスティーズは二〇〇四年にアジア・現代アート部門を新設した。数年前から日本・韓国・中国の現代アートの売り上げが急上昇しているという(1)。

オークション業界がこうした様変わりを見せたのはここ五年くらいのことで、キーワードは「インターネット」と「アラブ・マネー、ロシア・マネー」。売り手も買い手も旧共産圏からオーストラリアまで一挙に拡大し、扱われる作品も版画、オブジェなど現代アート分野にまで及ぶ。二〇〇七年はイギリスのどの競売会社も売り上げを伸ばし、現在三五億ポンド。バブル気味と懸念する声もあるが、その勢いは未だとどまる所を知らず、世界のオークション業界の規模はこの先五年で二倍になるとも予想されている。二〇〇八年以降の世界的経済危機の只中でも、ロンドンのオークション業界では相変わらず一〇〇〇万ポンドを超える売買が次々と成立している。製造業が空洞化しているイギリスは、各業界の市場を支配することに生き残りをかけているが、アートもその好例である。

（高階玲子）

21 ＢＢＣ——岐路に立つ国民の宝

図１　ブロードカースティング・ハウス

(1)　特別報道官は世間からはスピン・ドクター（spin doctor）と呼ばれる。*The Oxford Dictionary of New Words* にはこの語が掲載されている。

愛称は「おばちゃん」

ＢＢＣ（British Broadcasting Corporation）は公共放送で、「Auntie（おばちゃん）」の愛称で親しまれている。イギリスには昔から「おばちゃんが一番よく知っている」という言い方がありこれに準拠した愛称で、その報道・教育・娯楽番組は質の高さを誇り、国民の知的、文化的生活をより豊かにするメディアとして国民から絶大の信頼を得ている。

とくに民主主義に欠かせない情報を提供する報道番組に関しては、正確な事実を迅速に伝えるという基準と並んで、独立・不偏（Independent, Impartial）が大きな柱となっている。この独立・不偏は、日本の報道に求められる「中立」とはニュアンスが異なり、権力からの圧力を受けずＢＢＣ自身の判断で番組を制作するという姿勢を意味している。その際ＢＢＣは何が正しく何が間違っているかは言わない。事実を公正に提示して判断は国民にゆだねる。対立するどちらの側にも与《くみ》せず、一方の主張を取り上げたら必ず他方に反論の機会を与える。この掘り下げた調査報道と客観性、そして何よりも視聴者の利益になる報道をという基本的なジャーナリズムの精神が国民から熱い支持を得ている所以であろう。

しかし、独立不偏の立場を貫くことが難しいこともたびたびある。

サッチャー首相はフォークランド戦争の際、ＢＢＣが「わが軍」と呼ばずに「英国軍」と三人称で通したことについて、愛国心が足りないと非難したり、レポートがアルゼンチン寄りだとして不快感を示したりしたが、ＢＢＣは屈しなかった。

労働党政権下でも権力が報道をうとましく思うのは同じで、ブレア首相は閣内に新たに特別報道官職を設置してメディアをコントロールしようとした(1)。とくにイラク戦争参戦を正当化する「大量破壊兵器の存在」に関する情報操作を巡ってＢＢＣと激しく対立。戦争終結後、これを検証する独立調査委員会が設けられたが、この委員会の委員長もまた首相が任命したもので、その結果ＢＢＣは経営委員会委員長、ＢＢＣ会長というトップ二人の辞任を余儀なくされた。この時おこなわれた世論調査では、真実を伝えるという点で、ＢＢＣを支持する数字が政府を支持する回答者の三倍に達し、新聞には連日「ＢＢＣ負けるな」「政府は報道に干渉するな」「ＢＢＣを守ろう」といった投書や識者の意見が掲載された(2)。このことは、公共放送サービスは国営放送ではなく、公共の財産であり、国民のためのものであることを、国民自身が十分認識していることを意味する。

報道番組のみならず、自然を記録するドキュメンタリーやドラマ、語学習得など教育番組などにもすぐれたものが多く、海外にも広く販売されている。

ＢＢＣ以外の番組を含めた、全チャンネルのＴＶ番組の人気トップ３は、一位「イーストエンダーズ（連続ドラマ）・クリスマス・エピソード」、二位「ドクター・フー・クリスマス・スペシャル」（ともにＢＢＣ）、三位「ラグビー・ワールドカップ・ファイナル」（ＩＴＶ、商業放送の一つ(3)）。

(2) 当時のBBC会長グレッグ・ダイクが2004年に出版した著書『真相，イラク報道とBBC』（平野次郎訳，NHK出版）には，BBCと政府の対立が詳細に記述されている。

(3) イギリスでは日本のような視聴率は使わず，視聴者数で測る。１位は1400万人強。

図2　テレビジョン・センター

図3　鋭いインタビュアー，J. パックスマン

社会の変化に伴うＢＢＣの課題

デジタル技術の導入、コンピュータとの競合、人々の趣向の多様化など社会を取り巻く劇的な変化の中で、ＢＢＣもまた変わることを余儀なくされている。

二〇〇七年には大幅な組織改革があった。これまで経営委員会が監督業務を、執行機関である理事会以下職員が番組制作業務をおこなってきたが、経営委員会はどちらかと言えばＢＢＣの擁護者的色彩が濃厚だった。これがＢＢＣトラストという独立した機関となり、国民の代理として規制・監督の強化に当たることとなった。

また一九二七年以来、ＢＢＣは国王特許状という特別な法律で保護されてきたが、二〇一六年以降に関してはこの特許状そのものが見直されることとなった。さらに、日本の受信料に当たるライセンス料（二〇〇八年現在、年間一三九・五〇ポンド。不払いの場合は一〇〇〇ポンドの罰金が科せられる）も、これを商業放送と分かち合うべきか、などが検討課題となっている。

デジタル化は、二〇一二年までに完了する予定である。デジタル化が大量のチャンネルを生み出し、放送の極度の細分化が進むなかで、「公共放送」はどうあるべきかなどの議論も始まっている。ＢＢＣは今後とも特権的地位を享受できるとは限らない状況にあるのだ。そのようななかで、制作現場では三〇〇〇人以上の職員が解雇され、有名タレントへは膨大な出演料が支払われ、「やらせ」や大きなミス、モラルの低下、番組の低俗化が問題視されている。

これで従来の質の高さを維持できるのか、ライセンス料に値するのか、国民に支持されるＢＢＣであり続けることができるのかなど課題は山積している。国民の宝

(4) この時のアラビア語セクションが，現在カタールを拠点にアラビア語で番組を制作送信している「アル・ジャジーラ放送局」に発展していく。

図４　BBC 海外放送の拠点であるブッシュ・ハウス

「アーンティ」の将来の姿を見極めるには、まだしばらく時間が必要であろう。

「無冠の帝王」海外放送

ＢＢＣの定評を高めているもうひとつの要素が海外放送である。

海外放送は一九三二年、当時イギリスが権益を握っていた中東向けのラジオ英語放送から始まった。外交政策の一環という位置づけから、ライセンス料とは別の政府予算が財政源となっている。しかし真の国益とは、政府との間に距離を置き、正確な情報を送り続けることにある、というＢＢＣの基本姿勢は海外放送にも適用されている。その後アラビア語を皮切りに、ターゲット地域の言語での放送も始まり、多い時には、日本語を含む四〇以上の言語で放送がおこなわれた(4)（現在は三二言語による放送がおこなわれている。テレビの海外放送は一九九一年から始まった）。

第二次世界大戦中、敵方ドイツ軍は正確な戦況を得るためＢＢＣラジオを聞いていたという。またロンドン亡命中のフランスのド・ゴール将軍は、ＢＢＣを通じてフランス国民を鼓舞する演説をおこない、これが勝利に結びついた。

さらに、冷戦下、とくに共産圏崩壊の折には、英語放送だけでなく、ロシア語を初め旧共産圏諸国の言語で世界情勢を伝え続け、その国の国家統制下にあるメディアでは取り上げられない情報を不眠不休で流し続けた。この功績を認められ、一九八九年にはノーベル平和賞の候補にまで挙げられたが賞は逸した。しかし「無冠の帝王（Unsung Hero）」としての地位は揺るがず、今日でも全世界、とくに報道の自由がない国々を中心に日夜放送が続けられている。

（高階玲子）

22 ギネスブック——驚愕と感動の記録

図１　重さ60キロ「世界最大のハンバーガー」

ギネスの歴史

ギネスブック（Guinness Book）とは、多種多様な分野における世界一の記録を蒐集し、『ギネス世界記録』（*Guinness World Records*）として毎年新版が出されている事典の呼称である。長く「ギネス（ブック）」として親しまれているが、正式には、二〇〇二年度版から『ギネス世界記録』に改称されている。発行元は、ロンドンに本部を置くギネス・ワールド・レコード社である。もともとはアイルランドのビール会社として名高いギネス社の関連会社であるが、二〇〇八年にカナダの実業家が所有するグループ会社に買収され、話題になった。

『ギネス世界記録』の誕生は、ビール醸造メーカー、ギネス社の社長サー・ヒュー・ビーヴァー（Sir Hugh Beaver）がアイルランドに狩りに出かけた際、仲間たちとのあいだで持ち上がった議論がきっかけとなった。「もっとも速く飛べる猟《りょう》鳥《ちょう》は、ヨーロッパムナグロとライチョウのどちらか」という疑問に対し、誰も答えることができなかったことから、ビーヴァーは何が一番かを答えてくれる本を出したら評判になるのではないかと考えたのである。

ビーヴァーは、ロンドンで情報調査会社を経営していたマクワーター兄弟（Norris and Ross McWhirter）に調査と出版を依頼する。そして一九五五年八月二七日に発行されたのが、現在の『ギネス世界記録』の前身となった『ザ・ギネス・ブ

図2　石川県の「世界最古の宿」718年開業

図3　社交の場となっているパブの店内

ック・オブ・レコード』（*The Guinness Book of Records*）であり、その年の終わりにはイギリスでベストセラーとなる。その後、『ギネス世界記録』は内容の充実と記録の更新を続けながら、半世紀を超える歴史を刻んでいる。

ギネスとアイルランド

ギネス社がアイルランドでギネスビールの生産を開始したのは、ギネスブックが誕生する二〇〇年前のことである。創業者のアーサー・ギネス（Arthur Guinness）は一七五九年ダブリンにて、当時使われなくなっていたセント・ジェイムズ・ゲート醸造所を年四五ポンドの対価で、九〇〇〇年間という契約で借り受け、スタウトと呼ばれる黒ビールの製造に着手する。その一〇年後には初めての製品を輸出し、今日では認可に基づき世界各地で生産されるに至っている。パブ発祥の地アイルランドにおいて、ギネスビールは世界に誇れる独自の文化になっていった。

ビールと同様、世界にその名を認知されるようになったギネスブックもまた、パブと無関係ではない。もともと、ギネスブックの着想を得たビーヴァーは、当時アイルランドとイギリスのあわせて八万一四〇〇軒にもおよぶパブで、皆が自分と同じような疑問、すなわち、世界で一番速く飛べる猟鳥は何かといったことをテーマに議論しているに違いないと考えたのである。パブはパブリック・ハウス（public house）の略である。地域情報が集まる、文字どおり「公共の家」のような性格を持ち、人びとは気軽に立ち寄り、会話を楽しむ。老若男女が集うこの場所で議論されるであろう膨大な数の疑問に、もしも答えられる記録本があったら売れるに違い

図４　子どもたちがアイスを買いにくるパブもある

図５　2009年度版の表紙。日本語版もある

ないと考えたビーヴァーの狙いは、まさに的中することになる。

ビールと記録。パブを介して人びとと密接に関わったこのふたつが、ギネスという名前を世に知らしめ、イギリス文化を語る一翼を担うまでに成長したのである。

ギネスブックの内容

ギネスブックには、「もっとも大きな銀河どうしの衝突」や「世界中でもっとも落差の大きい滝」、あるいは「地球におけるもっとも希少な種」といった地球や宇宙、または生命の神秘に触れることのできる壮大な数字が列挙され、知識の宝庫となっている。また、人間の持ちうる素晴らしいパワーが、スポーツや芸術の分野における出色の成績とともに紹介される。

このようにあらゆるジャンルの世界記録が記載され、百科事典的な役割を担い、貴重な情報源となるその一方で、愚かしくも微笑ましい幾多の挑戦、たとえば「一分間に皮をむいて食べたバナナの最多記録」、「もっとも多くの飲料水の缶を並べる記録」、「顔にカタツムリを乗せた最多記録」などがこの本には同時に掲載されている。他の追随を許さない驚異と圧巻の記録から、「もしかしたら自分にも挑戦できるかもしれない」と思わせる身近な記録まで網羅していることが、『ギネス世界記録』の最大の特徴であり、魅力であると言えよう。イギリス人がこよなく愛するパブで、今日も皆がギネスビールを片手に愉快に議論できるような内容、それがギネスブックなのである。

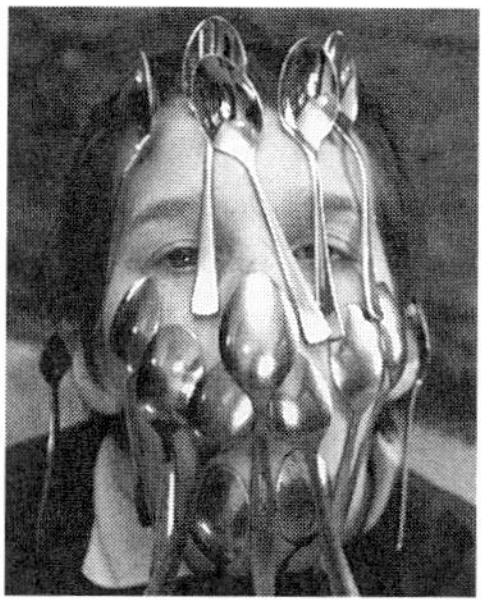

図6　スプーンを顔に乗せた最多記録

ギネスブックの今

現在一〇〇以上の国々、三七の言語で出版されている『ギネス世界記録』は、世界中で三五〇万部が販売され、累計では一億冊以上の販売実績を誇っている。そして、著作権をもつ本として「世界でもっとも売れている本」の記録を保持している。

挑戦される記録は、証明されるもの、数量化できるものでなくてはならず、また、申請内容があまりにも危険すぎる記録は受付を拒否される。年間約六万五〇〇〇件が申請されるが、その中から記録認定されるのは約四〇分の一、一五〇〇件ほどである。認定された記録は、ギネス・ワールド・レコード社のデータベースに加えられることになる。世界中から寄せられる成功者たちの情報を一冊の本で出版するのは不可能なため、本に掲載されるのは全記録の一部に過ぎない。

毎年一一月の第二木曜日は、ギネス・ワールド・レコード社が定めた「世界記録の日（Guinness World Records Day）」であり、世界一を目指すさまざまな試みが世界各地で行われ、メディアを賑わせている。

補足となるが、一九七六年には「ギネス・ワールド・レコード・ミュージアム（Guinness Book of World Records Exhibit Hall）」が世界で初めてニューヨークでオープンし、二〇〇五年八月には、日本でも東京タワー内にアジア初となる博物館が開館した。イギリスを初め世界数カ国でギネス記録に挑戦するテレビ番組のシリーズが放映されるなど、もはやギネスは本の世界にとどまることなく、さまざまな媒体を通して世界中の人びとに認知され、親しまれるようになっている。（武井博美）

23 手紙／日記――「私」の声のありか

図1　メイドの出す手紙を預かるポストマン

図2　武装した御者と護衛で守られた郵便馬車

イギリスの郵便制度

大英図書館を初め、イギリス各地の図書館や博物館のアーカイヴには、有名無名の人々の手紙や日記が数多く収蔵されている。文筆家であれ一般人であれ、さすが経験論の国というべき細部描写の筆力にはしばしば驚かされる。

イギリスで公的郵便サービスが始まった一六三〇年、「ポスト・ボーイ」と呼ばれる配達人は各地域の郵便局長まで届け、郵便局長は自分の管轄地域の郵便物を引き取り、残りは次の郵便局に向かう配達人に託していた。

一五〇年変わらなかったイギリス版飛脚制度を変えたのは郵便馬車の登場だった。一七八四年八月二日にブリストルを出発しロンドンに向かった最初の郵便馬車は、それまでの約半分の一六時間で郵便を届けたという。郵便物が鉄道でリヴァプールとマンチェスターとの間を行き来するようになったのは、一八三〇年のことであった。

一八四〇年に世界に先駆けて「全国均一料金制度」と「ポスト投函制度」が始まった。それ以前は、送り主ではなく受け手が便箋の枚数と距離に応じて料金を支払っていたため、書き手が受け手の懐を気遣い、できるだけ少ない枚数にしようと工夫することも多かった。いったん書き終わった一枚の便箋を九〇度回転させて交差させながら次の文章を書く、なども行われた。オースティンの『エマ』では、自活

(1) 紳士・淑女のあるべき振る舞い方を指南した手引書。とくに18世紀を通して人気を博した。チェスターフィールド卿は成功の秘訣は「マナー」にあると息子に説き，若い女性向きの手引書は，慎みと淑やかさを勧めるなど，内容はきわめて世俗的かつ保守的であった。

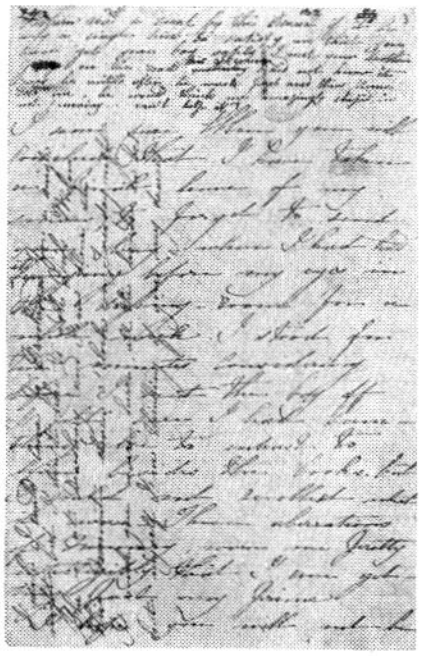
図3　シャーロット・ブロンテの友人宛ての手紙

を目指す若い女性ジェインが祖母らに宛てた手紙が「格子模様」と評されているが、それは相手のつましい暮らしぶりに対する配慮なのである。

文例集から書簡体小説へ

郵便制度が整備されるよりもはるか以前、そもそも手紙を書くという行為がイギリスの知識層に浸透したのは、中世において、しかもラテン語の手紙としてであった。英語の書簡文例集が流行し始めたのは一六世紀中頃で、ラテン散文の完成者と言われる古代ローマの弁論家キケロ（Cicero, 106-43BC）の手紙が規範とされた。当時の文例集に収録された教訓的色彩の濃い日用書簡（familiar letters）が、後のチェスターフィールド卿（Lord Chesterfield, 1694-1773）やモンタギュー夫人（Elizabeth Robinson Montagu, 1689-1762）の書簡集へと受け継がれ、リチャードソン（Samuel Richardson, 1689-1761）などによる書簡体小説へとつながったとされる。

一八世紀、「紙の上のおしゃべり（talking upon paper）」と呼ばれた手紙は重要な社交の手段となり、「普段着姿」の文体がもてはやされた。サミュエル・ジョンソンは、イギリスにおける日用書簡の少なさに不満を抱いていたというが、現代から見ると、この時代における手紙のやり取りは「洪水」と見えるほどで、トマス・グレイ、ホレス・ウォルポール、ウィリアム・クーパーなど数々の名書簡家が生まれた。

チェスターフィールド卿が、息子に紳士たるべき者の道を説き、実践的処世術を授けた書簡集は、出版後、当時流行したコンダクト・ブックスの代表となった。(1) 社交界の噂話から、恋愛、自己省察まで幅広い話題を書簡の形式に盛り込んだモンタギュー夫人の書簡集はとくに有名。印刷業者であったサミュエル・リチャードソンが、模範書簡集の執筆を途中で中断して書いた『パミラ』（一七四〇年）と、より複雑な構成と技法を駆使した『クラリッサ』（一七四七－四八年）はいずれも書簡体小説の代表作とされる。(2)

日記と日記文学

日記作者と言えば、サミュエル・ピープス（Samuel Pepys, 1633-1703）の名が第一に挙がる。海軍官吏であったピープスは、速記記号と暗号で書かれた一六六〇－六九年の日記に当時の世相と自らの赤裸々な私生活を細密な描写で記録した。ピープスと並び称される政治家であり文学者でもあったジョン・イーヴリン（John Evelyn, 1620-1706）がほぼ生涯にわたってつけた日記は、宗教、政治、科学についての時代の貴重な証言となっている。ピープスの日記が解読されたのは一八二五年、イーヴリンの日記が出版されたのは一八一八年であった。

ほかに代表的日記をいくつか挙げるならば、ジョナサン・スウィフト（Jonathan Swift, 1667-1745）の『ステラへの手紙』（原題の直訳は「ステラ宛の日記」、一七六六年）、ジェイムズ・ボズウェルの『ヘブリディーズ旅日記』（一七八五年）、メソジスト教会創設者ジョン・ウェズリの日記（一九〇九－一六年）などが挙げられよう。日記作者はしばしば名書簡家でもあり、フランシス・バーニー、バイロン卿、ジョン・キーツ、ヴァージニア・ウルフなどは、日記も書簡もともに高い評価を得ている。

図4　サミュエル・ピープス

(2)　書簡体小説は，登場人物が書いた手紙を中心として展開する小説の一ジャンル。『パミラ』は，主人の誘惑に抵抗し，ついには愛を勝ちとる小間使いの手紙に心理の機微が描かれる。『クラリッサ』は2人の中心人物に加え，周囲の人物の手紙も配されたポリフォニックな作品。

二一世紀の「私」の声

二〇〇七年五月の一カ月間、大英図書館はマイクロソフト社と協力して「Eメール・ブリテン」というキャンペーンを実施した。個人の受信、送信済みメールの中から、「人生の転機」「大失敗」「苦情」「恋愛ロマンス」などの一〇のテーマに沿ったメールの現物をデジタル・アーカイヴ用に投稿してほしいと募ったのである。

二〇〇四年に発足した英国ウェブ・アーカイヴ協会では、六つの機関が、共同でウェブサイトの収集・保存にあたっている。二〇〇八年一一月現在、一〇のテーマに沿って許諾ずみのサイトを掲載。テーマの一つは「ブログ」で、四〇近いブログを収録している。この他、大英図書館は二大学と連携して、ブログ、Eメールなど現代人が日々の生活のなかで記すデジタル情報を後世のためにいかにして収集・保存・提供すべきかを研究する「デジタル生活」プロジェクトを進行中である。

大英図書館では、二〇世紀イギリスを代表する戯曲家でありノーベル文学賞受賞者のハロルド・ピンター（Harold Pinter, 1930-2008）のアーカイヴを二〇〇七年に入手した。ピンターは二〇〇八年末に亡くなったが、このアーカイヴには、手紙、原稿、スクラップ帳、写真等の他にEメールも入っていることが伝えられている。手紙はメールに、日記はブログに取って代わられようとしている。ITによってコミュニケーションの手段が革命的変化を遂げつつある時代に、「私」の声はどう変わっていくのだろうか。

（中川僚子）

24 聖書――イギリス文化の一つの原点

図1　美しく装飾された「ヨハネ福音書」の最初のページ

絢爛たる祈りの芸術

イギリスには、アイルランドから五世紀にキリスト教が伝えられた。やがてスコットランドやイングランド北部に修道院が次々建つ。八世紀初頭に、その一つの修道院内で、目も眩むように美しい福音書の装飾写本が作られた。現在大英図書館が所蔵する『リンディスファーンの福音書』である（リンディスファーンとは、その修道院があったノーサンブリア沖の小島を指す）。

『福音書』を開くと、ケルト系写本の特長である組紐文様で埋め尽された「カーペット・ページ」が目に付く。十字架を形成する線は複雑に絡み合いながらも規則正しさを保ち、デフォルメされた小さな鳥や動物が随所に嵌め込まれている。各福音書の最初の文字は華やかに装飾が施され、福音記者像も添えられている。一人の修道士が祈禱と労働の中で、おそらく一〇年以上の歳月をかけてこれを作成した。熱い信仰の中から生み出された、装飾芸術の粋といえよう。

異端視された翻訳者

聖書は、古代ヘブライ語やギリシア語などで書かれている。中世の聖職者や知識人は、これをヨーロッパの共通語ラテン語訳で読んだ。ローマ教皇を長とする教会が教義などに関する一切の権威を保持すべく、各国の母語への翻訳を禁じたからだ。

(1) 国教会に属さないプロテスタント。メソディスト派やバプティスト派，長老派，クエーカー派などの信徒を指す。名誉革命（1688-89年）以来，1828年に法律が改正されるまで，非国教徒は公職に就くことが禁じられていた。『ロビンソン・クルーソー』（1719年）の著者D. デフォーなども非国教徒である。

ところが中世末期、教会の腐敗や堕落は目に余るものとなり、宗教改革への機運が高まっていく。J・ウィクリフ（John Wycliffe, 1330?-83）は、イギリスにおける先駆的な宗教改革者であった。ローマ教会に異端視されながらも、教会の権威よりも聖書を絶対視し、誰もがこれを読めるようラテン語訳からの英訳を試みる。続くW・ティンダル（William Tyndale, 1494?-1536）は、旧約聖書の一部と新約聖書の全文を初めて原典から直接英訳し、ドイツで出版。しかし彼は異端の刻印を押され、処刑されてしまう。母語への翻訳は、生命をも賭けた一大事業だったのだ。

『欽定訳聖書』と『天路歴程』

イギリスはヘンリー八世の離婚を機に、一五三四年にローマ教会と袂を分かち、英国国教会を創設。やがてジェイムズ一世が、英訳聖書の刊行を決意する。こうして一六一一年に完成した『欽定訳聖書』は、ティンダル訳に負うところが大きいといわれる。アングロ・サクソン系の短いことばを多用し、簡潔・平易ながらもきわめて格調高い『欽定訳聖書』は、礼拝時の朗読などを通し一般に浸透していった。

この『欽定訳』の力強い文体を身に付けたのが、一介の鋳掛け屋に過ぎなかったジョン・バニヤン（John Bunyan, 1628-88）である。彼は非国教徒(1)の牧師として街頭で説教をおこない、これが違法であったため投獄され、獄中で『天路歴程』（一六七八年、八四年）を書いた。主人公クリスチャンが寓意的名前を持つ人物「伝道者」「忠実者」などに助けられ、「落胆の沼」「死の影の谷」などで試練にあいながらも「天の都」に辿り着くその過程を語ったものである。簡潔な文章に、信仰生活

図２　「落胆の沼」から救出されるクリスチャン

図３　怪物誕生に逃げ出すフランケンシュタイン

の機微に触れるエピソードがふんだんに盛り込まれ、イギリスやアメリカの家庭には聖書と『天路歴程』が必ず備えられたといわれるほど親しまれた。

『天路歴程』は宣教文学であるが、個人の魂の葛藤を写実的に描いてその後の英米小説の発展に大きく寄与した。C・ブロンテの『ジェイン・エア』（一八四七年）や、G・エリオットの『フロス河畔の水車場』（一八六〇年）、L・M・オルコットの『若草物語』（一八六八年）などにその影響は明らかである。

聖書と『フランケンシュタイン』

聖書は、中世から連綿と続くイギリス文学の一つの源流を成すといってよい。意外に聞こえるかもしれないが、メアリ・シェリーの怪奇小説『フランケンシュタイン』なども聖書と深い関係にある。その関係を少し具体的に見てみよう。

聖書の第一番目の書「創世記」に、人類の起源が記されている。神は「御自分にかたどって人を創造」し、その後「お造りになったすべてのものを御覧になった。見よ、それは極めて良かった」とある。神は、自らが創造した天地万物を全面的に肯定する存在として描かれているのである。

また、「主なる神は、土（アダマ）の塵で人（アダム）を形づくり、その鼻に命の息を吹き入れられた」とも書かれている。古代ヘブライ語「アダマ」には、「湿り気のある土」の意味がある。「人」は土・塵から創られ、息を吹きこまれて生命を得たとされるのだ。

『フランケンシュタイン』はこの人類誕生の神話を科学時代に置き換えた、現代

図4 『失楽園』の挿絵に描かれるアダムとイブ

版「アダム創造物語」と呼ぶことができる。

科学者フランケンシュタインは、教会墓地などで死体の腐乱するさまを観察し、「不浄の墓場で泥をこね、生命なき土くれを活かすため、生けるものに責め苦を与えた」（シェリー『フランケンシュタイン』）と語られる。「泥」や「土くれ」という表現に、「創世記」のことば「土（アダマ）」が反復されているのが分かるだろう。彼は大胆にも神を真似、墓場の泥をこね回し、酷《むご》い動物実験を繰り返す。やがて死体の部位を繋ぎ合わせ、これに生命の息吹を与える。ところが誕生したのは、見るもおぞましい怪物。「見よ、それは極めて良かった」と肯定できるはずもない。恐怖のあまり、逃げ出してしまう。「創世記」の神はアダムを楽園に置くが、フランケンシュタインは怪物を放置し、怪物がやがて暴力を振るうかもしれないなどと考えない。ここに現代科学の無責任さ・危険性が示唆されているといえるだろう。他方、「創造主」フランケンシュタインに捨てられ、醜悪さゆえに人々に虐待される怪物の姿に、神不在の現代人の哀しみが投影されていると読み解くこともできよう。

シェリーは、ジョン・ミルトンの叙事詩『失楽園』（一六六七年）を愛読した。『失楽園』は、そもそも「創世記」のアダムとイブの楽園追放物語をピューリタン的視点から語り直したものである。シェリーは「創世記」や『失楽園』に描出されるアダムの物語を下敷きに、その語彙やストーリー展開を用いながらもこれに独自のひねりを加え、現代の神話的怪物を生み出したのである。

（久守和子）

25

墓地——死を想う身近な生活の場

墓地という場所

イギリスの墓地は、日常生活の風景の一部となっている。歴史と野外散策を好むイギリス人にとって、墓地は絶好のフィールドだ。市町村主催の墓地見学ツアーでは、墓石の形から年代を特定し、皮肉やユーモアの効いた墓碑銘を見つけては、そこに刻まれた故人の生涯に想像を巡らせる。墓地に生える植物や、小鳥や小動物、蝶の生態も観察対象だ。

イギリスでは、教会付属の墓地（churchyard）のほかに、共同墓地（cemetery）、無縁墓地（potter's field）がある。[1] サクソン時代には教会付属墓地は「神の土地（God's acre）」と呼ばれ神聖視されたが、中世には市や祭が開かれる共同体の集会所となり、以後、男女の逢い引きやダンス、ゲーム、見世物や闘鶏まで行われる陽気なばか騒ぎの場所ともなった。

墓地の北側からは悪魔が侵入し、影の中に潜むと考えられたため、初期の墓地は教会の南側の、教会の影が落ちる場所を避けて作られた。教会の北側には、洗礼を受けずに死んだ幼児が葬られたが、埋葬場所が不足すると、一般の死者も葬られるようになった。

教会墓地には、イチイの樹がよく植えられる。有毒の実が死、常緑の葉が不死と背反するイメージをあわせ持つが、風に強く、悪霊の侵入も防ぐと信じられる。

(1) キリスト教では自殺を禁じているため，この教えに叛く自殺者については墓ではなく十字路の脇に葬る習慣があり，「四つ辻に葬られる」(be buried at crossroads) という表現も生まれた。

図1　サセックス州にある礼拝堂地下納骨堂

教会建物内（堂内）の墓

イギリスの教区教会堂内に見られる最初の墓は、一二世紀の高位聖職者のものである。当時堂内に葬られることが許されたのは、彼らだけだった。墓石の形式も、多くは教会堂内の敷石としてはめ込まれる形の簡素な石板だったが、その後、荘園領主の横臥像（recumbent effigy）を刻んだ墓碑も見られるようになり、一四世紀にはその上に天蓋がつく豪華なものになる。墓に刻まれた碑文、像が身につけた服装、甲冑、紋章は、各時代の文化を知る貴重な手がかりだ。エリザベス時代の繁栄以降は、貴族に加え、富裕な農民、中産階級の商工主の墓が増えてゆく。遺言などによって希望の埋葬場所を指定する者も多く、教会堂内では、祭壇に近い内陣、聖体拝領の場、聖母像や十字架の下かその前などがとくに人気があった。だが教会堂内の地下納骨所はスペースも少なく、高価だったため、寄進の多い金持ちのための場所だった。著名人の墓もまた、しばしば教会の堂内に設けられている[2]。

教会敷地内の墓地

ローマ帝国支配下のイギリスで最初期に見出されるキリスト教の墓石は、二個の石の上に石板を渡したもの、あるいはただ直立した石板のどちらかだったが、やがて数世紀にわたって高度に装飾されたサクソン十字やケルト十字が見られるようになる。

中世には、敷地内の屋外墓地でも、墓碑を建造できるのは裕福な者だけだった。貧しい者は目印もなくただ埋められ、新たな遺骸が古い墓の上に無造作に埋葬され

(2) ウェストミンスター寺院のポエッツ・コーナー（the Poets' Corner）には，チョーサー，シェイクスピア，ミルトン，ディケンズ，ハーディなど多くの文人が祀られている。

図２　グロスターシャ，ペインズウィックの墓地

る。そのため墓地の地面は次第に周囲の土地より高くなり、教会の外壁が埋まるほどだった。屋外の墓地に墓碑を建てることが一般的になったのは、一七世紀初頭以降だ。教会堂の壁沿い、回廊沿いの場所が人気だったが、ピューリタン思想の影響からか、イギリスでは堂内への埋葬に対する執着は比較的弱い。身分ある者でも虚飾を嫌い、野外の自然を好んであえて墓地への埋葬を望む者もいた。しかし、中産階級の繁栄につれて豪華な墓碑が現れ、一七世紀後半から一八世紀初頭には、墓碑専門の石工も登場した。墓石職人は、新古典主義を取り入れたチッペンデール、アダム兄弟の建築や装飾様式の影響を受け、墓碑の彫像、壺方装飾、花飾や衣文模様にそれらを応用し、一八世紀を通じて繁盛した。

一九世紀に入ると人口が急激に増加し、都市部の教会が敷地内にすべての死者を収容することが困難になる。そのため、街の外にも墓地（extramural cemetery）が設けられた。

墓碑銘の歴史、詩への影響

墓石に刻まれた言葉、墓碑銘は故人の生涯を知る重要な手がかりだが、その歴史はギリシア、ローマ時代に遡る。死者の氏名、職業、没年のみを記した簡素なものが発展して次第に碑銘自体が詩の形を取り、碑文を記した者が通行人に死者の霊のため祈るよう呼びかけるもの、さらには、故人が自身の最期を語る独白や、通りすがりの者に死への瞑想、生き方を改めることを促すものも現れた。ギリシア時代、身分や男女の差を問わずに見られたこれらの碑銘は、ローマ時代に入って定型化が進み、決まり文句も増えて、著名人の場合は故人の業績や徳を讃えた長文になる傾向が強まった。西ローマ帝国の滅亡後、碑銘は永らく聖人か名士の墓に限られたが、中世以降、時代が下るにつれ再び一般的になった。

このような墓碑および碑銘の歴史を見れば、古典主義が復興を見た一八世紀前半、墓地派（Graveyard School）の詩人たちが現れたのも不思議ではない。理性と合理主義、啓蒙主義が支配的だった時代に、しばしば墓地を舞台として、死についての瞑想、憂鬱、生への内省を歌い、ロマン派の先駆けとなったと言われる。トマス・パーネル（Thomas Parnell, 1679-1718）の「死についての夜想」（一七二一年）、エドワード・ヤング（Edward Young, 1683-1765）の「不満、あるいは生、死及び不死についての夜想」（一七四二－四五年）、ロバート・ブレア（Robert Blair, 1699-1746）による「墓」（一七四三年）などが有名だ。中でも、田園の教会墓地を舞台に、今は亡き無名の村人たちの生に思いを馳せたトマス・グレイ（Thomas Gray, 1716-71）の「墓畔の哀歌」（一七五一年）は代表的である。

イギリスの街中には、コレラの大流行で亡くなった人々の墓が記念として道路の分離帯や目抜き通りのちょっとした凹みに残され、ケシの造花で飾られた第一次、第二次世界大戦戦没者の慰霊碑が町や村のあちこちに見かけられる。それはとくに不気味でも恐ろしくもなく、毎日の風景に溶け込んでいる。「死を覚えよ（memento mori）」の伝統は、詩人の特権ではない。墓地と墓碑は今も、イギリスの生活の中で、身近に息づいている。

（伊達恵理）

26

ゴースト（幽霊）――「この世ならぬ」隣人

怪談と幽霊

一般に、イギリス人は怪談好きと言われる。が、ひと口に怪談といっても、ドラキュラ伯爵のような吸血鬼、フランケンシュタイン博士の人造人間などの怪物から、一九世紀に流行した三文小説（penny dreadful）で扱われる血なまぐさい殺人や猟奇的犯罪まで、「怪」の内容はさまざまだ。だが英語では、伝統的な怪談は主にゴースト・ストーリーと表現されるから、怪異の中でも幽霊は主要な地位を占めると言えるだろう。これら幽霊譚には、伝説やいわゆる「実話」として語られるものと、文学者が作品として創作したものとの二通りがある。

伝説や実話の場合、全国の目撃談を集めた分厚い本も多数あるが、各地方、地域ごとに小冊子の形にまとめたものもよく見かけられ、書店でその地域のガイドブック類と同じ棚に並べられていたり、観光案内所にも置かれていたりする。収録された話は、その地方の旧跡や教会にまつわるものが多く、怪談自体が一種の歴史・名所案内となっている感がある。現れる幽霊の姿は明瞭で、服装や容姿から彼らの関わった歴史的事件や背景が特定できる。王位継承争いや清教徒革命に敗れた著名人、旧家の家庭内争議や女性問題で悲劇的な死を遂げた人物を初め、魔女裁判で処刑された魔女、絞首刑になった罪人などの幽霊がいるが、鐘の音やローマ兵の太鼓など音だけのものや、幽霊犬（とくに黒犬）も出没する。

図１　ルドンによる『幽霊屋敷』挿絵

イギリスの幽霊像

ゴースト（ghost）は、いわゆる「幽霊」と言う意味では一四世紀頃に使われ始め、「生者の目に見える形で現れる、あるいはその場にいることを示すと言われる、故人の魂」（『オックスフォード英語辞典』）と定義されている。(1)

ひと昔前、日本と欧米の幽霊は足の有無で比較されたが、イギリスの幽霊の多くは、先のように服装まで生前そのままの姿を取り、足まで見えるものとして描かれる。しかし、姿形は明瞭だが半透明のもの、死者の着る経帷子に全身を包んだもの、また、人の姿らしきおぼろな影（白または黒）としてのみ目撃されるものも少なくない。幽霊の出現は、声や足音、怪光、冷気、悪寒や悪臭、何ものかが触れる感触などを伴う。家鳴りやノックのような、いわゆるラップ音も周知の付随現象だ。物音だけで幽霊は現れず、家具や小物がひとりでに移動し、小石などがどこからともなく降るポルターガイスト（騒霊）もある。

これらの幽霊は、時には、生前の怨みや心残りを晴らすために直接目指す相手の前に現れ、また家屋敷に取り憑いてその住人を代々呪う。事件が起こった場所に留まって偶然来合わせた者に怨みを語り、復讐や隠された遺体の発見を促す。さらに、幽霊の出現やそれに伴う現象が、悪事に対する警告や、これから起こる不幸の予兆と見なされる場合もある。

創作の中の幽霊たち

文学作品中の幽霊たちも、おおむねこれらの型を踏襲している。英文学史上有名

(1)　この語自体は，他にも，人間の霊魂やキリスト教の聖霊を意味し，かつては天使や悪霊，地霊なども表した。

図2　幽霊物語のアンソロジーは根強い人気を保つ

(2)　中には，早世した子どもたちの霊が住む屋敷と庭を守る一人の婦人を，哀感を込めて描いたラドヤード・キプリングの短編「彼ら」（1904年）のような異色作もある。

な幽霊といえば、シェイクスピアの『ハムレット』（一六〇一年）の亡き父王、『マクベス』（一六〇六年）で主人公マクベスに殺害されたダンカン王の幽霊だろう。彼らは復讐を求め、殺害者の罪を糾弾しに現れる。ディケンズの『クリスマス・キャロル』（一八四三年）では、幽霊は守銭奴の金貸しスクルージに警告を発し、改心を勧める。(2)

だがイギリス怪談のひとつの特徴は、これら著名作家たちの作品にしばしば幽霊が登場するばかりでなく、その種の作品を中心に創作を行い、幽霊譚がとくに優れたものとして記憶されている作家の数が多いことだろう。一九世紀のシェリダン・レ＝ファニュ（Sheridan Le Fanu, 1814-73）を初め、二〇世紀にかけては、M・R・ジェイムズ（Montague Rhodes James, 1862-1936）、ウォルター・デ・ラ・メア（Walter De La Mare, 1873-1956）、アルジャーノン・ブラックウッド（Algernon Blackwood, 1869-1951）他、枚挙にいとまがない。

ロマン派の先駆けたるゴシックロマンス（Gothic Romance）とその流れを汲む怪異譚では、幽霊は、旧家にまつわる殺人や近親姦といった血腥い波瀾万丈のドラマを巡り、その館や墓場を舞台に、しばしばおどろおどろしく大袈裟に現れた。だが時代が下り、さまざまな階層の作家たちが怪談を書き始めるにつれ、幽霊は、場所、昼夜を問わず、中産・労働者階級の日常生活の中に身近に姿を現すようになる。それらの幽霊は、ごく自然に現れるためすぐには怪異と気づかれず、後になって認識される。出現はそれとなく仄めかされるだけとなり、幽霊はもはや自分の口から正体を明かすことはない。幽霊出現の恐怖よりは、それを取り巻く人間の微妙な心理や葛藤が重視され、出現の背景となる惨劇や事件も、抑制の効いた調子で語られるようになった。このため、イギリス幽霊小説の恐怖の特徴は、しばしばアトモスフェリック・ホラーと呼ばれる。[3] それは、独自の経験論を発展させ、現実的といわれる国民性を培ったイギリスにおいて、幽霊譚の受け手たちがどのような幽霊に真に迫った恐怖を感じるかに応じて作り上げられてきたスタイルでもあるだろう。

現代に生きる幽霊

イギリス人に幽霊話を尋ねると、たいていまず苦笑いを浮かべ、自分は興味がない、恐い話は嫌いだという。だがそう言いながら、半ば冗談めかして、どこそこの教会には黒衣の貴婦人の幽霊が出るという話だよと地元の怪談を一つ二つしてくれたりもする。歴史や建築、自分の住む土地や身の回りの品々への愛着の深いイギリス人にとって、それらの場所や物に宿る死者の想いは、必ずしも日常とかけ離れた「超自然」ではないようだ。「幽霊好き」は今やセールスポイントで、歴史上の因縁話や伝説の残る場所を巡る「幽霊ツアー（ghost walk）」も複数ある。中には生身の人間が幽霊に扮して現れる演出もあるが、その幽霊同士が客の取り合いで喧嘩騒ぎを起こしたの、ライバル・ツアーの看板を壊して回ったのと、翌日の新聞記事に出る。これもユーモア好きのイギリス人の、幽霊との付き合い方の一面と言えよう。

（伊達恵理）

図３　地域の怪奇実話を収録した小冊子の例

⑶　20世紀半ばから後半にかけても，H. R.ウェイクフィールド，（Herbert Russell Wakefield, 1888-1964），L. P.ハートリー（Leslie Poles Hartley, 1895-1972），ロバート・エイクマン（Robert Aickman, 1914-1981）ら多くの作家がこの流れを汲み，イギリス幽霊物語黄金期の一翼を担った。

27

日本幻想——日英関係の支え役

図１　アダムズと共に日本に来たリーフデ号の模型

家康の日本を闊歩したイギリス人

日本幻想とは、日本に対するイメージ、つまり、ある歴史の状況下で〈見られた〉日本ということである。では、イギリスは日本といつ頃からどのように関わりをもち、日本をどのように見てきたのだろうか。イギリスにおける日本幻想とは一体どのような意味があるのだろうか。

初めて日本の地を踏んだイギリス人は、シェイクスピアと同年に生まれた船乗りウィリアム・アダムズ（William Adams, 1564-1620）である。アダムズは、オランダの船団に雇われ、一五九八年に極東目指して出航した。一行は、南米のマゼラン海峡を通る西方航路を選んだため、筆舌に尽くしがたい航海を強いられ、ようやく日本の豊後《ぶんご》にたどり着いた[1]。関が原の戦いの半年前の一六〇〇年のことであった。

当時、日本で勢力を得ていたポルトガル、スペインのカトリック宣教師たちはプロテスタントのオランダ人やイギリス人などが日本に入り込むことに大反対を唱えたが、家康はそれらの意見を排して、アダムズを重用する。三浦按針（按針は水先案内人という意味である）という日本名を与え、二五〇石の旗本に取り立て、外交顧問的な役に用いたのである。一六一三年にイギリスが平戸に商館を置き、日本と貿易を始めたのは、アダムズの力があってこそであった。

アダムズから西洋の最新の知識を学んだ家康にとって、アダムズは世界を見る窓

図２　イギリスの新聞に掲載された日本使節団

(1) 最難所のマゼラン海峡での５カ月に及ぶ越冬，そこからの脱出，嵐に加えて飢えと乾きに苦しめられた太平洋横断の航海などをかいくぐり，オランダを出てから２年近く経っていた。５隻から成る船団は，船１隻になっており，100名余いたこの船の乗組員は24名となっていたが，日本上陸後さらに６名が絶命したのだった。

であったが、イギリス人にとっても、アダムズにより、日本が、それまでのマルコ・ポーロの手記の中の伝説的な国や、カトリックの宣教師たちの著わす報告書の中の存在ではなく、同胞の住む場という実体を伴う国になっていったのである。イギリスに送った手紙の中でアダムズは、日本人は善良な性格を有し、この上なく礼儀正しく、戦闘においては勇敢であり、日本は法を犯すものは公平に裁かれる市民政治が確立した国だと述べている。

幕末の〈日本〉からジャポニスムへ

その後貿易の不振、英蘭関係の悪化などから、イギリスは開設後一〇年で平戸の商館を閉じる。スウィフトの『ガリヴァー旅行記』の第三巻でのガリヴァーの日本滞在は、当時の英蘭関係を諷刺したものと言われている。日本との国交は途絶え、交流も陶磁器などに限られた。だがそれでも、一八世紀半ばに大英博物館が設立されたとき、その中に四五点の日本の美術品があった。

江戸幕府が諸外国の開国の圧力に屈し、一八五八年に日英修好条約を結ぶと、幕末の江戸にイギリス人が去来する。彼らの多くにとって〈日本〉とは、美しい自然にあふれ、屈託のない人びとの住む国であった。初代イギリス公使となったラザフォード・オールコックは、幕府の役人との交渉に身を削る思いをし、幕末の殺気だった日本にいて身の危険に晒されることもあったが、庶民の暮らしぶりが明るいこと、日本美術がきわめて優れたものであることなどに感銘を受ける。彼はヨーロッパに日本の使節団を送る手助けをし、一八六二年のロンドンの万博に、日本が出品

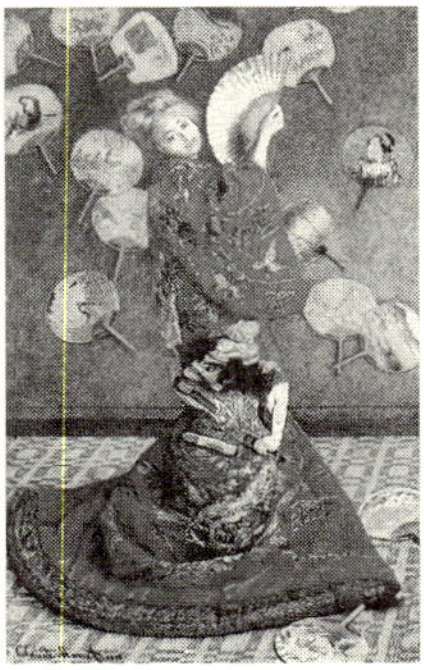

図３　モネ「ラ・ジャポネーズ」（1876年）

図４　ホイッスラー「陶磁の国の姫君」（1864年）

するようとり計らった。当時の最新の技術を誇示する万博にあって、日本の精緻な美術工芸品や、開会式に現れた堂々とした日本の侍の姿は、異なる文化を人びとに印象づけるものになったのである。『タイムズ』紙などは何回か日本についての記事を掲載している。

そのように日本文化がイギリスに紹介されるようになり、一八七〇年代からジャポニスムと呼ばれる日本や日本文化に対する高い関心が見られるようになる。フランスのモネの「ラ・ジャポネーズ」がその典型的作品とされているが、イギリスではその一〇年以上も前にJ・M・ホイッスラーが団扇《うちわ》を手にもつ着物姿の女性を描いている。さらにロセッティ、ジェイムズ・ティソ、ビアズリーなどがジャポニスムに深く傾倒していく。一八七〇年代にロンドンに日本商品を扱うリバティ商会が開店すると、団扇の入荷を待ち望む人だかりができたという。その頃、暖炉の上に団扇を飾る家庭が多く、「日本の団扇は各家庭の必需品」とまで言われた。家具については、直線を使った、華奢なアングロ・ジャパニーズ様式と呼ばれる家具が流行した。これは後にリバティ商会で扱うようになり、他の日本的な要素の商品とともにヨーロッパ大陸に輸出されて、アール・ヌーヴォーに発展していく。

政治的には一九〇二年に日英同盟が結ばれ、一九〇六年にはイギリスの王族（エドワード七世の甥のコンノート公）が明治天皇に授与するイギリス最高位のガーター勲章を携え、国王代理として日本を公式訪問するなど、両国は親交を深めていく。一九一〇年に開催された日英博覧会は半年間に八五〇万人の入場者を数えるほどの好評で、日本文化への理解が深まった。しかし、一九二〇年代に入り、日本が列強にとって脅威の存在になるにつれ、ジャポニスムも下火になっていった。

エコノミック・アニマル像から多様な受容へ

では、二一世紀のイギリスにおいて日本はどのように受容されているのだろうか。第二次世界大戦後かなり経っても、日本人はメガネをかけカメラをぶら下げているエコノミック・アニマル(2)でウサギ小屋に住む人びとという見方が広がっていた。しかし、現代ではそのようなステレオタイプ的なイメージから脱しつつある。日本の工業製品に対する信頼は定着して久しいが、日常的にもスーパーに行けば、醤油《ソイ・ソース》は基本的な調味料の一つとして置かれているし、昼食用のサンドイッチの隣には、スシのパックが当たり前のように置かれている。道場、ワガママ、というような不思議な名前の日本食レストランに行き当たることも稀ではない。日本食はメタボリック症候群に悩むイギリス人に希望を与える食文化になっているのである。

書店ではSUDOKU（数独）がロングセラーになっているし、MANGAも市民権をもちつつある。シェイクスピアの作品をコミックにしたシリーズは、〈マンガ＝シェイクスピア（Manga Shakespeare）〉と呼ばれているが、れっきとしたイギリス製マンガである。ソニア・レオンの『ロミオとジュリエット』は現代の日本での、仇敵のやくざの家に生まれた恋人たちという設定になっている。

現代においてイギリスにおける日本幻想は、社会のさまざまな領域にわたり、多様化したものとなっている。日本幻想は当然、実体とずれた面も少なくないが、日英関係の長い歴史を下支えしてきたことには間違いがないのである。（窪田憲子）

(2) 映画化されたヴァージニア・ウルフの『オーランドー』で，オーランドーの由緒ある館が現代に入って一般公開されるようになった場面でも，例によってメガネをかけカメラを下げた日本人観光客を登場させている。

図５　イギリス製マンガ『ロミオとジュリエット』

第4章

誇るべき文化遺産

多義性にみちた劇世界を創りだした文豪シェイクスピア

豊かな言語文化

イギリス文学史を繙くと、劇作家シェイクスピアを初めとして、ロマン派詩人ワーズワスやバイロン、小説家ブロンテ姉妹やディケンズなど世界でも著名な作家が名を連ねている。誇るべき文化遺産の筆頭に、まずこの豊かな言語文化を挙げなければならない。イギリス人は日常的にも皮肉やユーモア溢れる会話を楽しみ、詩の朗読会や観劇を好む。また子どもの頃から弁論術を叩き込まれ、名演説に拍手喝采を惜しまない。言葉の用い方に大きな関心を抱いているのだ。

前述のシェイクスピアにしても、語彙がきわめて豊富である。台詞《せりふ》の随所に、中世ヨーロッパの共通語であるラテン語や、外来語のフランス語、イタリア語、果ては使用されなくなった古英語までちりばめ、造語すら用いている。近代英語がその頃まだ生成途上にあり、柔軟性に富んでいたのである。

一八世紀に入り、サミュエル・ジョンソンが英語辞典を編纂する頃には、その近代英語もほぼ固定したといわれる。そして一九世紀後半には、『オックスフォード英語辞典』、いわゆるOED編纂の計画が持ち上がる。英語文献に現れた語彙すべてを収録し、その語源や初出年代、用例まで記述しようという大胆な試みである。今日これは第二版全二〇巻を数え、その倍の規模の第三版が近く出版されるという。語彙収集に対する並々ならぬ情熱と、博覧強記的な野望がここに垣間見られるといえるだろう。

ファッションとポップス

イギリスは伝統を重んじる国だが、その一方で革新的な傾向も強い。一七世紀のピューリタン革命や名誉革命に始まり、一八世紀後半の産業革命、その成果を示す一九世紀半ばの華々しい万国博覧会開催というように政治経済の分野で世界の先端を走ってきた。この斬新さは、たとえばファッション界ではダンディズムや、ミニスカート、パンクルックの流行を生み、ポップス界ではビートルズの世界的人気をもたらした。

しかしイギリス固有のものとして、これを他文化からまったく切り離して論じるのは難しい。イギリスは島国とはいえヨーロッパ大陸に近く、他の英語圏諸国などとも深いえにしで結ばれている。一九世紀末の頽廃的ダンディズムを当時のフランス文化に言及せずに語ることはできないし、現代のビートルズに至ってはブルースやロックン・ロールなどアメリカ音楽を貪欲に取り入れている。しかもブルースは、それ自体がアフリカ黒人文化に根ざしているといった按配だ。このようにイギリス文化の多くは、きわめて多様な異文化接触、受容と吸収の中から醸成されていったものなのである。

美術・建築の特色

絵画芸術もまたヨーロッパ大陸に学ぶことから始まった。ヘンリー八世の宮廷ではドイツ出身の画家ホルバインが王一族の肖像画を描き、チャールズ一世はフランドルの画家ルーベンスに宮殿の天井画を注文、さらにフランドル画家ヴァン・ダイクを宮廷に長期招聘する。このような画家の活躍は、やがてイギリス人画家による肖像画の隆盛へと結びついていった。

ある美術史家によると、イギリス人の伝記好き、つまり「個々の人間存在への飽くなき興味」（高橋裕子『イギリス美術』より）が彼らを無類の肖像画好きにしたという。たしかにイギリスで書店に入れば、必ずといってよいほど伝記特設コーナーにお目にかかるし、ロンドンの国立美術館の隣にはれっきとした国立の肖像画美術館がある。しかもその美術館の収蔵品の多くは、カントリー・ハウスなど大邸宅を実際に飾ったものである。邸内のギャラリーと呼ばれる広い廊下に、歴代の当主の油彩による等身大の肖像画をずらりと並べて初めて、何世代にもわたる富と権力を内外に誇示できると考えられていたのだ。

イギリス人の田園好きは、もうひとつの美術ジャンルである風景画を発展させた。宗教画や肖像画の背景としてではなく、自然の風景そのものを描くことを目的とする風景画はそもそもフランドルに始まった。その後オランダやイタリアを経て、ロマン主義の台頭したイギリスで盛んにもてはやされ、印象派の先駆けともいわれる風景画家ジョン・カンスタブルやJ・M・W・ターナーなどを生んだ。

一方建築の世界に目を向けると、一八世紀のイギリス式風景庭園の発達と共に、中世への懐古趣味から庭園に本物と見間違うほどの「廃墟」を作らせたり、邸宅を中世ゴシック建築様式に改築したりすることが流行する。これは一九世紀のゴシック・リバイバルの建築ラッシュへと繫がり、今日セントパンクラス駅や国会議事堂などにその威容を見ることができる。

ルネッサンス以前の中世に回帰したいというこの一九世紀の芸術思潮は、さらにラファエル前派の一群の画家や、日本の民藝運動にも一脈相通じるものがあるアーツ・アンド・クラフツ運動などを生んだことを併せて記しておきたい。

（久守和子）

28

シェイクスピア――「すべての時代」の文豪

一大巡礼地の賑わい

例年、四月後半の週末にイングランド中西部の町ストラットフォード・アポン・エイヴォンはいつにもまして賑わいをみせる。ここウィリアム・シェイクスピアの故郷では、彼の誕生日とされる四月二三日に近い週末に、盛大に生誕祭が行われるからだ。初日は、市長や各国の駐英大使館代表者らが市庁舎前に集い、一六世紀の衣装を着た人びとや地元の生徒たちとともに、各作品の名を戴くペナント旗と万国旗で飾りつけられた町を練り歩く。観光客も飛入りで加わる。一行は劇作家の生家から生涯をたどるように墓所に向かう。行列の終着点であるホーリー・トリニティ教会内の墓前は、この日、参列者がたむける花で埋めつくされる。午餐会ではシェイクスピアを偲んで乾杯が交わされ、功労者に賞が与えられ、夜は劇場で作品が上演される。翌日は教会で「シェイクスピア礼拝」が行われ、俳優が作品と聖書の一節を朗読する。また、幼児や青少年向きのワークショップや、演出家、俳優らの講演会も開かれる。過去の偉人を記念する厳粛な行事というより、一般市民が思い思いに愉しむイベントである。

なぜ盛大な恒例行事がくりひろげられ、劇作家の故郷にひっきりなしに観光客が訪れるのか。作品の多彩な魅力のせいであるのは言を俟たない。シェイクスピアは英語の語彙に加わったばかりの古典語、外国語、および一旦廃れた古英語の言葉を

図１　シェイクスピアの故郷で生誕祭を祝う市民ら

多用した。既存の言葉の品詞を変え、接頭語や接尾語をつけ、数々の造語や印象深い言い回しを生みだした。(1) 加えて物事のさまざまな側面を巧みに描いた。たとえば、『ヘンリー五世』（一五九九年頃初演）は一方で国民意識を高揚し、他方で戦争の虚しさを描きだす。同時に、人物の行動の動機を曖昧化し、舞台上の一瞬一瞬の行動や台詞をとおして人間心理に迫り、人物が変貌を遂げる瞬間を捉えた。また時事的な言及や個人的な仄めかしを隠し味に、多義性にみちた劇世界を創りだした。

とはいえ作者自身は、四〇〇年を経てなお作品が上演されつづけ、故郷が一大巡礼地になるとは夢にも思わなかったはずだ。宮内大臣一座（一六〇三年以降は国王一座）の座付作者・俳優・株主という三つの顔を持ち、劇作に当たっては劇団仲間を念頭に人物を構想し、当時の劇場の可能性や限界を熟知し、観客の興味を映しだすことが最大の関心事だっただろう。当時、芝居の台本は作者の手を離れるや劇団の所有物とみなされ、当たりがとれるあいだは厳しく管理され、その後は出版業者に売られた。作者が自分の生きた時空間にしっかりと根をおろし、鋭い洞察と直感で読みとった時代の空気を注ぎこんだからこそ、作品は逆説的に普遍性を獲得した。

シェイクスピア受容

シェイクスピアとはどのような人物だったのか。一次資料からうかがい知る伝記的事実は少なく、この謎めいた人物の素顔に迫るべく憶測が飛び交い、シェイクスピア別人説という奇妙な現象を生んだ。(2) 一方、近年は学問的な伝記研究が進み、シェイクスピアを時代のコンテクストのなかで捉えようとする試みがめだつ。

(1) いまも現代英語に生きているイディオムも多い。Star-crossed lovers（薄幸の恋人たち，『ロミオとジュリエット』），method in one's madness（狂っているが筋が通っている，『ハムレット』），green-eyed monster（嫉妬，『オセロー』）などだ。

(2) 1785年以来，フランシス・ベーコン，エリザベス1世，オックスフォード伯らの名前が挙がっては消えた。田舎町の「無学な」手袋職人の息子があのような傑作を書けるはずがない，という提唱者たちの思いこみのせいだろう。

図２　文豪の墓の前でオードを朗読するギャリック

もっとも、シェイクスピアはつねに文豪として仰ぎみられてきたわけではない。没後、しだいに時代の趣味に合わないとされ、その欠点を補うという名目でつぎつぎと上演された改作が、シェイクスピア自身の作品よりも好まれるようになる。とくに人気を博したのは、ネイハム・テイト（Nahum Tate, 1652-1715）の翻案『リア王』である。原作の悲劇的結末を退け、リアが王位を奪回しコーディリアがエドガーと結婚するテイト版は一六八一年以降、一世紀半のあいだ、上演されつづける。ロマン主義時代以降、一九世紀になると事態は一変する。シェイクスピアを天才として崇拝する「バードラトリー」（一九〇一年にバーナード・ショーが作った造語）の隆盛である。とくに名優デイヴィッド・ギャリック（David Garrick, 1717-79）は、シェイクスピア生誕二〇〇年記念祭を劇作家の故郷で開催しようと奮闘する。ギャリックの悲願は一七六九年に叶い、祝典は大々的に行われた。生憎の豪雨に見舞われ、屋外の催し物は中止されたけれども。山場はギャリックによる自作のオードの朗読であった。祝典はヨーロッパ中で大評判になり、イギリスの生んだ世界的作家シェイクスピアの地位を印象づけ、その故郷を観光拠点たらしめる。(3)

(3) その後，1864年の生誕300年記念祭，1916年の没後300年記念祭がとくに盛大に行われた。冒頭に紹介した現在の生誕祭の式次第には，1916年の記念祭の名残が色濃い。

人気の秘密

シェイクスピアがこれほど国民意識に浸透したのには、学校教育が一役買っている。一七二八年頃から教室で作品が演じられ、現在もあらゆるレベルでカリキュラムに反映されている。児童は劇作家の生涯やその時代をたどり、作品の一場面やダイジェスト版の台本をもとに舞台を踏む。年長の生徒は共通カリキュラムに基づき

図3　ゼッフィレリ版『ロミオとジュリエット』（ビクター・ビデオ・カバー）

作品を勉強する。大学入学資格試験ともなれば、多様な批評的解釈も含め、作品と作者の想像力を形づくった文学的・社会的・歴史的影響についての知識を問われる。

映画が普及すると、シェイクスピアはイギリスの主要輸出品となっていく。現存するシェイクスピア映画の第一号は、一八九九年、ビアボーム・ツリー演じるジョン王の死の場面のサイレント映画化である。その後、音声入り映画に先鞭をつけたのはハリウッド映画『じゃじゃ馬ならし』（一九二九年）である。だが、シェイクスピア映画の隆盛は、ロレンス・オリヴィエとオーソン・ウェルズの登場を俟たねばならなかった。(4) 五〇年代、六〇年代には黒澤明、グリゴーリ・コジンチェフ、フランコ・ゼッフィレリらの作品が次々と発表される。

ケネス・ブラナー監督作品『ヘンリー五世』（一九八九年）は、シェイクスピア映画のニュー・ウェーブとの呼び声が高い。以来、ピーター・グリーナウェイ、トレヴァー・ナン、バズ・ラーマンらの映画がつづく。ＤＶＤの普及とともに、近年の映画はクローズ・アップを多用し、小さな画面での鑑賞を意図しており、若年層の観衆の好みに合わせて視聴覚的イメージで即座に訴えかける工夫が凝らされている。映画館や教室から飛び出し家庭に浸透したシェイクスピアは、二一世紀もすぐれて「イギリス的」であるとともに世界の共有財産となりつつある。二〇〇六年四月から一年がかりで上演された「ロイヤル・シェイクスピア・カンパニー」（ＲＳＣ）全作品」でも、ヨーロッパ、アジア、ロシア、中東から一五の劇団が招待され、英語以外にも一六の言語による公演が作品にさらなる活力を与えていた。

（安達まみ）

(4)　オリヴィエは『ヘンリー五世』(44年),『ハムレット』(48年),『リチャード三世』(55年）を製作。第二次大戦中に低予算で制作された『ヘンリー五世』は，映像技術や場面展開に優れている。ウェルズは『マクベス』(48年),『オセロー』(52年),『真夜中の鐘』(66年）で斬新なカメラワークを駆使した。

29

ゴシック——畏怖と神秘に満ちた世界

ゴシックとその流れ

現代において、ゴシックという言葉は、文学、映画、音楽、ファッション、字体など多岐にわたる分野で用いられている。重々しく暗いという、漠然とした統一イメージを人びとの心に喚起するが、宗教的な畏怖の念を覚えさせるというのが本来の意味である。

中世ヨーロッパでは、このような宗教観に裏打ちされた壮麗な聖堂や教会が数多く建設され、のちにゴシック様式と呼ばれるようになる。だが、元々ゴシックという語は、ローマ帝国を崩壊させたゴート族（the Goths）を指す語の形容詞であり、とりわけ、建築におけるゴシック様式の名付け親として知られる、ルネッサンス時代のイタリアの建築家・画家・美術史家のジョルジョ・ヴァザーリ（Giorgio Vassari, 1511-74）は、〈野蛮〉、〈異様〉、〈超自然的〉な建築としてゴシックを軽蔑した。

一八世紀中葉になると、中世的なもの、原始的で野性的なものに、積極的な独立した美的価値を与えようとする風潮が生まれ、ゴシック趣味（Gothicism）と呼ばれた。ルネッサンスから一八世紀前半までの古典的美意識や、一八世紀の新古典主義が、〈秩序〉と〈均整〉を特質としたのに対し、ゴシック趣味はその反動として、理性の支配に対する感性の復権を謳ったのである。

図１　時代とともに増築が繰り返され現在の姿になったカンタベリ大聖堂

図2　1838年ヴィクトリア女王の戴冠式

図3　ターナーが描いたソールズベリー大聖堂

ゴシック建築

ゴシック建築については、イギリス、フランス、イタリア、ドイツといった地域性と、初期、盛期、後期といった時期的な問題が複雑に絡み、ひとことでその特徴を言いきることは難しいものの、国々をまたいで独自の組織網を構築していったキリスト教会の活動が、ゴシック建築の特徴を形作る際、大きく寄与したことは間違いない。イギリスにおける初めてのゴシック建築の例としては、一二世紀に誕生したカンタベリ大聖堂を挙げるのが一般的である。他にも、イギリス国王の戴冠式が行われるウェストミンスター・アビーや、イングランド一高い尖塔を頂くソールズベリー大聖堂などが、ゴシックの代表建築として知られている。

最初のヨーロッパ建築と称されることも多いロマネスク建築、別名ノルマン建築（おおよそ一〇〇〇―一二〇〇年頃）は、重厚な周壁や半円形のアーチを特徴とし、均整のとれた簡潔な外観と、洞窟のような内部空間を持つ。それとは異なり、その後ヨーロッパで花開いたゴシック建築は、技巧を凝らした装飾的なデザインを特徴とする。高々とそびえる尖塔や先の鋭い尖頭を持つアーチ、フライング・バットレスと呼ばれる飛び控え壁、リブ・ヴォールトという独特の天井の骨組みなどの建築技法は、のちに一九世紀のゴシック復興《リヴァイヴァル》運動においても高く評価された。

しかし、ゴシック建築の本質は、むしろ全体の美的効果や空間性にこそある。天上への希求を表現する突き抜けるような垂直性。天井を支える柱間が、ときに無限にさえ見えるように繰り返され、超越的な圧力を生み出す加算性。樹皮のような模様を刻んだ柱と、木漏れ日にも似たステンドグラスの光が生み出す、あたかも森の

図４　初期英国ゴシック様式の最高例とされる天井

図５　1835年に建築家チャールズ・バリが設計した国会議事堂

中にいるような静謐な内部のたたずまい。ゴシック建築は外観も内部も荘厳さを湛え、人びとに神の威光を感じさせる。一八世紀の人びとにとって、巨大なゴシック建築は自然の再現であり、人智を超えるものへの畏怖の念を喚起させるものだった。畏怖は〈ゴシックなるもの〉を語る上で不可欠の感情となったのである。

ゴシック復興運動《リヴァイヴァル》

グランド・ツアーをとおして発見されたと言うべき大自然の崇高美は、天高くそびえたつ壮大なゴシック建築の価値を再び見直す機運に重なっていく。一九世紀には、熱烈なゴシック信奉者である建築家A・W・N・ピュージン（Augustus W. N. Pugin, 1812-52）や評論家ジョン・ラスキンらの影響もあり、ゴシック復興運動と呼ばれる本格的なゴシック建築の復興期が訪れる。

本来建築物が果たすべき機能性とゴシック的な神秘性との融合が試みられた結果、この時期には、従来ゴシック様式が多用されていた大聖堂などの教会建築のみならず、国会議事堂（一八四〇－五二年）、ハイド・パークのアルバート記念碑（一八六四年）、セントパンクラス駅（一八六五年）など、公共建築にも広くゴシック様式は取り入れられるようになった。

ゴシックロマンス

ゴシックが見直される中で、文学においても一八世紀後半から十九世紀前半にゴシックロマンス（Gothic Romance）と呼ばれる恐怖を主題とするジャンルが流行し

図6　ストロベリー・ヒルでゴシックロマンスの先駆けとなる作品が誕生した

た。ゴシック様式の城や修道院などを舞台とし、その中で生死をかけた緊迫のドラマが繰り広げられるのが特徴である。ゴシック建築を見て人びとが抱いた畏怖の念は、より刺激的な形をとってフィクションの世界で再現される。

ゴシックロマンスの先駆的な作品、ホレス・ウォルポール（Harace Walpole, 1717-97）の『オトラント城——ゴシック物語』（一七六四年）は、時代を中世に設定した、残酷非道や迷信を扱った物語である。この作品の第二版で副題に「ゴシック」の語が使われ、文学的な初期の用例となった。ウォルポールは、自らの邸宅ストロベリー・ヒル（Strawberry Hill）をゴシック建築風に全面改築し、ゴシック復興運動の牽引役となったことでも知られている。

『オトラント城』が成功すると、その後M・G・ルイス（Matthew Gregory Lewis, 1775-1818）の『マンク』（一七九六年）、アン・ラドクリフ（Ann Radcliffe, 1764-1823）の『ユードルフォ城の秘密』（一七九四年）や『イタリア人』（一七九七年）など、人気作が次々と生み出される。いずれの作品も、迷路や暗闇、数々の謎や超常現象などが、読者の想像を掻き立て、恐怖心を煽る。

ジェイン・オースティンが『ノーサンガー・アビー』（一八一七年）の中でゴシックロマンスに熱中するヒロインを滑稽に描いたことを契機に、ゴシックロマンス人気は下火となるものの、ブロンテ姉妹（Charlotte Brontë, 1816-55; Emily Brontë, 1818-48）やディケンズ、ヘンリー・ジェイムズ（Henry James, 1843-1916）など、後世の多くの作家にその影響が及び、〈ゴシックなるもの〉は脈々と現代まで受け継がれている。

（武井博美）

30 ダンディズム——孤高の精神の表象

図1　元祖ダンディのボー・ブランメル

ボー・ブランメル——元祖ダンディ

イギリスのファッションと聞けば、たいていの人が婦人服よりも紳士服を思い浮かべる。「紳士の国イギリス」、「英国紳士」などという決まり文句がそうさせるのかもしれない。しかしながら、イギリスにおいて紳士服のイメージが強いのは、この国がダンディズム発祥の地であるという事実と関係が深いからではないだろうか。というのも、現在の紳士服のルーツを探ると、元祖ダンディのボー・ブランメル（洒落者ブランメル）こと、ジョージ・ブライアン・ブランメル（George Bryan Brummell, 1778-1840）に行き着くからである。

無類のお洒落好きであった摂政皇太子にその抜群のセンスのよさを買われ、社交界の寵児となった中産階級出身のブランメルは、それまでの紳士服の概念を覆した。一八世紀までのファッション・リーダーは貴族であったが、産業革命による中産階級の台頭に伴い、ファッションの担い手も貴族から中産階級へとバトン・タッチした。流行の発信地がパリからイギリスに変わったのも、良質の毛織物や仕立ての技術の高さによるのは言うに及ばず、貴族好みの華美な衣装に代わるものを望むパリジャンたちがブランメルの着こなしに目をつけたことが要因であった。

ブランメルのファッションは、貴族が好んだものとはことごとく異なり、シンプルであり、洗練されていた。たとえば、それまで主流であった派手な色の衣装に代わってダークな色と白を基調にした衣服を、宝石などの装飾品でごてごてと飾り立てる代わりに細い時計の鎖をひとつ身につけ、髪型もかつらではなく、自然にまとめるといった具合である。無駄をそぎ落とした分、タイの結び方にこだわり、靴を磨き上げ、身だしなみに細心の注意を払い、着映えがするよう体型維持にも努めた。当時の男性の多くが真似たブランメル流のお洒落は現代の紳士服の原点となっているのである。

不可視の要素――ダンディズムの精神性

こうした外見へのこだわりは可視的なものにとどまらない。高い美意識に従ってお洒落をするためには、妥協のない自己鍛錬とストイックな精神が必要とされるからである。また、ブランメルは、その冷静無比で尊大な態度、誇り高さによって自分よりも身分の高い貴族の子弟までも威圧したと言われるが、そうした要素もダンディにとっては不可欠であった。だが、時にその尊大さ、誇り高さは人を破滅に追いやることもある。ブランメルは自分を時代の寵児に仕立て上げたその尊大さゆえに皇太子の不興をこうむり、誇り高さゆえに負け賭博に大金を注ぎ込むのをやめなかった。当代随一のダンディはついに国外退去せざるを得なくなり、フランスの養老院で不遇のうちに息をひきとった。

ブランメルの精神性と人生は芸術家にインスピレーションを与えた[1]。たとえば、一九世紀後半に台頭してきたブルジョワの俗物根性に反発を示したフランスの詩人ボードレール（Charles Baudelaire, 1821-67）は、ブランメルの生き方に憧憬の念を

(1) フランスの小説家バルベー・ドールヴィリー（Barbey d'Aurevilly, 1808-1889）は，「ダンディズムならびにジョージ・ブランメルについて」（1845年）というエッセイの中でブランメルの生涯を紹介した。それ以来，このエッセイはダンディの教義とみなされている。

図2　フランスのダンディを代表するボードレール

図3　「唯美的衣装」を着用するワイルド

抱き、ダンディズムを「一個の落日」（「現代生活の画家」）と定義した。ボードレールは、破滅の危険をはらみながら自らの誇りにこだわるダンディの反逆的な性質の中に、低俗さと闘おうとする崇高な精神性を見出したのである。

デカダンスとの共通点

ダンディズムに触発された文学者の多くが一九世紀後半のデカダンス文学の作家であったことは注目に値する。ドイツの文明批評家マックス・ノルダウによれば、デカダンスは人間を退化させる世紀末の病である。その特徴として、「活動力の欠如」、「現実の蔑視と現実から隔離された孤立感」、「自然らしさからの乖離と人工性への好み」などが挙げられるが、これらは「職務に対する意欲不足」、「孤高の精神性」、「都会志向」、「子孫をもたない」といったダンディズムに見られる特徴と重なる。

このように、デカダンスとの比較を通してもダンディズムが一九世紀後半の精神性を反映していたことが察せられよう。やがて、ダンディズムは、フランスのデカダンたちから逆輸入される形で一九世紀末のイギリスのデカダンたちに浸透していった。とくに、オスカー・ワイルドは、その人生においても、作品においても、ダンディズムにこだわった点で際立っている。

ワイルドとダンディズム

時はブランメル風の紳士服が好んで着用されていた一八八〇年代前半であったが、ワイルドはあえて「唯美的衣装」と呼ばれた鮮やかな色のタイ、ヴェルヴェットの

図4　ダンディ風の衣装をまとったワイルド

上着とニー・ブリーチを着用し、リボンつきの甲の浅い靴を履いて世の人を驚かせた。これは自己宣伝と俗悪な世間に対する反逆という多分にダンディらしい精神の表れであった。しかしながら、ワイルドの服装の好みは、一八八〇年代後半には洗練されたダンディ風の衣装に変化し、評伝「ペン、鉛筆と毒薬」（一八八九年）のウェンライト、長編小説『ドリアン・グレイの肖像』（一八九一年）のヘンリー卿とドリアン、喜劇『理想の夫』（一八九九年）のゴーリング卿、喜劇『なんでもない女』（一八九四年）のイリングワース卿など、ダンディたちが作品に登場するようになった。

この頃、実人生においても、貴族の美青年アルフレッド・ダグラスと抜き差しならぬ関係に陥っていたワイルドの運命は確実に破滅へと向かっていたのである。同性愛の罪により投獄されたワイルドは、出獄の二年後、かつてのブランメルと同様、フランスでその生涯の幕を閉じた。ワイルドの一生は、奇抜な衣装や軽妙洒脱な話術、不道徳であると物議を醸《かも》す作品などを通して、常にイギリスの俗物根性、偽善に反逆してきたと考えることができる。ワイルドはそれまで自分が向こうにまわしていた社会から制裁を受け、葬られたのである。しかし、彼はそうした社会からの報復を甘んじて受け入れた。それは、自分の人生を決して否定しないという矜持ゆえであった。「自らの体験を否定することは、自分の発展を阻むこと以外のなにものでもない。罰せられることを恥じるということは、全く罰せられないのに等しい。」（『深淵より』）と綴った時のワイルドはダンディズムの崇高な精神を具現しているのである。

（鈴木ふさ子）

31

ビートルズ――ポップ・カルチャーの源流

起源としてのアメリカ黒人音楽

一九五〇年代、ビートルズを生んだコスモポリタンな港町リヴァプールには、船員たちがアメリカで購入したブルースやカントリー&ウェスタンのLP盤が流通しており、アメリカのルーツ・ミュージックやヒット曲が熱心に聴かれていた。ビートルズの前身クォリーメンは五七年に結成され、ロニー・ドネガンをお手本に、スキッフルを愛好していた。スキッフルとは、ブルースやカントリー&ウェスタンなどアメリカ南部土着の音楽から発祥したものである。

アメリカからの輸入LPの普及、またAFN（米軍放送網）のラジオ放送の影響などもあったが、なにより五八年、エレキ・ギターサウンドを轟かせたマディ・ウォーターズ（Muddy Waters, 1915-83）のイギリス・ツアーは衝撃的であり、イギリスの若者たちのあいだには本格的にミシシッピ・デルタ・ブルース熱が高まりつつあった。六二年から七〇年代の初めまで毎年継続的に開催された「アメリカン・フォーク・ブルース・フェスティヴァル」により、ブルース文化の真髄、深南部のアフリカ系アメリカ人によるブルース文化がイギリスの若いミュージシャンたちに衝撃を与えた。六〇年結成されたビートルズは、やがてロックン・ロールへの傾斜をいっそう強めていくことになるが、出自の核にあったブルースを忘れなかった。彼らの初期のアルバムには、選曲ばかりにではなく、ハーモニカ、手拍子などにも、

図1　飛躍のきっかけとなった『ラバー・ソウル』（ビートルズ）EMIミュージック・ジャパン提供

その刻印がはっきりと記されている。

アメリカの黒人たちは、自国では、人種的偏見と差別から、まともな評価を受けることができずに不遇をかこっていた。イギリスの若いミュージシャンたち、なかでもビートルズという強大な媒介項がなかったら、ブルースはアメリカのローカル音楽のまま留まったかもしれず、ひいては、黒人音楽が現在のようにグローバルなポップ・ミュージックに大きな影響を与えることはなかったかもしれない。

ビートルズの独創性

レコード・デビュー間もないビートルズの可能性は、自分たち自身で作詞作曲した曲に豊かに顕在していた。刺激的なメロディとコード進行のもたらす斬新なハーモニー、巧みなコーラスなど、R&Bに彼らの施した洗練に、音楽批評家は早くも注目し始めた。六三年、ウィリアム・マンは『タイムズ』紙で、マーラーの『大地の歌』と比して、ビートルズの曲作りの革新性を論じた。

それはスタジオ・セッションで、独自の展開を見せた。ボブ・ディランの影響を感じさせる『ビートルズ・フォー・セール』や、インドの楽器シタールを導入した『ラバー・ソウル』では、内省的な歌詞や幻想的曲調をもった曲が増え、当時、彼らが精神世界へ傾倒していたことが窺えるが、世界のアイドルに祀り上げられ、殺人的ともいえるスケジュールで四大陸の大都市を駆け巡るコンサート・ツアーをこなさなければならなかった日常に対抗するには、それは至極まっとうとはいえ、リスクの大きい冒険的な創造力の展開であり、ビートルマニアに惑わされることなく

図2　スタジオ録音の可能性を一気に押し拡げた『リボルバー』（ビートルズ）EMIミュージック・ジャパン提供

独自の世界を築き上げる彼らの活動は、いよいよ本格化しようとしていた。

飛躍の兆しは、すでにツアー終焉前に発表された『リボルバー』に見られていたが、翌六七年の『サージェント・ペパーズ・ロンリー・ハーツ・クラブ・バンド』では、管弦楽団の編入、多重録音・逆回転サウンドなど、当時可能だったスタジオでのサウンド加工技術の粋を集めて、実験的なアルバム作りが行なわれた。

アメリカでの演奏旅行は不毛な結果ばかりを残していたわけではない。彼らは、変貌著しかった六〇年代後半のアメリカ社会の空気をじかに感じることができたのである。とりわけ、感性の拡張や想像力の拡大をめざしたドラッグ・カルチャー、体制の価値観や既成概念の束縛の打破をめざすカウンター・カルチャー、物質文明に背を向けたヒッピー・カルチャーなどアメリカ発のさまざまな革新的文化は、彼らの旺盛な創造力に大きな刺激と弾みを与えた。『サージェント・ペパーズ』の幾つかの曲を隈取るサイケデリック・サウンドは、まさしくアメリカ西海岸発のそうした文化の結晶化したものであり、音作りの達成という観点からばかりでなく、時代の文化やライフスタイルを鮮やかに反映するという観点からも、異彩を放つものだった。彼らの音楽は、確実に若者たちの意識革命と連動し、共鳴し合っていたのである。

レコード産業との闘い

彼らのつくる曲は、ラジオで流される曲規格への反抗を示すかのように、次第に長くなっていた。「ヘイ・ジュード」は、その一例である。体制への反抗を旗印に

図3　スタジオ制作のビートルズの最高峰『サージェント・ペパーズ・ロンリー・ハーツ・クラブ・バンド』（ビートルズ）EMIミュージック・ジャパン提供

した彼らの闘いは、巨大レコード会社とも交わされた。ビートルズは、『フォー・セール』の頃から、アルバムを一つのまとまった表現として捉え始めていた。

　レコード産業の無理解はアメリカのほうが深刻だった。アメリカで販売される彼らのレコード制作は、キャピトル・レコードが権利を保有していたが、キャピトルは、イギリスのオリジナル・アルバムの収録曲を、主として販売の都合上から勝手に編集していた。例えば、よりコンセプト・アルバムの志向の強い『ラバー・ソウル』からも、四曲（シングル・カット向きのヒットしそうなもの）が削除され、その穴埋めに『ヘルプ』のオリジナル盤から二曲が繰り入れられたりしたのである。明らかに、彼らの芸術性は軽視され、ビジネスが優先したのである。ビートルズは、六六年発売のキャピトル盤のジャケットに肉屋に扮した四人が人形を解体している不気味な写真を使ったが、これはキャピトルの恣意的編集への抗議とも受け取れるものであった。つまり、肉屋よろしくアルバムという一つのまとまった表現世界を解体した横暴なキャピトルへの抗議である。しかし、『リボルバー』、『サージェント・ペパーズ』と、次第に誰の目にも一枚一枚のアルバムが明確なコンセプトに貫かれたものとして構想されたことが分かるようになると、こうした恣意的編集は一切行なわれなくなった。こんにち、ミュージシャンたちがアーティストと呼ばれたり、レコード産業から無用の検閲や干渉が慎まれるようになったのは、レコード産業の商業主義に対してビートルズがミュージシャンの自律性を主張して挑んだ闘いの戦果であるといえるだろう。

（笹田直人）

32

肖像画——恋人にはミニチュア、邸内には等身大の油彩を

愛の証

ジェイン・オースティンの小説『知性と感性』（一八一一年）に、ルーシーという女性が登場する。資産家の息子とかつて秘密裡のうちに婚約したのだが、彼は今や良家の娘エリナと相思相愛の仲。嫉妬する彼女は、ある日突然エリナに彼と婚約していることを暴露する。エリナが「何かの間違いではない？」と驚いて訊くと、ルーシーは彼のミニチュア肖像画をポケットからおもむろに取り出す。そして動揺する彼女に、「この肖像画を貰ってから、もう三年になるかしらねえ」と今も彼と親密であるかのように意地悪く装うのである。作者オースティンがここで用いる小道具は、超小型の肖像画——直径数センチの子牛皮紙《ヴェラム》（あるいは薄い象牙）の円形画面に、水彩で胸像を描いたものである。

イギリスではルネッサンス期から一九世紀にかけて、このようなミニチュア肖像画がもてはやされた。大切な恋人や家族に贈るため、あるいは記念・記録として手許に残すため、注文主自身がモデルとなって専門家に描かせたのである。エリザベス一世や貴族などを顧客とした、巨匠ニコラス・ヒリアード（Nicholas Hilliard, 1547頃-1619）のミニチュア肖像画は中でも秀逸だ。作品「羽根帽子をかぶる若い男」（一五八五年頃）を例に取ろう。首周りの白いレース模様といい、帽子の極彩色のリボンといい、その描写は精緻を極める。わずか直径数センチの画面に彩色され

図１　ヒリアード作「羽根帽子をかぶる若い男」

(1)　ロンドンのヴィクトリア＆アルバート美術館は，ミニチュア肖像画を数多く展示している。訪れる者は繊細極まりないその美しさに，感嘆するに違いない。ただし展示場は暗く，鑑賞者が展示ケースに近づくまで照明器具は点灯しない。微妙な色彩が褪せないよう，細心の工夫が払われているのだ。

図２　レノルズ作「ヒュメン像を飾る娘たち」

⑵　1856年に設立された世界最初で最大規模の肖像画美術館。イギリスの肖像画を約123万点収蔵し，全３階の展示フロアに約1300点を常時展示している。トラファルガー広場近くという地理上の利点に加え，流行の先端を行くセレブの写真展や特色ある肖像画展が開催され，人気を呼んでいる。

たとは到底思えない。しかし玉石のように美しいこの細密肖像画も、一九世紀後半には写真が取って代わり廃れていったという。(1)

富と権力の誇示

イギリス人は無類の肖像画好きである。ロンドンの国立肖像画美術館(2)には、歴代の王、女王、政治家、哲学者、文学者などの肖像画が多数展示されている。またカントリー・ハウスを覗けば、必ずといってよいほど廊下の壁を埋め尽くす肖像画に出会う。これが当主の何世代にもわたる由緒ある家系や、一族の富と繁栄を何よりも雄弁に物語るのである。

肖像画が隆盛を極めたのは一八世紀であった。パトロンはもっぱら貴族やジェントリー、富裕な中産階級である。注文主の個性を際立たせ、社会的地位や職業などを示す事物をさりげなく画面に配置するところに画家の本領が発揮された。軍人の場合は、戦場を背景に彼の活躍ぶりを示し、文人の場合には机に向かい着席したポーズをとらせ、著作物を周囲に配置するという具合だ。有産階級は競って有名画家に肖像画を描かせ、画家はこれにより確実な収入を得ることができた。代表的な肖像画家にジョシュア・レノルズ（Joshua Reynolds, 1723-92）や、トマス・ゲインズバラ（Thomas Gainsborough, 1727-88）、トマス・ロレンス（Thomas Lawrence, 1769-1830）などがいる。

ロイヤル・アカデミー初代会長を務めたレノルズは、古典的肖像画を得意とした。肖像画をあたかも神話や歴史上の事件などを主題とする寓意画・歴史画であるかの

図3　ゲインズバラ作「アンドルーズ夫妻」

ように仕立てるのだ。「ヒュメン像を飾る娘たち」（一七七三年）は、エリザベス・モンゴメリ嬢との婚約を記念するため、制作を依頼されたものである。モンゴメリ三姉妹はギリシア神話に登場する三美神に扮して古代衣装をまとい、婚姻の神ヒュメン像を花環で飾り、舞踏する優美な姿で描かれる。ルネッサンス期の美術や、古典的な美術理論に詳しいレノルズが推奨する、荘重様式《グランド・マナー》に満ち溢れた大作だといえよう。

一方これほど規模が大きくない、団欒肖像画《カンヴァセーション・ピース》と呼ばれる肖像画も人気を集めた。中小規模のキャンバスに団欒風の数名の小さな全身像を収め、背景に邸内の様子などを描くものである。ゲインズバラの初期作品「ロバート・アンドルーズ夫妻」（一七四八―四九年）を見てみよう。ロココ調のベンチにスカートのフープを豪華に広げている夫人の坐像と、しゃれた三角帽をかぶり、一部開いたジャケットからシャツやベルトを覗かせる夫の立像。だが、鑑賞者は二人の姿勢にどこかぎこちなさを感じるのではなかろうか。当時は肖像画といえども画家は顔のみを写生し、残りはアトリエでマネキン人形に衣装を着せて制作したのである。また、夫妻が極端に画面左側に寄っている点にも注意したい。これは右側に、注文主の広大な所有地を描く必要があったからである。もっともゲインズバラは、人物よりも野外の風景を描くことを好んだという。秋の刈入れが進む豊かな農地と、遠くに望む牧場をここに思う存分描きこんだのは間違いない。

モデルの立場

オスカー・ワイルドの長編小説に、『ドリアン・グレイの肖像』がある。美貌の青年ドリアンの肖像画が、まさに完成されようというところで物語は始まる。長時間にわたるモデル務めに飽きたドリアンは、ちょうどそのとき訪れた貴族の、毒に満ちたことばに魅了される。彼は無垢な青年の美や若さを褒めちぎり、その一方であなたもいずれ醜く老いると告げるのだ。これを聞いた若者は激しい衝動に駆られ、魂を売ってまでも美と若さを保ちたいと叫ぶ。

では、現実の世界では、画家はモデルの写生にどの程度時間をかけたのだろうか。前述の画家レノルズは一回一時間半ほど注文主の顔を写生し、これを三回繰り返した。これに対し一九世紀の画家J・M・ホイッスラー（James McNeil Whistler, 1834-1903）は、一日四時間の写生を六〇回要求したという。これでは、モデルが飽き飽きしたとしても不思議はない。

ワイルドの小説では、青年ドリアンは美と若さを願い通り保つが、代わりに肖像画の顔が彼の悪行を反映し、醜く歪んでいく。彼は家人・友人にこの事実を知られるのを極度に恐れ、肖像画を屋根裏部屋に隠蔽してしまう。邸内を飾り、訪問客に誇示するのが肖像画本来の目的であったことを思うと、すこぶる皮肉な展開だ。

しかし、これはあくまでも怪奇小説内の出来事。もしも現実に、自宅の壁にかけた肖像画が自らの悪行を暴き出したらどうなるか。耐えられる者などいないのではないだろうか。一八世紀の肖像画はもっぱら地位や職業を表した。その意味で無害であったといってよい。モデルの心の闇まで描かないという鉄則が守られて初めて、これほど絢爛たる肖像画芸術が開花したのかもしれないのだ。

（久守和子）

33

風景画——イギリス的審美眼を映し出す

図１　ギルピンによる挿絵１

ヨーロッパ北方に生まれた風景画

ヨーロッパ・キリスト教文化圏では、聖書や古代神話にもっぱら絵画の主題を求め、自然の風景はその背景にごくまれに描かれるに過ぎなかった。ところが一七世紀のフランドルに、神や人間がらみでない、自然の風景そのものを描くことを目的とする風景画が生まれる。これはオランダの富裕な市民階層の支持を得て発展し、イタリアでは画家ニコラ・プッサン（Nicolas Poussin, 1594-1665）やクロード・ロラン（Claude Lorrain, 1600-82）を中心に、ギリシア風の建物や由緒ありげな人物を添えた「理想的風景」が描かれる。やがてこの風景画がイギリスでも人気を博すようになる。

美意識の変容

新しい美意識がこれに拍車をかけた。景勝地ガイドブックを多数出版した牧師ウィリアム・ギルピン（William Gilpin, 1724-1804）が、風景の鑑賞法ともいうべきピクチャレスク美学を浸透させたのである。彼はこの概念を二枚の挿絵を用いて説明している。「挿絵１」は、単調きわまりない風景。これに対し、「挿絵２」は興趣を誘う山岳風景である。山頂に森や城、谷底に旅人の姿など加わり、変化や意外性が生まれ、左右対称性が崩れている。また前景の暗い崖とは対照的に、中景に明るい

図２　ギルピンによる挿絵２

眺望が開き、奥行きが際立っている。ピクチャレスク美学では、このような非対称に加え、明暗や遠近などの対比が重視されるのである。

この美学と対位するのが、従来の「ビューティフル（優美）」の美学的概念である。表面が滑らかで、調和がとれ、規模が小さいもの。たとえば緑濃い牧草地に覆われ、傾斜がなだらかなイングランド南部の丘陵地――このような風景こそ「ビューティフル」と呼ぶにふさわしい。

ところが一八世紀中葉、イギリスの若者たちはスイス・アルプスの峻険な山々を発見し、驚愕する。表面は凸凹、巨大で無限、混沌、闇に満ち、畏怖を感じさせる。哲学者エドマンド・バーク（Edmund Burke, 1729-97）は、これを「サブライム（崇高美）」と呼んだ。そしてこれを「歓喜に満ちた恐怖 "a delightful terror"」と定義付ける。この美学的概念「サブライム」は、その後イギリス・ロマン主義の発展と共に、ヨーロッパ芸術全般に大きな影響を及ぼすに至るのである。

緑濃き田園風景

イギリスの風景は、一般に「ビューティフル」と呼ばれる牧歌的優しさに満ちている。ジョン・カンスタブル（John Constable, 1776-1837）は、その牧歌的風景を倦むことなく描いた。彼はどのような工夫を凝らし、その「日常」に画趣を添えたのだろうか。

「主教の庭から見たソールズベリー大聖堂」（一八二三年）を例に取ろう。画面前景の左右両端から中央上部へ大木の枝が伸びている。これが緑濃いアーチを描く。

図3　カンスタブル作「主教の庭から見たソールズベリー大聖堂」

その木陰で放牧された牛が草を食み、水を飲む。中景に明るい草地が広がっている。そして後景に、ゴシック建築様式の大聖堂の塔が天高く聳える。木々が描く半円と、草地が示す水平、そして塔が強調する垂直、ここに形態の多様性が見られるのだ。

対比はさらに続く。画面左端の垣根沿いに、大聖堂を指差す主教とその夫人の姿が見える。人間の小ささと、建造物の巨大さ。その建造物の装飾芸術の繊細さと、草を食む牛の豊饒さ。はたまた大聖堂の「静」と、空に広がる雲の「動」。

では、この多様性はどのようにして一つに纏められているのだろうか。画面に、大聖堂の尖塔の先を頂点とし、大聖堂と草地との接点を底辺とする、右一辺が多少短い変形三角形が形成されている。この変形三角形が、画面が左右対称に陥るのを防ぎ、なおかつ全体を纏め、これに安定感を与える役割を果たしているのである。

絶壁の縁《ふち》に立つ

ジョン・マーティン（John Martin, 1789-1854）の「詩仙」（一八一七年）は、これぞ「サブライム」と呼ぶべき風景を表わす。前景の絶壁は屹立し、中景の城は気高く聳え、さらに後景に靄《もや》に包まれた岩山が峨々と迫る。鑑賞者は眺望を川下から見上げる形になり、絶壁が威圧感をいや増すのだ。ここに、墓畔詩人トマス・グレイの「詩仙」（一七五七年）の悲劇的一場面が描かれる。

舞台は、エドワード一世に征服されたウェールズの地。唯一生き残った詩仙は鷲の飛び交う崖の上に逃げ、めくるめく絶壁の縁に立っている。飛沫《しぶき》を上げ轟き落ちる急流を挟み、対岸のはるか麓《ふもと》を国王勢が意気揚々と帰還していく。詩仙は狂ったかのように右腕を振り上げ、軍勢を呪い、復讐を誓う。だが声が届くはずもない。距離があまりにも遠く、あまりにも非力なのだ。壮大峻厳極まりない自然の風景に囲まれ、詩仙が味わう孤独、絶望と共に、その魂の叫びが情緒豊かに謳い上げられている。

図4　マーティン作「詩仙」

図5　ターナー作「雨、蒸気、スピード」

疾走をいかに表現するか

イギリスを代表する風景画家は、印象派の先駆けとも呼ばれるターナー（Joseph Mallord William Turner, 1775-1851）だろう。彼は二六歳の若さでロイヤル・アカデミー会員に迎えられ、パトロンを得て国内外を広く旅する中で、光と闇、自然の破壊力と人間の無力などを対比的に描く色彩的技法や主題の象徴性を高めていった。その技法や象徴性が近代美術の発展に大きく寄与したことは疑いの余地がない。

後期作品「雨、蒸気、スピード」（一八四四年）を見てみよう。画面は上下に二分され、下部はさらに左右に分かれている。上部に横殴りのすさまじい雨と風、下部右側にその中を疾走するグレート・ウェスタン鉄道が描かれる。汽車の輪郭はぼかされ、煙吐く先端車やその後ろに連なる窓、車輪がかろうじて判別できる。だが、画面四分の一の狭いスペースに、その姿を閉じ込めた効果は大きい。画面右下角に向かって陸橋の幅が大きく広がり、明るさが増し、汽車が疾走して来る。まさにその瞬間が捉えられている。下部左側に、陸橋下で手を振る人々や河川を下る船、彼方の陸橋がおぼろげに描かれる。これは、自然が猛威を振るうさなかに、突き進んでくる近代科学文明への讃歌なのだ。

（久守和子）

34

廃墟――〈美〉と結びつく歴史の遺物

図1　ロランの1628年頃の作品

修道院解散

一六世紀半ば、ヘンリー八世は自身の離婚・再婚問題を解決する手立てとして、離婚を許さないローマ教皇と決別し、「英国国教会」を成立させる。それにともない、一五三六年と三九年の二度にわたり修道院解散令（Dissolution of the Monasteries）を発令して、国内のカトリック教会に帰属する修道院の財産没収に着手し、わずか四年で、大小四〇〇近くの修道院が解散させられるに至った。家臣に下賜されたものなど一部を除き、多くの教会や修道院が取り壊され、廃墟と化した。

一八世紀に入り、グランド・ツアーの流行がゴシック趣味を生むと、均整のとれた調和的な美しさから、不規則で荒々しいものへと人びとの関心が移っていく。すると、今まで放置されるがままだった廃墟に注目が集まり、人びとは廃墟の中に〈美〉を見出すようになる。廃墟の近くに自邸を構えたり、自邸に廃墟を移築したり、あるいはわざわざ人工的に廃墟を建造したりすることが、一種のブームにまでなっていった。ゴシック様式を得意とした建築家サンダーソン・ミラー（Sanderson Miller, 1716-80）は、ウォリックシャの自らの地所ラドウェイに人工廃墟を建造し、その後次々と人工廃墟の設計依頼を受け、一八世紀の廃墟ブームの一翼を担った。

図２　ターナーが描いたティンターン・アビーの袖廊

図３　外壁の一部を残すだけとなったグラストンベリー・アビーの回廊

廃墟のある絵

グランド・ツアーがもたらした美意識の変化は、とりわけ絵画の世界で顕著だった。鬱蒼たる森や峨々たる山々、節くれだった樹木、泡だつ滝や急流といった荒々しい景色を描いた風景画がオランダ、フランス、イタリアを経由してイギリスに流入すると、人びとは崇高な感動を覚えた。なかでも、自然の美しい風景の中に古代ローマの遺跡や廃墟を配したクロード・ロランやサルヴァトール・ローザ（Salvator Rosa, 1615-73）の絵画は、「理想的風景画（ideal landscape）」としてもてはやされた。

当時流行した美の概念において、廃墟はまことにしっくりと嵌まる道具立てだったと言える。ウェールズ南東部にあるティンターン・アビー（Tintern Abbey）を例にとろう。ウィリアム・ギルピンのベストセラー『ワイ川展望記』（一七八二年）では、「川沿いのもっとも美しく、ピクチャレスクな展望」と称され、この廃墟の壮麗さが絶賛されている。ギルピンの著書を持って旅行したと思われるロマン主義の詩人、ウィリアム・ワーズワス（William Wordsworth, 1770-1850）は、かの有名な「ティンターン・アビーより数マイル上流にて詠める詩」（一七九八年）を生み、さらにはイギリスの代表的な画家のひとりJ・M・W・ターナーは、この廃墟を題材に何枚もの水彩画を描いている。

グラストンベリー・アビー跡

ティンターン・アビーとならび、イギリスにおける有名な廃墟の例として、グラストンベリー・アビー（Glastonbury Abbey）を挙げてみたい。七世紀に、イギリス

図４　イギリス有数の景勝地として知られるファウンテンズ・アビー

図５　コロセウムの壮大な外壁

南西部のサマーセット州にウェセックス国王により建てられたこの大修道院は、一時イングランドで一番裕福な大修道院と記録されたほどの栄華を極めた。しかしながら、一六世紀半ばの修道院解散令のもと、ほとんどすべての建物が破壊され、院長は処刑された。破壊を免れた修道士たちの台所だけが、中世時代と変わらぬ姿を今も残している。

グラストンベリーにはキリスト教にまつわる幾多の伝説が残されており、その一例は、聖母マリアに捧げる教会堂をこの地に建設したのが、大工見習いをしていたイエスであるという説である。また、騎士の鑑と称えられる伝説のアーサー王が眠っていた地であるという伝説でも、グラストンベリーはその名を世に知らしめている。アーサー王のものと伝えられる骨と髪を納めた棺がグラストンベリーに安置されていたが、その後、棺は行方不明になってしまったという話がまことしやかに伝えられ、現在では人気の観光スポットとなっている。

ほかにも、イングランドで最も美しい廃墟とされるリーヴォー・アビー、世界遺産にも登録されている景勝地ファウンテンズ・アビー、サー・ウォルター・スコットの墓所があることでも知られるスコットランドのドライバラ・アビーなど、多くの大修道院跡が、かつての栄華の片鱗を今も垣間見せてくれる。

文人たちの廃墟への思い

ゴシックロマンスの一作品である『ヴァセック』（一七八六年）を書いたウィリアム・ベックフォード（William Beckford, 1760-1844）は、風変わりな屋敷で注目を集

図6　イングランド南東部 “Folly Arch”

めた人物である。彼は一七七九年の秋にグランド・ツアーでローマへやってきた時、コロセウムのみすぼらしく惨めな姿に胸をむかつかせた。旅から戻ると、彼はゴシック様式の大邸宅フォントヒル・アビー（Fonthill Abbey）をイングランド南部のウィルトシャの荒野に建てるが、この奇抜な建造物は一七九七年に完成後間もなく春の嵐で倒壊する。皮肉なことに、ローマで頭痛を催すほど嫌悪した廃墟を、彼自身が生み出してしまったのである。

一方、ベックフォードとは対極の反応を示したのが、かの文豪チャールズ・ディケンズである。彼が書いた『イタリアだより』（一八四六年）には、廃墟を礼賛してやまない次のような記述がある。「廃墟の光景は想像しうるかぎり、これ以上ないほど印象的で、堂々とし、荘重かつ雄大、威厳がありながら哀調を漂わせている。血にまみれた巨大なコロセウムの盛時の光景は、活力に満ちたものだった。だが、それさえも、たった今眼下に見おろす廃墟のようには、人を感動させることはできなかったはずだ。ああ、神に感謝しよう、廃墟よ。」

一八世紀に流行した装飾目的の人工廃墟は、一般的に「フォリー（folly）」と称される。この語は“fool”と語源が同じで、「愚行」や「大金をつぎ込んだ無用の巨大建築」という意味を持つ。一八世紀のイギリス人は、廃墟に美を感じ、美への憧憬を体現するために人工廃墟を熱心に作ったが、その一方でそれを愚行だと自ら意識していたのかもしれない。本物の廃墟を前にしたディケンズの深い感動こそ、一八世紀半ば以降の人びとの美的感覚を真に伝えるものと言えるであろう。

（武井博美）

35

辞典——終わりなき探求

二言語辞典から一言語辞典へ

イギリスで最初に必要になった辞典は、いわゆる「英英辞典」ではなく、ラテン語の辞典であった。中世のあいだ、教会ではラテン語が使われ、オックスフォード、ケンブリッジ両大学でもラテン語で教育が行われていたからである。印刷技術が普及した一五〇〇年前後には、英羅辞典と羅英辞典が出版された。これらがイギリスで最初に使われた「辞典」である。

ルネッサンス期になると、古代ローマの文学が再発見され、ラテン語辞典の必要性がますます高まった。次いで他の言語への関心も高まり、仏英辞典や伊英辞典が刊行された。一七世紀初頭まで、二言語辞典ばかりで、英語の一言語辞典は存在しなかったのである。

最初の英語の一言語辞典は、ロバート・コードリーの『アルファベット順一覧表』(一六〇四年)であるとされている。しかしそれは約一二〇ページの小冊子で、収録語数はたったの二五〇〇、しかもそのすべてが他の言語から借用された難解語であった。難解語のみを収録した辞典の出版はその後も続き、日常頻繁に使われる単語は無視されたままであった。

日常語を最初に収録した辞典は、J・Kというイニシャルのみが著者名として記されている『新英語辞典』(一七〇二年)である。見出し語数は二万八〇〇〇で、それまでに刊行された辞典に比べて多い方であるが、問題はこの辞典の主な目的が正しい綴り字を示すことだったためか、定義が短すぎて不充分であることと、語源にほとんど触れていないことだった。このふたつの問題を解決した辞典がナサニエル・ベイリーの『英語普遍語源辞典』（一七二一年）である。収録語数は約四万で、日常語と難解語の両方を含み、九〇種類のことわざも初めて辞典に載った。ベイリーの辞典は一八世紀に広く使われ、次に述べるサミュエル・ジョンソン（Samuel Johnson, 1709-84）による辞典の種本にもなったほどである。

図1　サミュエル・ジョンソン

サミュエル・ジョンソンの『英語辞典』

しかしながら、当時の文人たちはまだ不満だった。ジョナサン・スウィフト、ダニエル・デフォー、ジョウゼフ・アディソン、アレグザンダー・ポウプ、ジョン・ドライデンらが、英語を「固定する」必要を強く訴えていた。彼らによれば、英語はエリザベス時代には既に完成していたのであり、それ以降は堕落する一方であった。英語を固定するために、正統な語彙の一覧を確定し、正しい綴り字法、正しい発音の基準となるような辞典が必要であるとされたのである。

この要請に応えようとしたのが、サミュエル・ジョンソンであった。ジョンソン自身が英語を固定することが可能であると考えていたかどうかについては諸説あるが、ともかく一七四六年には出版社との契約を済ませ、辞典の編纂に取りかかった。ジョンソンは、過去に出版された辞典（とくにベイリーのもの）と、チョーサーを例外として過去一世紀半における、自らが一流と認めた作家の著作のみから単語を収

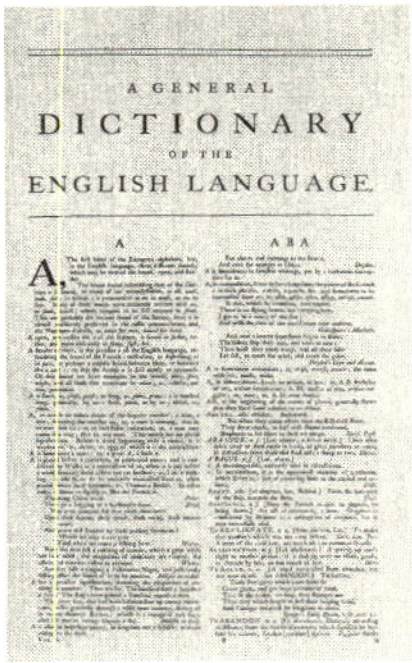
A GENERAL
DICTIONARY
OF THE
ENGLISH LANGUAGE.

A　ABA

図2　ジョンソンの『英語辞典』の第1ページ

図3　編纂作業中のマレー（右端）

集した。一七五〇年には単語の収集は終え、四年後には用例の選定と定義も完成させ、翌一七五五年、オックスフォード大学から修士号を授与されるのを待って全二巻、見出し語数四万三五〇〇の『英語辞典』を出版した。この偉業でジョンソンは文壇の巨匠となった。

ジョンソンの辞典は時に偏見に満ちた定義によっても知られている。もっとも有名なのが「oats（エンバク）」の項で、「イングランドでは一般的に馬に与えられるが、スコットランドでは人間を養う」とある。ちなみに、のちにジョンソンの伝記を書いた弟子のジェイムズ・ボズウェル（James Boswell, 1740-95）や、ジョンソンが辞典編纂のために雇った六人の写字生のうち五人がスコットランド出身だった。

『オックスフォード英語辞典』（OED）の編纂

ジョンソンの『英語辞典』は長年にわたり英語の規範であったが、一九世紀半ばになるとさすがに古くなり始めていた。結局、英語を固定することは不可能であることが証明されてしまったわけである。この頃、すべての英語の語彙とそれらの歴史を示すような辞典の編纂が提案された。この計画は何度か頓挫しそうになるが、出版社がオックスフォード大学出版局に決まり、言語協会のジェイムズ・マレー（James Murray, 1837-1915）が編纂主幹に就任するとようやく軌道に乗り始めた。

あらゆる単語をあらゆる文献から集めるのはマレーと編纂補佐たちだけでは不可能だったので、マレーはボランティアの文献読者を募るために四ページの冊子を発行した。やがてその冊子はイギリス全土と英語が話される多くの地域に行き渡った。

図4　ウィリアム・マイナー

マレーはボランティアに文献を読み、単語とそれが含まれる文章、詳細な出典を記したカードを送ることを求めた。もっとも貢献が大きかったボランティアは、元アメリカ軍医で重度の統合失調症患者のウィリアム・マイナー（William Minor, 1834-1920）だった。マイナーはロンドン滞在中に被害妄想が原因で殺人を犯したが、裁判で「精神異常者」として無罪が宣告され、バークシャのクローソンにある刑事犯専門の精神病院の独房に収監されていた。ある程度の資産があり、退役軍人年金も支給されていたマイナーには二部屋分の独房が与えられており、マイナーはそのうちの一部屋を書斎とし、古書店から取り寄せた貴重本を使って精力的にマレーの要求に応えた。マイナーはありあまる時間を使って驚異的なペースでカードを送り続けたが、病状が悪化して作業が滞ると、マレーは独房に訪問してマイナーを励ました。ふたりの仕事はほぼ同時進行だったのである。

辞典は出版局の意向により分冊形式で刊行されたが、全一二巻の『歴史主義に基づく新英語辞典』が完成したのは一九二七年で、マレーもマイナーも亡くなったあとのことであった。収録定義数は四一万四八二五、用例は一八二万七三〇六例にのぼる。辞典はその後補遺を加えて一九三三年に『オックスフォード英語辞典』として再刊され、継続的に出版された補遺四巻を含めた全二〇巻の第二版が一九八九年に刊行された。現在全面的な改訂が行われている第三版は二〇一〇年の刊行が予定されている。その過程はOEDの公式サイトで見ることができる。CD-ROM化とオンライン化を経た第三版は第二版の倍の規模になるという。おそらく、あらゆる単語が収録される日は永遠に来ないであろう。

（黒川敬三）

第5章

青少年と教育システム

優れた人材輩出で知られるイートン校とイートン校生

教育の創成期

イギリスの教育は六世紀初め、キリスト教修道院内の神学研究に始まり、やがて社会的地位の向上に結びつく非宗教的な学問を教授する学校も設立され始めた。一二世紀、パリ大学を手本とした大学がオックスフォードに生まれ、後に創立したケンブリッジ大学と共に知の双璧としての地位を築き上げていく。

一四世紀以降、ギルド、王族、貴族、資産家たちによる慈善事業の一環としてグラマー・スクールが興され、優れた学校には遠方の上流・新興中流階級の子弟が入学した。これらはパブリック・スクールと称され、以後エリート階層を輩出する教育機関として内外に知られることとなる。

一方、中世には社会的地位の高い家庭の男子を対象とする騎士教育も存在した。グラマー・スクールから大学進学する代わりに有力領主や宮廷に騎士見習いとして送られ、行儀作法や乗馬、読み書き、武器の取り扱い方など騎士としての教育を受け、爵位授与式を経て騎士の仲間入りをするものだ。

教育の広がり

一六世紀には三〇〇ほどのグラマー・スクールが存在した。そしてエリザベス一世の絶対王政のもと、多額の教育援助費が投じられ、国をあげての教育への取り組みが始まった。教育論も盛んに交わされたが、なかでも社会と教育両面で大きな影響を与えたのは哲学者ロック（John Locke, 1632-1704）による、教育は知性と人格の両方に向けられるべきだという主張であり、公教育発展に貢献した。

一五－一七世紀、上流階級の間ではヨーロッパの文化や学問を数年かけて学びつつ旅するグランド・ツアーがジェントルマン教育の重要な一環とされたが、これは騎士教育の伝統を踏襲するものである。

子どもの権利と公教育の確立

早くから公教育がシステム化していたフランスやドイツとは違い、イギリスでは国家が教育に介入することについて消極的だった。教育といえば貧しい家庭対象の教会中心の慈善事業か、富める階級相手の私学のどちらかとされていたのだ。それが一九世紀に入り、子どもの人権が意識されるのと同時に公教育が整備されるようになっていった。

長い間、子どもは小さな大人として認識されてきた。どの階級に生まれるかで将来が決まり、貧しい家庭に生まれれば幼い頃から徒弟制度の中に組み込まれ、貴族や上流階級に生まれればジェントルマン教育を受けた。一八三三年に工場法が制定される以前は、五歳の子どもまでもが労働者として搾取されていた。やがて大陸の教育制度を学んだ教育者らの運動が実を結び、一八七〇年には初等教育法ですべての子どもに無料の初等教育が保証されることとなった。さらに、一九世紀中盤以降になると、子どもや子ども時代は憧れの対象として特別視されるようになり、子どものための玩具や文学が隆盛する。

女性の教育と地位向上

一九世紀、富裕家庭の男子の多くがパブリック・スクールに進学する一方、女子は家庭で教育を受けるという傾向が続いた。こうした家庭での女子教育に携わったのがガヴァネスである。一九世紀終盤、事務職や専門職に就く女性が現れ始めるまでは中産階級の女性が外で働くことはタブーとされ、その中で例外とされたのが、ガヴァネスである。低賃金で退職金もなく、不安定な職であったが、養成学校が設立されたり、互恵協会が興されたりと、女性の自立や社会的地位向上に向けた道筋を切り拓く結果となった。

終わらない改革

二〇世紀、階級差をなくすためには教育の平等が不可欠という立場から、歴代の政権が度重なる教育改革を行ってきた。しかし、公教育の充実を目指しても階級意識や階級差はなかなか消えない。パブリック・スクール、オックスブリッジといったエリート階層が社会の上層を占めることでもたらされる、社会の閉塞感に反発して登場したのが、一九五〇年代ー六〇年代初頭にかけての「怒れる若者たち」世代であり、演劇界や文壇を揺り動かし、以後の若者文化の方向性を形成することとなった。

一九八八年、保守党サッチャー首相のもと、学力向上を目指した大規模な教育改革が施行された。全国共通のナショナル・カリキュラムを導入し、公立校生徒全員が四回にわたって主要三科目についての全国テストを受け、テスト結果は毎年リーグ・テーブルとして公表される。効率化や競争といった市場原理を教育現場に持ち込んだこの改革は労働党政権に受け継がれ、現在に至っているが、授業がテスト準備中心になる、勝ち組と負け組みを作り出す、教育者の自由を奪う、大した効果がない、といった議論があり、イングランド以外の三地域、ウェールズ、北アイルランド、スコットランドでは、全テスト廃止や見直しといった動きも見られる。平等を目指した試行錯誤は今も続いている。

（中野葉子）

36

子ども——文化におけるたしかな存在感

子どもの概念

〈子ども〉の概念はいつごろ誕生したのか。歴史家フィリップ・アリエス（Philippe Ariès, 1914-84）は、はじめて子どもを歴史研究の対象とし、幅広い影響を与えた。アリエスいわく、中世のヨーロッパ社会には〈子ども〉の概念は存在せず、子ども観は時代とともに進歩する。だが、はたしてそうだったのだろうか。

中世イングランドの文献から浮かびあがるのは、アリエスの示唆と異なり、子どもの誕生を喜び、教育に気を配り、成長を見守り、死を悼む親の姿である。たとえば一二七三年七月一五日、スタフォード男爵ニコラスの妻が男子を出産すると、父親は大喜びで知人に息子の名付け親を依頼し、みずから馬を駆って朗報を伝えてまわった。地元も男爵家の男子誕生に沸き立った。数日後、その子は教会で洗礼を授かる。幼児死亡率が高かった時代に幼い魂の救済を保証する手立てである。(1)

伝統的に子どもはどのように定義されていたのか。コモン・ローでは二一歳になるまで「幼児（infant）」と定義され、一般には「子ども（child）」は赤ん坊から一〇代後半の若き騎士までの若年層の総称であった。シェイクスピアの「貴公子ローランド（Child Roland）」やバイロン卿（Lord Byron, 1788-1824）の「貴公子ハロルド（Childe Harold）」がそうだ。成人するまでをまとめて一時期とするのは、人生を三つの時代に区分する古代ギリシア・ラテンの伝統に依拠する。人生を四、五、

(1) 子どもの誕生の知らせは知人や親戚に歓迎され，吉報をもたらした召使には褒美が与えられた。1330年６月16日，エドワード３世妃フィリッパが第一子で後の黒太子を出産すると，知らせを受けた王は使者のヨーマンに40マークの終生年金を授けた。

六、七、もしくは一二に分ける区分もある。セビリアのイシドルスは人生を六時代に分け、最初の三時代を、誕生から七歳の「幼児期（infantia）」、七歳から一四歳の「小児期（pueritia）」、一四歳から二八歳の「思春期（adolescentia）」と称する。(2) 一四歳を分水嶺とするのは、生殖に適さない無垢な（purus）「小児期」と身体的に成熟し生殖に適する「思春期」とを分けるためである。

一五世紀に、イシドルスらの用いたラテン語の語彙が英語に取り入れられ、「幼児期（infancy）」「小児期（puerice）」「思春期（adolescency）」という言葉が流通し、子ども時代の区分を表す言葉が定着する。七歳は男児がペチコートを脱ぎズボンを履き、女性の手を離れ男性の手で養育される年齢にして、結婚できる最少年齢、一四歳は人頭税が課される年齢、二一歳は法的に成年に達する年齢とされた。(3)

近代以前の子ども

中世から初期近代にかけて、貴族階級では母乳を与える母親は少なくなく、赤ん坊に風呂をつかわせ、手足が曲がらないように布で固定し、子守唄を歌ってやり、睡眠を充分にとらせるのが肝要とされた。乳母と教師を雇い、その後、教育のために子どもを他の家庭、修道院、学校、大学に託した。他の家庭に子弟を預ける習慣は、関係性や義務の相互依存性に基づく政治的意図の反映だが、子どもの教育、結婚、仕事などの将来設計を配慮する親心でもあっただろう。

当時の親が子どもに宛てた手紙には教訓が散見されるが、躾《しつけ》一辺倒でもなかった。大人が昼夜二食だった時代でも、子どもには朝食を含む三食が与えられた。親

(2) ほかの3時代は，50歳までの「青年期（iuventus）」，50歳から70歳の「成熟期（gravitas）」，それ以降をさす「老年期（senectus）」である。

(3) もっとも，実際にはかなりゆるやかな区分であったようだ。16世紀の法令によると，徒弟は24歳まで親方に奉公し，その年齢に達するまでは一人前とみなされず結婚が許されなかった。

図１　貧しい子どもを登校させる学務委員会委員ら

が早世しても子どもが他人の餌食にならないように、早くから子どもの結婚と仕事が決められたが、性的交渉がなければ女子は一二歳まで、男子は一四歳まで婚約が解消できた。司祭や修道女になるといった将来図も、一〇代初めまでは修正可能だった。将来に柔軟に対応すべく、男女ともに専門的というより一般的な教育を授けられた。子どもは文化のいたるところに存在し、当時の子どもの存在感は、シェイクスピア作品に登場する約五〇人の子どもや、少年俳優の活躍という事実にも認められる。

無垢の象徴としての子ども

一八四一年から一九一一年の間にイギリスの人口は倍増し、一八四一年には一四歳以下の人口は全人口の三六パーセント、一九〇〇年には三二パーセントを占める。幼児死亡率は下層階級では依然として高く、衛生状態の悪さや医療の不備がこれに拍車をかけた。しかし中流以上の家庭では、核家族化が進むと同時に、親は子どもの情緒的・倫理的・宗教的教育に注意を払い、これが過度な干渉や抑圧につながっていく。一九世紀後半には、下層階級も中流階級のライフスタイルを後追いする。

イギリス文化において子どもがにわかに脚光を浴びたのは、一九世紀中期以降である。文学や絵画の表象のなかで、子どもがいわば世俗的な崇拝の対象にまで高められ、〈子ども〉産業が発達し、子どもを愉しませる玩具や文学が本格的に登場するや、たちまち大量生産と大量消費の波に乗る。一方、慈善家たちは児童の福利厚生や児童労働の惨状の是正に乗りだし、議会では児童を守る法律が整備されていく。(4)

(4)　ロンドンのグレート・オーモンド病院の開設（1852年）を皮切りに小児専門の医療が発達した。また，1847年以降，児童労働を規制する一連の法令が定められ，1889年には児童虐待防止法が制定される。さらに1870年の教育法により，下層階級の子どもにも無料の初等教育が保証された。

図２　続編『鏡の国のアリス』の挿絵（テニエル画）

子ども観の変革の先駆けは、フランスのジャン・ジャック・ルソー（Jean Jacques Rousseau, 1712-78）の思想である。ルソーは福音主義や功利主義が唱える原罪の教義に対抗して子どもの生来的な無垢を主張した。ウィリアム・ブレイク（William Blake, 1757-1827）やウィリアム・ワーズワスらロマン派詩人も、無垢な子どもを称えた。これを受けて、ヴィクトリア時代中期以降、イギリスの文化の中枢に子ども時代の神話がしっかりと根をおろしてゆく。作家たちは子どもを再評価し、子ども時代そのものを無垢の象徴とみなすにいたり、とくにチャールズ・ディケンズは著作をつうじて子ども時代を再定義化する。ディケンズ描く健気な子どもは、腐敗が蔓延する社会と対峙してもなお悪に抵抗し、うちなる喜びと自発性を体現する。

感傷的な〈子ども〉崇拝は、一八六〇年代以降の児童文学の台頭を準備する。子どもの本といえば教訓的なものが相場だった時代に、ルイス・キャロル（Lewis Carroll, 1832-98）の『不思議の国のアリス』（一八六五年）が閉塞的な状況に風穴を開け、道徳臭のない物語のなかで従来の教訓譚を笑い飛ばした。『アリス』を出発点として、一九世紀後半から二〇世紀にかけて豊かなファンタジーの世界が花開き、第二次世界大戦以降は多文化主義の洗礼を受けながら、現在にいたるまで脈々と息づいている。

かくて子どもは文化のなかで存在感をもちつづけてきた。変化こそすれ、子ども観は文化の複雑な脈絡において同時代的に画一でも直線的に「進歩」するわけでもない。子どもをめぐる言説はいつの世も一筋縄ではいかない。

（安達まみ）

37 パブリック・スクール——リーダーを送り出す伝統校

その名の由来

イギリスの「パブリック・スクール」とは、イートン校、ハロー校、ラグビー校といった伝統のある私立初・中等学校を示す特別な表現である。そもそも私立校がなぜパブリックと呼ばれるようになったかについては諸説あるが、地元だけでなく、国中どこからでも一般に入学者を募ったからであるとの説が有力である。イギリスでは公立校はステート・スクール（state school）と呼ばれる。しかし、すべての私立校がパブリック・スクールと呼ばれるわけではなく、きちんとした定義はイギリス本国にも存在しない。近年、この紛らわしい呼称を避け、またパブリック・スクールという名前の持つ特権エリート集団というイメージを避けるために、どの私立校でも自らをインディペンデント・スクール（independent school）と呼ぶようになってきたが、長い歴史の中で培われてきたパブリック・スクールのイメージはイギリス社会に根強く残っている。

歴史的背景

パブリック・スクールの原型となるのが、グラマー・スクール（ラテン語の文法を教授していたことからこの名が付けられた）だ。修道院内で聖職者向けに行われてきた神学教育が発展し、非宗教的な科目を教える学校が増える中、一三世紀のオックス

図1　19世紀初期のチャーターハウス校

図2　現在のイートン校

フォード大学設立とともに大学進学を目指す中流階級下層向けのグラマー・スクールが隆盛していった。そこで生まれてきたのが、全国から生徒を受け入れるパブリック・スクールである。もともと慈善基金から興された学校だったが、優れた学校には遠方から生徒が集まってくるようになり、全寮制が取り入れられる中で、高額の学費を徴収するようになっていった。一八六一－六四年に全国学校調査を行ったクラレンドン委員会が九校（Rugby School, St. Paul's School, Winchester College, Shrewsberry School, Eton College, Westminster School, Merchant Taylor's School, Charterhouse School, Harrow School）をパブリック・スクール代表格と認定し、これが一八六八年のパブリック・スクール法の礎となった。

前述の通り、どの私立校をパブリック・スクールと呼ぶべきなのかというきちんとしたルールは存在しないが、一般に、二〇世紀以前に創立され、（後に共学になったとしても）元来男子校で、誇るべき伝統と学業成績を備えた私立校を指すとされている。

リーダーを世界に送り出す

パブリック・スクールが著しく発展したのは、産業革命とともに農村中心から都市中心の社会へと国が変貌を遂げ、新しい中産階級が生まれた一八－一九世紀、ことに一八三〇年以降である。それまで貴族やジェントリーの子息が中心であったパブリック・スクールに、新興中産階級や知的専門職業人の子息が加わり、エリート教育を施されることとなった。寄宿舎の共同生活の中で、厳しい規律や節制を学び、

図3　ラグビーはラグビー校に発祥した

友愛を育み、責任感や自助の精神を身につけることを目指した。上級生が下級生を監督する制度を通じ、生徒は軍隊や組織での立ち居振る舞いを学んだ。ナポレオンを下した第一代ウェリントン公が「ウォータールーの戦いでの勝利はイートン校のグラウンドで決まった」と言った理由はこうした背景にある。大英帝国の担い手としての連帯感を養い、植民地の統治者、あるいは労働者の統率者として、どんなに過酷な状況でも責任を果たせる人材を育てる教育機関として、パブリック・スクールは社会的地位を確立していった。

質実剛健なリーダーたる人間を養成するという精神は、現在も受け継がれている。高額の学費（通学生の場合でも年二〇〇万円以上、寄宿の場合は四〇〇万円以上）は、教育施設や教職員の充実に充てられ、何人もの生徒が寝食を共にする寄宿舎生活では贅沢は一切認められない。

作品に現れたパブリック・スクール

パブリック・スクールの特殊な世界は、文学の題材として採り上げられ注目されてきた。中でも、トマス・ヒューズ（Thomas Hughes, 1822-1896）の小説『トム・ブラウンの学生生活』（一八五七年）は多大な人気を集めた。ここには、クリスチャン・ジェントルマンの育成に力を注いだ実在のラグビー校名物校長トマス・アーノルド（Thomas Arnold, 1795-1842）が登場する。ヒルトン（James Hilton, 1900-54）、キプリング（Rudyard Kipling, 1865-1936）、P・G・ウッドハウス、などの作品の中でパブリック・スクールは読者の関心を惹きつけてきたし、『If もしも……』

（一九六九年）、『アナザー・カントリー』（一九八二年）といったパブリック・スクールを舞台にした映画や戯曲が話題になった。(1)

なくならない格差

優れた人材を輩出してきたパブリック・スクールだが、第一次世界大戦後、教育の民主化と均等化が叫ばれるなか、階級制度の温床として批判を集めることとなり、変革を余儀なくされた。近年ではオックスフォード大学、ケンブリッジ大学との特別な提携を廃し、共学化を進め、通学生中心の受け入れ態勢に移行するなど、さまざまな変化を遂げてきている。

しかしながら、つい最近行われた調査によれば、オックスブリッジ入学者の半数以上が依然として私立校出身（生徒数では全体で七パーセントしかない）であり、上位大学に入学者を出すエリート校一〇〇のうち八割を占めるのも私立校であった。(2)また、私立校生と同程度の成績を修めている公立校生がオックスブリッジに入る可能性は私立校出身者の三分の一という気の滅入るような調査結果も出されている。

政界のエリートが私立校出身という現実も変わらない。保守党党首のディヴィッド・キャメロン氏はイートン校出身だし、前首相トニー・ブレアも私立校出身だ。法曹界に目を移せば、上級判事の八四・五パーセントまでもが私立校出身（二〇〇三年）という数字もある。ハードの面で変革をいくら行っても、一般のイギリス人の意識が変わらない限り、私立校と公立校の格差がなくなることは容易には望めないといえよう。

（中野葉子）

(1) 現在世界中で爆発的な人気を集め，映画化もされている『ハリー・ポッター』シリーズ（*Harry Potter*, 1997-2007）で主人公たちが寄宿するホグワース校の描かれ方にも，一般のイギリス人が描くパブリック・スクールのイメージが反映されている。

(2) 1900—85年に誕生した1500人の大臣のうち，343人，1950—60年代の閣僚の３人に１人がイートン校出身者であった。

38

グランド・ツアー――教育の仕上げの壮大なる旅

大陸の文化を学ぶ

一五世紀から一七世紀にかけて、イギリスの上流階級は子弟の教育の仕上げとしてヨーロッパ大陸に旅をさせていた。これには二つの先行する中世からの伝統があった。一つは、若い騎士が修行の仕上げとして行う遍歴の旅であり、もう一つは学者が学業の最後の仕上げに、学問の中心地のボローニャやパリを訪れる旅であった。グランド・ツアーは、騎士道と学問の二つの伝統が結びついたものだったのである。

上流階級は領地が分割されるのを防ぐため、長男だけに財産相続権を与え、邸内で教育を施し、次男以降は聖職者や専門職につけるようオックスフォード大学やケンブリッジ大学で教育を受けさせていた。こうした子弟（長男）教育からチューター（tutor）やガヴァナー（governor）などと称される家庭教師が生まれ、数年かけて旅をする子弟の行動を監督するだけでなく、旅そのものの教育的価値を考慮しながら計画を立てることが仕事となった。そして、若い紳士に、観察し、分析し、記録する方法を教えることが任務となり、旅が教育における最終のカリキュラムとして制度化されていったのである。

イギリスの上流階級が子弟の教育の仕上げを大陸で行うには、深刻な理由があった。チューダー朝（一四八五－一六〇三）のイギリスは中心文化から切り離された後進国で、スペインやフランスなど列強国のあいだで主権国家として認められようと

図1　ローマに到着したグランド・ツーリスト一行

悪戦苦闘していた。経済的な力をつけつつあった上流階級が列強国と対等に渡り合うため、大陸の政治や社会、学問に憧れを抱き、それを学んで吸収しようとしたのがグランド・ツアーであり、一八四〇年代のマス・ツーリズムの時代まで続いた。

古典文化の継承者

大陸の文化と政治の優位性が崩れ始めるのは、スペイン継承戦争終結の一七一三年に締結されたユトレヒト条約をきっかけとしてであった。この条約によって北米のスペイン植民地などがイギリスに譲渡され、イギリスは海上支配でも優位にたつことになったのである。大陸への往来が自由になって、ローマを最終目的地とする大陸各地の名所旧跡をめぐる旅がさかんになり、貴族やジェントリー層だけでなく、経済力のある新興ブルジョワ階層にも広がって短期間の旅行が行われるようになっていった。またこの時代は、大陸ばかりでなくジェイムズ・クックに率いられた三度にわたる南太平洋の航海（一七六八─七九）に代表される海外進出もさかんになり、膨大な数にのぼる旅行記や航海記が書かれることになる。しかしそれらは、現前の実景を正確に描き出そうとする船員の観察記録と非ヨーロッパ世界に対する無知や偏見から文人たちのでっちあげた偽の旅行記が混淆したものであった。この両者は、当時の絵画における大きな二つの流れと無縁ではなかったのである。それらは、オランダに代表される地図製作のための「地誌学的風景画（トポグラフィカル・ランドスケイプ）」とイタリアのクロード・ロランに代表される「理想的風景画（アイディアル・ランドスケイプ）」であった。前者は現実をあるがままに描写しようとしたも

図２　クロード・ロラン作「ハガルと天使」

のであるのに対して、後者は遠近法を用いた牧歌的風景のなかにホメロス的な人物を描いたものであった。当初、イギリスの風景画はオランダの地誌的風景画の影響を受けていたが、やがてイタリアの風景画に引きつけられるようになったのには、ヨーロッパの政治的・経済的中心が移ったことが背景にあった。世界経済の中心はオランダからイギリスへと移り、フランスを向こうにまわしてイギリスは、ギリシア・ローマの古典文化の継承を目指し、礼儀作法や社交生活を洗練させ、大陸のファッションを身につけ、数多くの美術品を持ち帰ったのである。これらの多くは、現在、イギリスの美術館や博物館、カントリー・ハウスに展示されている。

美学の誕生

クロード・ロランが描いた理想的なイタリアの風景を目にする前に、グランド・ツーリストたちは、急峻なアルプスを越えなければならなかった。もちろん当時は、行く手に立ちはだかる魔の山だったが、イングランドのなだらかな丘陵地帯の風景を見慣れていた彼らにとっては、ある種の美的感覚をおぼえざるをえない光景だったのである。それは、均整のとれた古典的美意識を打ち破るような感動であった。アルプスを越えたホレス・ウォルポールは、「そそり立つ断崖、折り重なる山々、岩にぶつかる激流、狼の遠吠え、とどろく雷鳴、サルヴァトール・ローザだ」と体験した恐怖と戦慄、そして同時に喜悦を表現した。アルプス越えの後、旅人はクロード・ロランの牧歌的な風景画に接し、サルヴァトール・ローザの戦慄をおぼえずにはいられない絵画を目の当たりにすることになる。

図３　サルヴァトール・ローザ作「アポロとクマエの巫女のいる風景」

喜びに満ちた恐怖を体験することから「崇高（sublime）」という美学が誕生し、これは文学作品にも影響を与え、ウォルポールの『オトラント城』を嚆矢とするゴシック小説が流行することになった。やがて、一八世紀後半に入ると、クロード・ロランの風景画のような「絵になる美しい風景（picturesque）」という用語がイギリス国内を席巻するようになり、「ピクチャレスク・ツアー」と称する自然美を訪ねる国内旅行が大流行した。「ピクチャレスク」という用語は、ロンドンの聖職者ウィリアム・ギルピンがワイ河流域や湖水地方を旅して書いた旅行記によって広がった。ギルピンの脳裏にはローザやロランの風景画が浮かんでいたのだろうが、イギリス国内にイタリアの風景画のような景色を求めて、廃墟となった修道院跡、森のなかの湖や蛇行して流れる川や渓谷などに「ピクチャレスク」な光景を発見していったのである。いわば、グランド・ツアーの国内版が「ピクチャレスク・ツアー」であったといえるだろう。この新しい美意識は、風景に関する言説ばかりか、この時代のあらゆる文化に浸透してゆき、服飾やイギリス式風景庭園にも影響を及ぼすことになったのである。

イギリスの上流階級にとって、グランド・ツアーはギリシア・ローマの古典文化を吸収し、それを継承する目的をもつものであったが、イタリアの風景画から受けた感動は、古典主義の枠組みを超えてゆく要素をはらんでいた。「崇高」や「ピクチャレスク」は、自然のなかに視覚的なさまざまな特質を知覚する最初の手段を与え、来るべきロマン主義を予告するものでもあったのである。

（木下　卓）

39 オックスブリッジ——知の双璧

オックスブリッジ？　ケムフォード？

『オックスフォード英語辞典』によれば、オックスブリッジ（Oxbridge）という表現の初出は、サッカリーの小説『ペンデニス』（一八五〇年）で、主人公が通う架空の大学の名前としてであったが、二〇世紀中盤からオックスフォード大学（University of Oxford）とケンブリッジ大学（University of Cambridge）の両大学を指す表現となった。同小説ではケムフォード（Camford）という造語も使われているのだが、こちらの方は定着しなかった。

日本でも早稲田大学と慶應義塾大学を並べて「早慶」（あるいは「慶早」）と呼ぶが、二校がよく比較される点や、人気を集めるスポーツ対抗戦（オックスブリッジはボートレース、ラグビーなど、早慶は野球、レガッタ、ラグビーなど）がある点で共通している。(1)

しかし、オックスブリッジという言葉は、単に二つの大学の物理的存在を示すだけでなく、知の双璧としてイギリスの他大学と一線を画する両大学に与えられた特別な呼び名であり、パブリック・スクール同様、社会での特別な位置づけを象徴する表現でもある。

オックスブリッジの始まり

オックスフォードにイギリス最古の大学が生まれたのは一二世紀のことだ。これ

(1)　両校が互いに競い合うテムズ川でのボートレース（1829年から）やトゥイックナム・スタジアムで開催されるラグビー対抗戦には一般客も観戦に参加し，スポーツの一大イベントとして毎年大きく報道される。

図１　ガウン姿で街を闊歩するオックスフォード生

図２　ケンブリッジ大学King's College構内を流れるケム川で舟遊び

は、時の王ヘンリー二世によりパリ大学での学問研究が禁じられたことがきっかけとなっている。羊毛産業が盛んな富裕な都市としてヨーロッパでもその名を馳せていたオックスフォードに聖職者たちが集まり、研究生活を始めたのであるが、市民たちに高い宿賃を求められ、苦学を強いられた学生たちのために、カトリック修道会が中心となって寄付金を集め、学寮（コレッジ、college）を建てた。最初にできた学寮は、一二四九年創立のユニヴァーシティ・コレッジといわれており、以後五〇年の間に次々に新しい学寮ができていった。学部からなる日本の総合大学と異なり、それぞれに独立した学寮の集合体という形式を採る大学の形は、パリ大学を踏襲したものである。

　教会の支援を受けた大学は、独自の自治を行い、世俗裁判などの市民義務を放免されていた上に、酒類販売の許可決定権まで有していた。なかにはこういった特権を楯に、大酒をくらうわ大騒ぎをするわ、好き勝手をする学生もいて、町民と大学との間の軋轢を生み出す結果となった。「タウン・アンド・ガウン（タウンは町民、ガウンはアカデミック・ガウンを纏った学生を意味する）」として知られるオックスフォードの町民と大学との対立は時として流血の惨事を招き、一三五五年に起きた衝突では一日に六〇名もの学生が死亡、それから五〇〇年もの間、市側は大学に毎年陳謝し賠償金を払い続けた。こうした抗争に愛想を尽かしてオックスフォードを逃れた学者たちが一二八四年、ケンブリッジに創ったのがピーターハウスである。初めは学位既得者の研究施設であった二大学だが、一七世紀には学位を授与する教育機関となり、世界でも有数の最高学府としての実績を築き上げていく。現在オック

図3　オックスフォード大学 University College，1249年創立

図4　ケンブリッジ大学 St John's College，1511年創立

スフォードには三九のコレッジと九つのホール（神学中心の研究が行われる小規模の教育施設）が、ケンブリッジには三一のコレッジがある。

オックスブリッジの名声

オックスブリッジの授業は、指導教員に毎週エッセイを提出し議論を交わす個人授業の形が主体となっている。両大学の質の高い教育には定評があり、オックスブリッジにおいてのみ学部卒業後三年で自動的に学芸修士号（MA）が授与される。

オックスブリッジ出身の著名人の名前は枚挙に暇がないが、オックスフォードが有力政治家を数多く輩出している一方で、ケンブリッジは科学分野でオックスフォードに勝るとよく言われる。たしかに、第二次チャーチル政権以降のイギリスの首相の中で、オックスフォード出身でなかった者は、たったの三人（ジェイムズ・キャラハン、ジョン・メイジャーそして現首相ゴードン・ブラウン）だし、ケンブリッジのキャンパスからは万有引力の法則、進化論、DNA構造、初期コンピュータ開発などの歴史的に重要な科学理論や研究が生まれてきた。オックスフォード出身の科学者やケンブリッジ出身の政治家ももちろんいるが、文系のオックスフォード、理系のケンブリッジと言われてきている。

また、両大学には長い歴史の中で作り出されたそれぞれに異なる独自の語彙がある。（学生組織の名称、指導教員と個人指導の呼称、学期の呼称、中庭の呼称、部屋の清掃担当者の呼称など）。さらに、入学選考時の面接期間や結果発表時期、成績を決める試験の回数や形式、アカデミック・ガウンの着用（オックスフォードでは試験時に現

図5　オックスフォード大学 Radcliff Camera
1749年完成の大学図書館

在も着用が義務となっているが、ケンブリッジでは自由）などの点で、両者の間には違いがある。

大学の民主化とオックスブリッジ

オックスブリッジ創立後一六世紀までに設立された大学（セント・アンドルーズ、グラスゴー、アバディーン、エディンバラ、ダブリン）はオックスブリッジとともに古い大学（ancient universities）と呼ばれる。また、一九世紀から第二次世界大戦前にかけ各地産業都市に生まれた大学は、赤レンガ大学（Red Brick universities）と呼ばれ、リベラルな教員や学生が集まる教育機関として、保守色の強いオックスブリッジと対比される。

二〇世紀以降、パブリック・スクール同様、限られた階層を優遇するエリート主義体制だとして批判を受けたオックスブリッジは、変革を行ってきた。最初の変化は共学化である。一九七〇年代から急速に共学化が進み、男子学寮はオックスフォードでひとつ、ケンブリッジに三つ残るのみとなった。学生数の男女比（学部生）もほぼ一対一である。私立校出身生に偏向しているとの指摘を受けて、積極的な公立校出身生の受け入れも表明している。

その長い歴史と伝統の中で、イギリス国内のみならず世界に優秀な人材を送り続けてきたオックスブリッジが、教育の均等化と国際化が進む中で、これからどのような歩みを続けていくのか注目される。

（中野葉子）

40

ガヴァネス――一九世紀の女性の自立の生き証人

「私はガヴァネスになりたいの。」
母は驚きの叫び声を上げて笑った。姉は驚きのあまり、手にしていた縫い物を床に落としてしまい、こう叫んだ。
「アグネス、あなたがガヴァネスですって！　どうしてそんなことを考えたりするのよ！」

（アン・ブロンテ『アグネス・グレイ』一八四七年）

ガヴァネスという存在

今ではもう廃《すた》れてしまったこの職業であるが、一九世紀のイギリスには、ガヴァネス（governess、女性家庭教師）という女性たちが大勢いた。もっとも、一六世紀には、エリザベス一世の家庭教師として歴史に名を残したマーガレット・ブライアン（Margaret Bryan）という女性もいるし、ガヴァネス自体は古くは中世まで溯ることができる仕事である。一八世紀頃からガヴァネスという職業が一般的になったが、イギリスの文化や社会を考える際に、一九世紀のガヴァネスは特別に重要なものとして浮上してくる。それは、ガヴァネスという存在に有産階級の女性の自立にまつわる苦悩と苦闘が秘められた、歴史のドラマが展開されたからである。

一九世紀の中産階級以上の家庭では、息子たちは一〇歳前後に親許を離れパブリック・スクールに入り、公教育を受け、娘たちは学校教育を受けずに家庭で教育さ

図１　リチャード・レッドグレイヴ画「ガヴァネス」

図２　やる気のない子どもたち。ある授業風景

れるということが珍しくなかった。もちろん女子のための学校がなかった訳ではなく、中には社交界デビューを目指す娘たちのために高額の授業料をとって教える学校もあったが、一般的には、女子の教育は家庭で、という考え方が浸透していたのだ。その教育に携わったのがガヴァネスであった。彼女たちは雇い主の家に住み込み、子どもたちと起居を共にしながら、教育に携わった（住み込みでない場合は「通いのガヴァネス」と呼ばれていた）。教育者というと聞こえはよいが、たいていの場合は、低賃金で朝から夜まで一日中子どもたちに拘束されるつらい仕事であった。

働くレイディの登場

一九世紀ヴィクトリア時代は女性の生き方にさまざまな制約がつけられた時代であったが、その主たるものに、女性の居場所は家庭であるべきだという考え方があった。つまりレイディという有産階級に属する女性は外で働いて金を稼ぐなどもってのほか、と思われていたのだ。しかし、親や夫が死んだり、結婚できなかったりした女性[1]で財産がない場合は、出自は有産階級でも、自分の力で働くことを余儀なくされたのだ。そのような時、レイディという身分を保ちながら働けるほぼ唯一の職業がガヴァネスであった。

冒頭はアン・ブロンテの『アグネス・グレイ』のひとこまである。アグネスは、牧師である父親が投資に失敗し、財産を失ってしまったので、少しでも両親の役に立ちたく、自らガヴァネスになることを家族に提案する。ところが彼女の決心は、身近な母や姉から一笑に付されてしまうのだ。経済的に苦境に陥っている一家にと

(1)　当時，男性より女性の人口の方が多く，「余った女たち」が社会問題になっていた。

図３　斡旋所で面接されるガヴァネス（1890年代）

って、たとえ少額でも現金収入は貴重な時にである。現代の読者には理解しにくい母親と姉の反応であるが、ここに当時の一般的な考え方――有産階級の女性が外で働くことは生き方の選択肢に入っていなかったことや、ガヴァネスへの拒絶感――が如実に示されている。ガヴァネス文学として名高いこの小説では、家族を説得してガヴァネスになったものの、雇用先ですさまじい苛《いじ》めともいうべき扱いを受けるアグネスの姿が詳細に描かれ、当時のガヴァネスの状況をあぶり出している。

醜いガヴァネスが好まれる？

一九五一年の国勢調査によると、当時イギリス全人口約二七〇〇万人のうち、ガヴァネスは二万一〇〇〇余人いた。警察官が一万八〇〇〇人だったということを考えると、ガヴァネスは警察官以上に普及した存在だったと言える。雇用は、圧倒的に買い手市場だったらしく、一つのガヴァネスの求人に一〇〇名以上のガヴァネスが殺到した例もあるという。一九世紀の『タイムズ』紙にはガヴァネスの求職広告がオンパレードということもあった。また悪質な斡旋業者に騙されたガヴァネスの例も当時よく聞く話であった。

待遇はというと、オックスブリッジを出た男性の家庭教師の場合、年約三〇〇ポンド程度の給金をもらえたというが、大学への門戸を閉ざされていたガヴァネスは、年二〇ポンドから数十〇ポンド、せいぜい召使頭と同程度の給金だった。

教える科目は、当時の女性のたしなみ《アコンプリッシュメント》とされた外国語（フランス語、イタリア語、ドイツ語など）、図画、音楽、算術、地理、手芸などであった。ガヴァネスの中

図4　ガヴァネス互恵協会。ロンドンのハーリー街

には、非常に教育熱心で、優れた教授をした女性もいたが、一般的には、ガヴァネスの教師としての質が問われることはあまりなく、教育者よりもレイディであることが優先された。しかし、実生活では、決して主人側とは同列に扱われず、召使扱いされたのであった。また、雇い主の家庭に住み込むことから、主人や息子たちから性的被害を受けることもあり、一方で妻の側としては夫や息子が心を奪われないように、醜いガヴァネスを望むということもあった。

ガヴァネスの遺産

「不屈、忍耐、克己」を強いられ続けたガヴァネスは数多い。主人側に気に入られなければ即座に追い出されることもあり、また病気になったり、老齢になったりした場合、職を辞しても退職金があるわけでもなく、経済的、精神的な不安定さは絶えずガヴァネスにつきまとっていた。ガヴァネスに多い病気は、癌と精神病だったと言われている。しかし、少しずつであるが、そのようなガヴァネスの苦境を救う手立てがなされていった。一八四三年にガヴァネス互恵協会が発足し、困窮したガヴァネスのために、一時的な宿を提供したり、年金を含めた経済的な援助を始めた。さらに、一八四八年にイギリス最初の女性の中等教育の機関であるクイーンズ・コレッジが設立され、ガヴァネスのための教育を行うようになった。

多くのガヴァネスは心ならずもこの道に入ったのだが、結果として、女性の自立に道を切り拓いていったといえる。一九世紀のガヴァネスたちはその意味で後世に少なくない遺産を託したのだった。

（窪田憲子）

41

怒れる若者たち――今を生きる「怒り」の末裔

オズボーンの芝居の今日性

「怒れる若者たち」とは第二次世界大戦の惨禍を経てなお旧態依然たるイギリス社会にたいして、反逆の叫びをあげた若い世代を指す標語である。一九五六年にロイヤル・コート劇場で、ジョン・オズボーン（John Osborne, 1929-94）の戯曲『怒りをこめてふりかえれ』がジョージ・ディヴァイン演出のイングリッシュ・ステージ・カンパニーによって初演されたことがそもそもの端緒となった。やり場のない憤りやくすぶる不満に身を焦がしていた当時の若者を代弁する声として、社会現象にまでなったのである。それは六〇年代に勃発する社会の構造改革に向けた一連の運動を触発する事件だったとも言えよう。

以来、当劇場はジョン・アーデン（John Arden, 1930-2012）、アーノルド・ウェスカー（Arnold Wesker, 1932-）、エドワード・ボンド（Edward Bond, 1934-）ら若手劇作家による革新的な実験演劇の発表の場として、二〇世紀演劇に大きな功績を残すことになった。斬新な劇作法や内容もさることながら、登場人物が戦前の演劇のように中産階級に偏らず、労働者階級を中心人物とするようになったという点で画期的であった。イギリス人の階級意識に少なからぬ変質をもたらしたのである。

「怒れる若者たち」の引き起こした影響は演劇界にとどまらず、キングズリ・エイミス（Kingsley Amis, 1922-95）、ジョン・ブレイン（John Brain, 1922-86）、ジョ

図１　『怒り』が初演されたロイヤル・コート劇場

図2　2005年度にノーベル文学賞を受賞したピンター

ン・ウェイン（John Wain, 1925-94）ら新進の小説家が台頭し、一九五〇年代半ば以降の文壇で一世を風靡した。これらの作家たちは後年になって多く保守化する傾向もなしとはしなかったが、それでも瑞々しい批判精神が失われることはなかった。「怒れる若者たち」と同時期に登場し、ある意味で問題意識を共有していたと思われるハロルド・ピンターは、その後も劇作家・演出家・俳優・詩人として八面六臂の活躍を続け、二〇〇五年にノーベル文学賞を受賞した。『バースデイ・パーティ』（一九五八年）のような初期の芝居から、喜志哲雄編訳『何も起こりはしなかった――劇の言葉、政治の言葉』（二〇〇七年）におけるアメリカの外交政策を舌鋒鋭く批判した評論にいたるまで、ピンターの姿勢には常に人間の自由や尊厳にたいする深い共感の念が潜んでいた。これこそイギリスの文化が育んできた「怒り」の本質ではなかったろうか。

学生と民衆の視点

『怒りをこめてふりかえれ』の主人公ジミー・ポーターは一躍「怒れる若者たち」の代名詞となった。今となっては歴史的な重みすら感じられる人物像だが、劇中のジミーの妻のせりふによれば、彼は自分の出身大学について、「赤レンガ（red brick）」ですらなく、「白タイル（white tile）」だ、と自嘲気味に語っていたらしい。

この「赤レンガ」とは、二〇世紀になってから創設されたような新しい大学のことを指す呼び名である。その歴史が一三世紀にまで遡る名門のオックスフォード（最古のユニヴァーシティ・コレッジは一二四九年創立）とケンブリッジ（最古のピーター

図 3　『エビータ』よりゲバラ（左）とエビータ

ハウスは一二八四年創立）という両大学が通称「オックスブリッジ（Oxbridge）」と呼ばれているのにたいして、まずは新興大学のカテゴリーと言える。

さらに一九五〇年代以降に新設された大学には、ジミーが言ったような「白タイル」ではなくて、「板ガラス（plate glass）」という通り名が生まれている。こうした呼称には「オックスブリッジ」という言葉に包含される何がしかのエリート意識にたいする反感や反発心、場合によっては劣等感が垣間見られることだろう。

五〇年代から六〇年代にかけて、各地の大学で起きた学生紛争では、革命家のチェ・ゲバラが当時の学生の間で偶像視された。作曲家ロイド＝ウェバーが作ったミュージカル『エビータ』（一九七八年）では、そのゲバラが狂言回しの役回りで登場し、ひたすら成功を追求する主人公に皮肉な視線を投げかけている。これは主人公をいたずらに賛美するのではなく、「異化」するドラマトゥルギーである(1)。すでに初演以来二〇年以上のロングランを続けるミュージカル『レ・ミゼラブル』（一九八五年）でも、沸々と湧き上がる民衆の革命への意思が見事に舞台化されている。

これらの例を見ると、歴史や社会の変質を体制側の立場からではなく、無力な民衆の視点から見つめようとする意思が感じとれる。今日「怒り」の及ぼした影響は衰えるどころか、もはやイギリス文化の一部となったことが理解されるところだ。

若者文化のニューウェーブ

保守と革新の拮抗は六〇年代を通じて見られた現象である。ミニスカートのファッションが流行、イギリスを発信地とする若者文化が世界を席巻した時代であった

(1)　この劇作法にはマルクス主義の劇作家ベルトルト・ブレヒトの影響が明らかだが，イギリスの演劇界ではボールトの『すべての季節の男』（1960年）をはじめとして，早くは1950年代半ばより，その感化が現れていた。

(2) 1962年にはザ・ビートルズとザ・ローリング・ストーンズが結成された。その後64年にザ・フー，ハーマンズ・ハーミッツ，65年にジ・アニマルズ，67年にピンク・フロイド，69年にキング・クリムゾンがデビューしている。

六〇年代には、二〇世紀のポピュラー音楽の世界に巨大な足跡を残すグループが相次いで登場した。(2) 彼らの音楽的特徴のある部分は、社会にたいして不満をぶちまける若者の挑発的な発言として、七〇年代後半以降に流行するパンク・ロックにも引き継がれていった。

「怒れる若者たち」の末裔を今日のイギリスに探すとなると、むしろ活況を呈する映画のジャンルに求められるのではないだろうか。イギリスの映画界は、一九八〇年代の不振を脱して、コメディやファンタジー、歴史ドラマやスパイものなど多くのジャンルで国際的なヒット作を飛ばして、好調を維持しているかに見える。

炭鉱閉鎖問題で動揺するヨークシャを舞台にブラスバンド団員の活躍を描いたマーク・ハーマン監督『ブラス！』（一九九六年）、麻薬中毒のスコットランド青年の悪夢と日常生活を描くダニー・ボイル監督『トレインスポッティング』（一九九六年）、男性ストリップ・ショーに出演する失業者たちを描くピーター・カッタネオ監督『フル・モンティ』（一九九七年）、アイルランド独立戦争から内戦にいたる経緯を取り上げたケン・ローチ監督『麦の穂を揺らす風』（二〇〇六年）、ダイアナ妃の事故死直後の王室の混乱を描いたスティーヴン・フリアーズ監督『クィーン』（二〇〇六年）などに注目したい。いずれもさまざまな主題や背景に取材し、映像的にも異なった手法を用いながら、矛盾や問題を抱えた今日のイギリス社会と、そこにたくましく生きるイギリス人の生き様が如実に描かれている。

二〇世紀半ばにイギリスを席巻した「怒り」のエネルギーは、姿を変えて今日なお健在のようである。

（佐久間康夫）

第6章

余暇を楽しむノウハウ

1997年に再建されたシェイクスピア時代の円形劇場グローブ座

大衆化してゆく旅

イギリス人の余暇の楽しみ方はさまざまであるが、まずは旅行から見てゆこう。

一八世紀に入って経済力をつけた新興ブルジョワ階層が社会に登場してくるまで、旅は上流階級にのみ許される特権であったといっても過言ではなかろう。貴族の子弟たちによるグランド・ツアーがさかんに行われた一八世紀が進むにつれ、ブルジョワ階層の者たちも大陸旅行を始め、やがてはその縮小版ともいうべきイギリス国内におけるピクチャレスク・ツアーが大流行した。もちろん、旅の足は馬や馬車であった。

一八世紀も終わりにさしかかると、徒歩旅行が学生や下級聖職者のあいだで流行し始める。徒歩で旅をする者といえば、浮浪者や追い剝ぎを意味していた時代に、気の赴くままに旅ができたのは出身階層や社会的身分に拘束されない立場にある者たちであった。

産業革命の進展とその結果としての鉄道の開通によって、旅はおおきく様変わりして大衆化してゆくことになる。一八三〇年に開通した鉄道は、その一一年後にトマス・クックが企画した団体割引旅行を機に、旅の大衆化の手段となっていった。当初は、アルコールに代わる健全な娯楽を提供する労働者の禁酒運動を目的とした日帰りの旅であったが、やがて好評を博し、国内の遠方の地へと何日もかけて出かける団体旅行や海外旅行へと発展してゆく。一八五一年の第一回万国博覧会では、往復運賃、宿泊費、食費、入場料込みの見学ツアーを計画し、成功させた。会場の水晶宮《クリスタル・パレス》の中であらゆる階層の人々が、展示物を同時に見学するという余暇の典型的な大衆化を可能にすることになったのである。そして、トマス・クック社は現在、世界の三大旅行代理店のひとつとなっている。

スポーツという娯楽

スポーツ（sport）も旅と同様、もともとは階級的特権と密接に結びついたものであった。競馬やゴルフ、クリケット、一七―一八世紀にジェントリー（地主）階層が領地で行っていた狐狩りに代表される狩猟など、余暇を持て余す上流階級の娯楽であった。

しかし大半のスポーツは、一九世紀後半になってルールが制定され、急速に発達してゆく。中産階級の台頭や労働者階級の生活水準の向上などによってスポーツの裾野が広がっていったのである。この時期、パブリック・スクール改革の一環としてスポーツが奨励された。規律やフェアプレー精神を涵養するだけでなく、健康や男らしさを増進させるという考えから導入されたのであるが、やがては大英帝国のエリートであるジェントルマンの性格形成に大きく寄与することになったのである。

人々が集うパブ

イギリスのどんな小さな村に行っても、教会とパブはかならず見つかるだろう。いや、この二つのいずれが欠けても村や町は成り立ちえないと言った方が正しいかもしれない。事実、経営難に陥った歴史あるパブの閉店に異を唱えた住民の訴訟が受理され、そのパブは存続させなければならないという判決が下された事例があったほどである。

もともとは「パブリック・ハウス」と呼ばれていただけに、地域の人々ばかりか、一見客もビールを飲んだり食事を楽しみながら談笑したり議論し合ったりしながら、あるいは静かに時が過ぎてゆくのに身をまかせながらひとときを楽しんでいるのである。

しかし近年では、家庭での飲酒やパブでの禁煙法の実施などによって経営が低迷し、残念ながら、閉店に追い込まれる店が増加している。

祝祭空間としての劇場

イギリスの演劇は、中世における聖書を主題にした「奇蹟劇（miracle play）」に始まる長い歴史をもつものであり、現在、ニューヨークのブロードウェイと比較されるロンドンのウェスト・エンドには一〇〇を超える劇場があって、観劇客でにぎわっている。また、地方都市にも劇場は数多くあり、シェイクスピア劇はもちろんのこと、数々の演劇やミュージカルが観客や批評家たちの厳しい視線にさらされながら上演されている。

ウェスト・エンドの劇場で上演された題目でいえば、一九五二年以来上演され続けている『ねずみとり』、二〇年以上のロングランを続けた『ジーザス・クライスト・スーパースター』、『キャッツ』、今も上演されている『オペラ座の怪人』や『レ・ミゼラブル』などは、何度も同じ演目を観に来てくれる大勢の観客のおかげであろう。それほどまでに、イギリス人は劇場という祝祭空間を好み、楽しんでいるのだ。もちろん、名優たちの演技も欠かせないが。

演劇以外では、音楽鑑賞もイギリス人が好むものである。冬時間に変わるころからコンサート・シーズンに入ると言われるこの国では、コンサート・ホールの音楽ばかりか、街角で演奏するアーティストたちの奏でる音楽を楽しむ人々の姿を見かけることがたびたびである。（木下　卓）

42 馬車／自動車／自転車——広がる世界

馬車の持つ意味

ジェイン・オースティンの小説『ノーサンガー・アビー』では、軽薄で見栄っ張りの若者ジョン・ソープがヒロインのキャサリンを相手に、しきりに自分の馬車自慢をする場面がある。馬が元気がよくて、時速一〇マイル（一六キロ）以下では走らないとか、まだ手に入れてから一カ月もたたないとか、カリクル馬車（二頭あるいは二頭立て二輪の屋根のない馬車）を買うつもりだったのが、掘り出し物があったのでギグ馬車（一頭立ての屋根のない馬車）を買うことにした、という具合である。これは今日の自動車でいえばスポーツカーに相当するものである。ジョン・ソープの馬車自慢はこの後まだまだ続くが、これはドライブに行った際にしきりに車の自慢をされるのと同様、聞かされる相手にとってけっして楽しいこととはいえない。(1)

とはいえ、乗せてもらう女性にとっても、自分がどんな型の馬車の、どの席に乗るかというのは当時は重要なことがらだった。同じくオースティンの小説『マンスフィールド・パーク』では、バルーシュ型の馬車（ほろつきの四人乗りの四輪馬車で、御者席が前の方についている）の御者席の隣にどちらが乗るかで二人の姉妹がいさかいを起こす場面がある。けっきょく妹がその「栄光の席」を占めることに成功して勝ち誇り、負けた姉は打ちひしがれて絶望する様子が描かれている。ここではオースティンが、喜劇的な効果を挙げるためにいささか誇張した表現をしているかもし

(1) また，キャサリンは世間知らずで世事に疎いので自覚がないのだが，そもそも，若い女性が，父でも兄でもない男性と２人きりで，屋根のない馬車に乗ること自体，かなり目立つことであり，その男性と親密な関係にあると思われてもしかたのないことだった。そして男性のほうも，自分の隣に座る女性を注意深く選んでいた。

れないが、それでも男性に乗せてもらう立場にいる当時の女性にとって、この種の問題はけっして些細なことではなかった。

オースティン自身、姉に宛てた手紙の中で、知り合いの紳士のフィートン馬車（二頭立て軽四輪馬車）に「ぜひ乗せてもらいたい」と書き、その後の手紙では馬車のドライヴをとても楽しんだと書き送っている。これもカリクル馬車やギグ馬車と同様、軽くて速いものでこれに乗せてもらうのは、オープン・スポーツカーでドライヴに連れて行ってもらうようなものだった。しかしオースティンも常にこのように自由にドライヴを楽しんでいたわけではなく、たいていの場合は父や兄や知り合いの男性が馬車をだしてくれるのを待っていなければならなかったのが、彼女の書簡集からも明らかである。つまり当時の女性は歩いていけない距離のところに移動するためには、男性が交通手段を提供してくるのを待たなければならなかったのである。

自動車の登場

一八九〇年代にイギリスの道路に最初に自動車が現われたが、これは女性でも運転できるものであった。一九〇〇年の『イヴニング・スタンダード』紙にはロンドン在住のミス・ヴェラ・バトラーがスピード違反で逮捕されたことを示す記事が掲載されている。この記事によると彼女は「時速一二マイルか一四マイル（一九から二二キロくらい）」で走っていたとして、罰金を科せられたとのことだった。

とはいえ、やはり自動車はこの頃はまだ金持ちのものであったし、かなり乗り心地が悪く、大きな音をたて、悪臭を放つものであった。エドワード七世が一九〇二年の戴冠式の際に馬車ではなくて自動車を使うという提案がなされたが「振動、音、蒸気や臭いのないもの」という条件を充たす自動車は存在しないということで、提案は却下されてしまった。

また、裕福な紳士や淑女が自動車に乗って、カントリーサイドをドライヴする習慣が広がると、自動車は騒音と公害を撒き散らすだけでなく、人や動物に危険をおよぼす、きわめて迷惑な存在として疎んじられるようにもなった。例えばイギリスの児童文学の古典ともいえる、ケネス・グレアム（Kenneth Grahame, 1859-1932）の『たのしい川辺』（一九〇八年）では、ヒキガエルとモグラとミズハタネズミが馬車でカントリーサイドの旅を楽しんでいるときに、ものすごいスピードで後ろからやってきた自動車に馬車をひっくり返されてしまう。ミズハタネズミはこの「道路の豚！」（road hog、乱暴な運転をする人を指す言葉で、一八九〇年頃から使われるようになった）と、自動車の運転手を罵るが、軽薄で新し物好きで、しかも金持ちのヒキガエルは、すっかり自動車に魅せられてしまい、自分でも早速一台買い求め、カントリーサイドを猛スピードで飛ばすので、他の動物のひんしゅくを買うのである。

「誰でも乗れる」自転車

一方、一八九〇年代からイギリスで爆発的な人気を博した自転車は手軽で、音も臭いもないものとして、性別、年齢、そして階級を超えて親しまれた。例えばＳＦ作家として名高いＨ・Ｇ・ウェルズ（H. G. Wells, 1866-1946）の初期の作品に『運

図1　カントリーサイドでサイクリングを楽しむ男女

命の車輪』（一八九六年）というものがある。これはロンドン郊外のデパートに勤める店員で、中産階級下層に属するフープドライヴァーという若者が短い休暇をもらって自転車旅行に出かける話である。この旅行で彼は中産階級上層の若い淑女と親しくなる。彼女はあまりにも年が若く、世間のことを理解していないので、フープドライヴァーが中産階級下層の若者であることが見抜けない。しかし彼の言葉の発音が自分とは違うので、植民地からの帰国者なのだろうと勝手に納得してしまい、フープドライヴァーも思わずそのふりをしてしまう。こうして彼は、普通だったら知り合うことのない階級のお嬢さんと親しくなり、つかの間の現実逃避を楽しむ。このような物語の設定が可能だったのも、自転車という娯楽が、イギリスにはめずらしく、どの階級の人間も楽しめるものだったからなのである。

夏目漱石はロンドンに留学中に「自転車日記」という小品を書いている。下宿のおかみに勧められて、自転車の稽古を始める。そして知り合いの家によばれた際に、「自転車を始めた」とうっかり言ってしまい、その家の令嬢に、ぜひ一度一緒に遠出をしようと誘われるのだが、まだとても満足に乗れるわけではないので、うまく話をそらすのに苦労する、といった逸話が面白おかしく描かれている。

老若男女、そしてあらゆる階級の人間が、手軽に乗ることのできる乗り物として、自転車は斬新で人気があったが、現在のイギリスでは昔ほど人気のある乗り物ではないようだ。馬車はもちろん姿を消しているが、乗馬は一部ではまだ盛んで、狐狩りも（馬に乗って行う）、二〇〇五年に違法になったが、じつはいまだに続いている。

（新井潤美）

43

鉄道——市民階級の勝利

馬車と運河の時代

鉄道が開通する前の輸送手段といえば、馬車と船であった。イギリスは高い山が少ないため、かなり以前から道路が発達し、都市と都市の間を結んでいた。一八世紀にスコットランド人の土木技師トマス・テルフォード（Thomas Telford, 1757-1834）らが道路舗装法を考案し、一七八四年には急行郵便馬車《メイルコーチ》（もちろん人間も乗せるが）が走った。こうした舗装道路は工事費を回収するために有料の私有道路となっていたため、広い土地を所有している地主にとっては、農業や牧畜による収入よりも有利な金儲けであった。

舗装道路と同様の理由から、一八世紀後半から一九世紀初めにかけて川と川をつなぐ運河建設が流行した。時間はかかるが、馬車では運びきれない大量の荷物を安上がりに運搬することができるので、生活必需品である石炭や小麦の価格は下落し、商人や資本家にとっては便利このうえなく、運河の所有者である地主には通行料が入ってきた。そのため、運河建設ブームがあちこちで起こり、総計三〇〇〇マイル（四八〇〇キロ）を超える運河網がイギリス全土に広がっていったのである。イギリスの産業革命の進展を促したのは、原料、生産物、石炭や鉄などを運んだ運河であったが、そのおかげで発達した工業が、動力源である蒸気機関を応用した鉄道を生みだし、馬車や運河の時代をあっという間に終焉させたのは、皮肉なことであった。

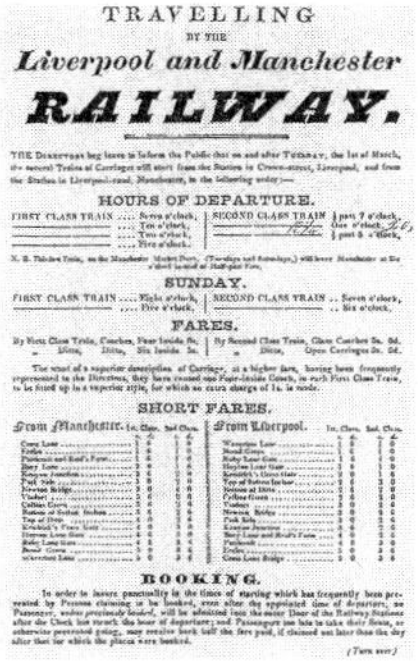

図1　L. M. R. のポスター

鉄道の誕生

一八三〇年九月一五日、リヴァプールとマンチェスター間に世界初の鉄道が開通した。この鉄道は、線路、車輌、駅、従業員などすべてを管理する鉄道会社が経営するものであった。原料を輸入し、製品を輸出する最大の港湾都市リヴァプールと最大の商工業都市マンチェスターを結んだリヴァプール・アンド・マンチェスター鉄道（L・M・Rと略す）の開業は、馬車や運河にとってもっとも収益のあがるこの路線を独占していた地主に代表される封建勢力に対し、新興ブルジョワ階層が経済力と技術力を背景に殴り込みをかけた象徴的なできごととなった。

この鉄道の開業は、一八三二年の第一回選挙法改正を前にして、その是非を問う論争と同じくらいの政治的重要性をはらんでいた。土地が生活地盤の封建勢力と経済力に頼る新興ブルジョワ階層の争いの最前線であった。封建勢力を代表する保守党と自由貿易論、選挙法改正論を唱える自由党の橋渡しをしてL・M・Rの建設にこぎつけたのは、保守党の国会議員ウィリアム・ハスキッソン（William Huskisson, 1770-1830）だったが、開通式に招かれたその日に列車事故の犠牲者第一号となってしまった。この不幸にもかかわらず、また高い運賃にもかかわらず、やがて列車が馬車よりも安全で、目的地まで短時間で運んでくれる乗り物だということが知られるようになると、乗客収入も貨物収入も増えていった。

鉄道建設ブーム

L・M・Rの大成功の後、全国で新鉄道設立計画が立てられた。選挙法改正の結

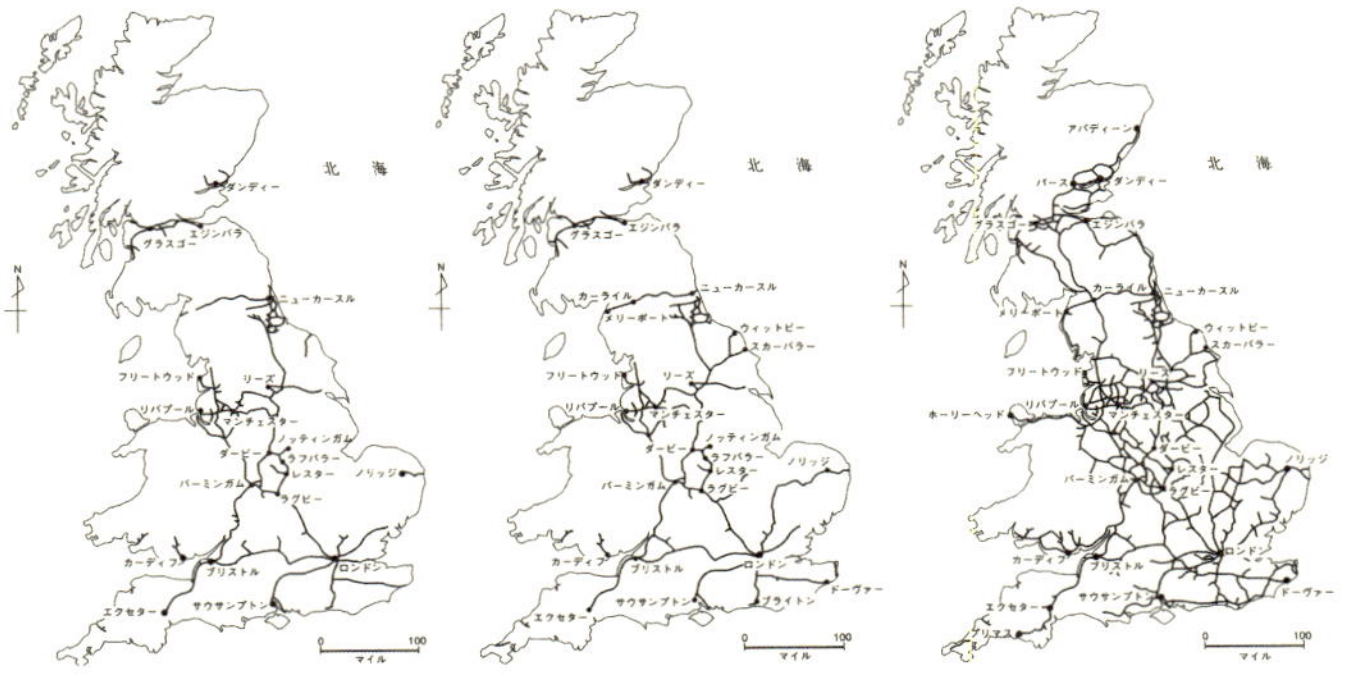

図２　イギリスの鉄道網（1840，1845，1852年）

果、新興ブルジョワ階層を代表する自由党が保守党に大勝した後は、鉄道は成長産業とみなされ、鉄道株の売れ行きも上々となり、一八三六年以降第一次鉄道建設ブームが起こった。湖水地方の景観を守るため、この地域への鉄道乗り入れに反対のキャンペーンを張ったロマン派の詩人ウィリアム・ワーズワスでさえ、（ほかの鉄道会社のものだろうが）鉄道株をもっていたといわれるほど、当時の人々にとっては資産運用のための有望株であったようである。このような建設ブームのかげで、保守派からは「鉄道は民主主義を運ぶ危険な乗り物だ」という非難の声が上がっていた。乗る車輌の等級こそ違え、同じレール上を機関車が引いて走る列車はあらゆる階層の人々を同時かつ平等に目的地に運ぶ乗り物だったからである。

鉄道が便利で安全な乗り物として認められたのは、一八四一年七月五日にトマス・クックが企画した、禁酒大会に労働者を参加させる団体割引料金旅行と翌年の六月一三日にヴィクトリア女王夫妻がウィンザーから特別列車でロンドンのパディントン駅まで戻ったことによってであろう。あらゆる階層の者が列車を利用することになり、馬車と運河の時代は終わりを迎えたのである。

鉄道の社会学

鉄道網の拡大と利用者層の多様化は、イギリス社会にさまざまな影響をもたらすことになった。鉄道の乗り入れによって、一八世紀から上流階級の保養地だったスカーバラ、バース、チェルトナムなどの鉱泉地に新興ブルジョワ階層が押し寄せ、ペンションやレストランが建設され商業化されていった。その結果、商業化と低俗化を嫌った上流階級は、海辺の空気や海水が健康によいという説に従ってウェイマス、ブライトン、ライム・リージスなどにリゾート地を移したが、これらの地も同じ運命をたどるのは時間の問題であった。

また、出版への影響も見逃すことができないだろう。W・H・スミス（W. H. Smith, 1825-91）という書店経営者がロンドンのユーストン駅で貸本業を始め、客から好評を得たため全国の主要な駅に手を広げ、十数年後には書籍販売と貸本業をほぼ独占するにいたった。彼は貸本業のデポジット制を導入するとともに、旅行者が携帯しやすいように三巻からなる小型の鉄道文庫を刊行し、みずからも出版業に乗り出した。さらに、人気のある本は「黄表紙本」として貸し出したが、これは、紙表紙で装丁され、現在のペーパーバック（文庫本）の始まりとなり、内容も深刻で重いものから、旅の時間つぶしにふさわしいセンセーショナルなもの、謎解きのような軽いものに変わっていった。現在、イギリスの鉄道の主要駅に出店しているW・H・スミスの書店の始まりは、鉄道の黎明期にまでさかのぼるのである。

しかし最大の影響力をもったのは、全国標準時の制定であろう。列車事故の防止が目的だったが、時間の正確さとは産業社会の要請にほかならないため、時間が中央の権力によって一手に支配され、個々の人間は時間によって拘束・支配されることになった。一八九四年のグリニッジ天文台爆破事件は、時間が人間の手から奪われ支配されたこと——近代管理システムの確立——に対する攻撃であった。列車は、民主主義とともに近代管理・支配システムをも運んできたのである。（木下　卓）

図１　ローン・テニスを楽しむ人々（1900年頃）

44

スポーツ——近代スポーツの歴史と基盤

近代スポーツの誕生

イギリスが起源や本場とされるスポーツは、サッカー（イギリスではフットボールと呼ばれる）、ラグビー、ゴルフ、テニスなど多くのものを挙げることができる。ただし、起源と言っても、あるスポーツがイギリスでもっとも古くから行われていた記録が存在するということではなく、そのスポーツの近代的な形態が一九世紀後半のイギリスで確立したという場合が多い。

サッカーの場合、足でボールを蹴る遊びが行われた記録は古代のエジプト、ギリシア、中国などにも存在する。イギリスで中世から行われていた伝統的なフットボールは、四旬節《レント》前の祝賀の日である告解の火曜日に近隣の村や町の間で戦われる年中行事で、ボールを互いの地域の決められた地点に運ぶこと以外のルールがない荒っぽいものだった。一八世紀後半以降、パブリック・スクールで人格形成に役立つものとして奨励されるようになり、フットボールは次第に〈競技〉へと変質していった。ルールが厳密化され、全国的なルールの統一をはかるために統括組織が発足した。フットボールは手の使用を認めるか否かでサッカーとラグビーに分化し、一八六三年にフットボール協会、一八七一年にラグビー・フットボール協会が設立され、現在に直接つながる競技の形態が確立された。

一方、テニスの前身とされるジュ・ド・ポームは屋内で行われる上流階級のス

図2　屋上でサッカーをする生徒（1900年頃）

ポーツだったが、一八七三年にウィングフィールド少佐（Major Wingfield, 1833-1912）が屋外の芝生のコートで行うテニスを考案したことにより、中産階級に人気のスポーツとして広まった。ルールが統一されたのは、一八七七年、全英ローン・テニス・アンド・クロッケー・クラブがウィンブルドンで選手権大会を開催したことが契機だった。

これらとは異なり、基本的な競技内容があまり変化せず、ルールも早くから制定されていたスポーツもある。ゴルフの場合、一七四四年にはエディンバラのクラブが一三カ条のルールを定めていたし、クリケットの場合は、一七二八年に「合意条項」が存在し、一七四四年に「クリケット競技規則」でさらに体系化された。

近代スポーツの社会的基盤

一九世紀後半、イギリスで近代スポーツが急速に発達したことについては、さまざまな要因が指摘されてきた。底流となる社会的要因としては、イギリス全体の生活水準の向上や土曜日の半日休暇の導入により、スポーツ熱が貴族から中産階級へ、さらには労働者へと裾野を広げていったことがある。

スポーツ特有の要因としては、スポーツが主導的役割を果たした中産階級の価値観に合致するものに変質していったことがあげられる。スポーツがパブリック・スクールに導入された背景には、スポーツが健康や男らしさを増進するだけでなく、規律やフェアプレー精神を植え付けることに資するという筋肉的キリスト教(muscular Christianity)があったとされる。

図3　公園でアーチェリーをする女性（1900年頃）

図4　クラブ専用クリケット場（1940年）

また、スポーツが社会に広く浸透するためには、多くの人々がスポーツを楽しめる環境が必要だが、イギリスではそうした環境づくりも早くからさまざまな形で行われていた。

まず、公園にスポーツ施設が併設されたことがあげられる。一九世紀中頃から都市部に緑地を確保するため行政機関によって整備された公園のほとんどは、総合公園というべきもので、野外音楽堂のほかにスポーツ施設が園内に設けられたものが多い。

クラブの存在もスポーツの普及に貢献した。スポーツクラブはたんなる親睦団体ではなく、入会金と会費という形で資金を出し合い、専用グランドを取得し、維持管理するためのシステムでもあった。クラブの会員の内訳もさまざまで、近隣住民、学校の卒業生、同じ企業に勤める者が組織したものなどがある。

フットボールのプロ・リーグのように、商業化を積極的に進めることで人気スポーツとなったものもある。また、かつてロンドン市競技場と呼ばれたハーン・ヒル・スタジアムのように、著名な自転車選手が自ら有限会社として設立し、ラグビー、陸上競技、自転車競技が行える施設を運営したような例もある。

スポーツの広がり

こうした社会基盤のもと、イギリスでは早くから多種多様なスポーツが楽しまれてきた。そのスポーツの広がりは、下記のように、ベデカーの一九〇二年版『ロンドン案内』に取り上げられる「レース、スポーツ、ゲーム」にもうかがわれる。

図５　公園を走るサイクリスト（1900年頃）

図６　サッカー場を埋めつくす観客（1923年）

競馬、狩猟、ポロ、釣り、クリケット、ゴルフ、フットボール（サッカーとラグビーを含む）、陸上競技、ボクシング、ローン・テニス、ラケットボール、コート・テニス（ジュ・ド・ポームのこと）、卓球、サイクリング、ホッケー、野球、ラクロス、アーチェリー、クロッケー、水上スポーツ（ボートとヨット）、水泳、スケート

このうち、「最近、発明された娯楽」という説明がある卓球は、実際、一八八〇年代にイギリスで誕生したものである。野球のようにイギリスに定着しなかったものもあるが、新たなスポーツが導入される一方で、伝統的なスポーツが根強い人気を保っているのがイギリスのスポーツの特徴の一つである。

そうした中には、年中行事として親しまれている競技会がある。エプソム競馬場のダービー、オックスフォード大学とケンブリッジ大学のボートの対抗戦、ウィンブルドンのテニス選手権などは、いずれもロンドン郊外の風物詩となっている。

その一方で、階層による好みの違いも見逃せない。テニスが中産階級に人気となったのには、自宅に芝コートを持つことがステイタス・シンボルとなったこともある。サッカーが早くから商業化して労働者階級を中心としながら幅広い階層に受け入れられたのに対して、アマチュア主義を重視するラグビーやクリケットはパブリック・スクールや大学とのつながりが強い。

また、一九世紀後半以降、裕福な階層の女性がテニス、アーチェリー、サイクリングなどのスポーツを楽しむようになったが、普及の歩みは遅かった。（青木　剛）

45

パブ——歴史と文化に酔うところ

図1　田舎にも良いパブが多い

パブのある暮らし

城壁の街ヨーク一帯には、かつて一年三六五日毎日飲みに出ても、毎回違うパブに行けるだけの数のパブがあったという。今はそれほどでもなく、ましてや日本の居酒屋の数に比べるべくもないが、それぞれが一軒の建物を持つ酒場としては結構な数で、それが多かれ少なかれ各地にもあったのだから、イギリス人の生活とパブとの関係は、わが国同様、かなり緊密だったと想像される。

「パブ」という言葉は、一八六五年に使われるようになったのだが、もともとの言葉は二語で、「パブリック・ハウス」として一六六九年ごろに使われ出したらしい。この間、およそ二〇〇年かかっている。もっと昔には、「エールハウス」でエールができると合図の棒が外に出されて客を呼んだ。[1] さらに「イン」とか「ホステルリ」と呼ばれていた宿屋が旅の客人に食事を出し、ビールやワインなどの酒類を出していたのだが、それらがアルコールを片手に誰もが世間話を初め、さまざまな情報伝達を交わせる公の場所、すなわち「パブリック・ハウス」と呼ばれるようになったのは、一六五〇年頃からの「コーヒー・ハウス」の出現によって刺激されたためと思われる。さらに年を経て、共同体の社交的な集会の場として、人々の暮らしに欠かせない拠点となり、「パブ」という愛称が定着したのである。

以前は、パブの入口は階級の違いによって二つに分かれており、一つは「サルー

図２　パブに人生あり

(1)　昔のビール造りは女性の仕事だった。

ン・バー」とか「ラウンジ・バー」と呼ばれた。暮らし向きの良い、階級の上位に属する客向けのもので、もう一方は「パブリック・バー」という、それ以外の一般的な庶民が気軽にダーツなどで遊べる場所になっていた。今でもその名残を偲ばせる入口を持つ古いパブも見かけるが、たいていは中で一緒になるか、あるいはほとんど同じような人々で溢れている。どちらでも好きな方から入ればよい。

さて、パブに入ると、パブリカンと呼ばれる店の店主かアルバイトの人が迎えてくれるから、飲みたいビールの銘柄を言って注文する。分からなければ、目の前にあるいくつかのビールの名前の中から気に入ったものを言えば良い。また運のよいときには、旨いエールにカムラ（ＣＡＭＲＡ）という本物のエールを推奨している団体の認定した「カスク・マーク」が付いているから、それを目印にして注文すると間違いない。ハンプルという減圧式のビター汲み上げポンプの長い柄を握って、大事な泡とともに褐色のビターをパイント・グラス（五六八ミリリットル）に注いでくれる。これが出てくるまでの待ち遠しさもビールを旨くしてくれるのである。

歴史の中のパブの話

長い間イギリス人の暮らしと密接に関わってきたパブに興味深い話のないわけがない。一七世紀の王政復古の時、チャールズ二世は、チャールズ一世の首をはねた共和国の護国卿オリヴァー・クロムウェルの墓を暴いて亡骸を掘り出し、見せしめのために縛り首にしたというエピソードがある。それだけでもすごい話だが、そのとき、死骸を絞首台に吊す前日に運び入れた場所が「レッド・ライアン」というパ

図３　「ジン横町」安いジンに溺れてこの悲惨！

ブだったというのだから、気色悪い。ところが、さらにその絞首刑のときに用いられた縛り首のロープを短く切って売り出すや、これが大ヒットしたともいう。

それはさておき、絵画に目を移すと、ホガース（William Hogarth, 1697-1764）の二枚の版画は見逃せない。ジンは、名誉革命でオランダから王様を迎えた折に、一緒に入ってきたもので、すぐに安くて強い酒としてどんどん飲まれ、日曜の朝でも、開店前のパブの前にはジンを求める人々の列ができたほどで、国中がアル中状態になった。その頃の悲惨な状況を描いたのが「ジン横町」で、逆にビールの方は、食事代わりになる栄養のある健全な飲み物として「ビール街」では擁護されている。

図４　「ビール街」ビールなら質屋が傾く健全さ！

パブと文学者など

一三九三年、リチャード二世がインなどの宿屋に屋号の看板を掛けるように命じたので、以後、いろいろなパブの看板ができて今に至っているが、看板と屋号はともども文学に取り入れられている。有名なところでは、ジェフリー・チョーサーの傑作『カンタベリ物語』（一三八四－一四〇〇年）の中で、聖地巡礼の旅に出た様々な階層の人々が集ったのが「陣羽織亭」と呼ばれるインだった。また、かつてはパブの中庭などで芝居や熊いじめなどの見世物が催されたから、シェイクスピアの戯曲でも扱われている。『ヘンリー四世』などに出てくる鯨飲馬食の巨漢フォルスタッフは、虚構の世界の住人だが、ロンドンのイーストチープに実在するタヴァーン「ボアズ・ヘッド」で大いにわれわれを笑わせてくれる。さらに、その頃サー・ウォルター・ローリーやベン・ジョンソン（Ben Jonson, 1572/3-1637）を初め、多く

図５　見世物「熊いじめ」を描いたインの看板

の文人たちが集まったタヴァーンとして、「マーメイド」がある。またケンブリッジには、ＤＮＡの構造を発見したことが、ここで初めて発表されたと言われている「イーグル」という有名なパブもある。

ある劇作家はパブの看板尽くしの唄をうたい、ある詩人は自らパブを開いたりもした。一八世紀の談話の名手サミュエル・ジョンソンの出入りした「イー・オールド・チェシャー・チーズ」という現存する妙な名前のパブは、その後もアルフレッド・テニスンから、ウィリアム・サッカリー、ディケンズ、コナン・ドイルに至るまで足を運び、はてはアメリカからマーク・トウェイン（Mark Twain, 1835-1910）なども訪れている。また映画でも、ついつい見逃し気味になるが、たとえばサッカリー原作の『バリー・リンドン』やディケンズ原作『オリヴァー・トゥイスト』などでは、パブが実にうまく使われている。

さて、現代でもまだ、夕暮れ前の長閑なひとときに町はずれのパブへ入ると、閑散とした中に老夫婦が頭を寄せ合いながらひっそりとクロスワード・パズルをやっていたり、大きな本棚のあるパブでビール片手に勉強している女学生や教師らしき知識人を見掛けたりすることも珍しくない。あるいは、店に入ってくるなり一言も語ることなく、何やら物思いに浸るかのように背筋を伸ばし、ゆっくりと一杯のビターを飲み干すと、もの静かに出ていく紳士の美しい姿を見ては、いたく感心してしまうこともある。実にいろいろな人たちがいろいろな使い方をして、地元の、行きつけのパブを愛しているのである。

（太田雅孝）

46 劇場——イギリスの祝祭空間

ウェスト・エンドの栄光

かつて貴族や官僚など上流人士が住んだロンドンのチャリング・クロス以西の地区がウェスト・エンドと呼ばれたのは、商業的中心地のシティ地区から見て「西のはずれ」に位置していたゆえである。田舎にカントリー・ハウスを所有する富裕階級がロンドンで過ごすための邸宅があった地域である。現在のウェスト・エンドはメイフェア、ウェストミンスター、ベルグレイヴィアなど広範な地域を指す呼び名として、ショッピングや社交や会食を楽しむ繁華街の代名詞となっている。

ウェスト・エンドはまた一面でロンドンの商業演劇街のことを指す別称でもある。その中心を求めるなら、ピカデリー・サーカスから東北に伸びる道路シャフツベリー・アヴェニュー付近になろうか。ピカデリー・サーカス、レスター・スクエア、コヴェント・ガーデンの周辺に、ものの数十軒にもおよぶ劇場や映画館が密集し、ミュージカルがお目当ての海外からの観光客を当て込んだ一大映画演劇街を形成して、夜ごと喝采を集めている。

一九世紀に建築された豪華な劇場建物が多く現存し、軒を連ねているのはまさに見ものである。そのような古い劇場は観客席の中に柱があって視界が妨げられるなど思わぬ不便はあるものの、演目や役者ではなく、ぜひこの劇場で芝居を見てみたい、と思わせるだけの風格をどれも漂わせている。(1)

(1) イギリス各地にシアター・ロイヤルという名前を冠した劇場がある。本来は国王から勅許を得て正劇の上演を許されたという意味である。19世紀以降イギリス中にシアター・ロイヤルの名称を持つ劇場が建設され，単に劇場という意味で用いられるようになった。

図1　再建されたグローブ座の極彩色の舞台

日曜日は大体休演日であるが、週日のソワレ（夜の公演）はほぼ八時から上演が始まるため、夕飯を済ませてからゆっくりと芝居を楽しむことができる。芝居を見に行くことを通じて人生を充実させたいと願っているイギリス人にとって、観劇は日常生活の大事な一部となっているように思われる。

一方、ウェスト・エンドから程遠くないところ、ウォータールー橋を渡ったテムズ川南岸には芸術複合施設サウスバンク・センターがあり、国庫から多大な補助金を受けるナショナル・シアターが建っている。さらに南岸をシティ方向に東進すると、サザーク地区にいたるが、ここにはシェイクスピア時代の円形劇場グローブ座が一九九七年に再建された。藁葺き屋根に立ち見の平土間席といった劇場構造を忠実に再現したばかりか、木材や工法にいたるまで当時の施行法にこだわった。

ウェスト・エンドに対抗する概念として、フリンジと呼ばれる小劇場群が点在している。こちらではより実験的・前衛的な傾向の作品が意欲的に上演されている。興行面での成功が見込まれるとウェスト・エンドへの移転公演がかなう。その意味でこれらの小劇場群は若手演劇人の登竜門的役割をはたしているとも言える。

ショー・マスト・ゴー・オン

ロングランとはひとつの演目で客の入る限り公演を続ける興行制度である。反対の演劇用語はレパートリー・システムで、例えば一年間に上演する芝居を何作と決めて、日替わりなどで定期的に取り上げていく、といった制度である。もともと演劇史的にはレパートリー制が本来のあり方で、現在はナショナル・シアター、ロイ

(2) ロイド=ウェバーがミュージカル化し，映画化もされた『オペラ座の怪人』（1986年）は，フランスの小説家ルルーの怪奇小説が原作。舞台こそパリのオペラ座だが，劇場の地下に棲息しているという設定の怪人は，人を引きつけてやまない演劇の魔力の象徴として登場する。

図２　名旋律を紡ぐ天才ロイド=ウェバー

ヤル・シェイクスピア・カンパニー、グローブ座などがこの制度で運営されている。逆にウェスト・エンドの劇場では商業的なヒットに恵まれれば、上演を永く継続するといった傾向にある。これまでの歴史的なロングランには、『マイ・フェア・レディ』（一九五八年）、『キャッツ』（一九八一年）、『レ・ミゼラブル』（一九八五年）など、周知の名作がならぶ。

ウェスト・エンドの昨今の演目を見ると、なんといっても目立つのはミュージカルである。ロンドンがブロードウェイと並び称されるミュージカルの産地となりえたのには、作曲家アンドルー・ロイド=ウェバー（Andrew Lloyd-Webber, 1948-）の力が大きい。作詞家のティム・ライス（Tim Rice, 1944-　）と組んだ『ジーザス・クライスト・スーパースター』（一九七〇年）によって一躍演劇界の寵児となり、次々とヒット作を飛ばした。[2] 今日のウェスト・エンドを訪れると、ディズニーやユニヴァーサルといったアメリカ資本のミュージカルも見られる。ストレート・プレイ（いわゆるせりふ劇）もさかんに上演されているので、ロンドンは名実ともにニューヨークや東京と並ぶ世界最高の演劇都市と言えるだろう。

スティーヴン・フリアーズ監督の映画『ヘンダーソン夫人の贈り物』（二〇〇五年）は、第二次世界大戦時のロンドン空襲の最中も'We never closed' (*sic*) をスローガンに公演を続けたウィンドミル劇場の実話にもとづく物語である。劇場を買収した富豪の未亡人ローラ・ヘンダーソンは、辣腕の劇場支配人ヴァン・ダムと組んで、ヌード・モデルが登場するレビューを売り物にして成功をおさめる。周囲と衝突を繰り返しながらも奮闘する彼女の姿をユーモラスに描いた傑作である。廃墟同然の劇場を再建するという内容には、人の集う場としての劇場に、共同体における人間の信頼の絆を復活させたいという願いがこめられているように思う。

図３ 「17回も見ているのに犯人がわからない」

劇場を舞台にしたミステリー

イギリス人が人生の一こまを豊かにする娯楽として愛好するのが演劇とミステリー。このふたつには不思議と類縁性があるようだ。劇的な直観に優れた国民性がふたつながらに生み出した、イギリスの特産品であるように思われる。

アガサ・クリスティには、演劇界を背景とした作品もあるが、ここでは『ねずみとり』に触れておきたい。一九五二年に初演されて以来今日までとぎれることなく上演を重ねて、演劇史上世界最長のロングラン記録を保持している名物舞台である。意外な犯人探しを主筋とするスリラーで、マザーグースの童謡が巧妙に使用されて、劇の不気味な雰囲気を高めている。カーテンコールでは役者の一人が観客に向かって、「今日から観客の皆さんは私たちの共犯者です。どうか犯人の名前をお友達に明かさないでください」と頼むのが通例となっている。

実際に劇場を舞台にした推理小説では、アレックス・アトキンソン（Alex Atkinson, 1916-62）の『チャーリー退場』（一九五五年）が、芝居の現場を知っていないと書けないような記述にあふれ、それがただの謎解きに終わらない深みを作品に与えている。J・D・カー（John Dickson Carr, 1906-77）の『仮面劇場の殺人』（一九六六年）では劇場内で起こった不可能犯罪が描かれる。イギリス趣味のアメリカ人作家が書いた劇場ミステリーという意味で落とせない佳作ではある。（佐久間康夫）

47

俳優——綺羅星のごとくに

名優列伝

イギリスの演劇の歴史は、一面から見れば舞台の上で名演技を披露してきた無数の名優が築き上げた歴史に他ならない。

もっともプロフェッショナルの俳優が誕生したのはシェイクスピア時代以降のことである。[1] 一八世紀には名優デイヴィッド・ギャリックが一時代を画している。サミュエル・ジョンソンの弟子で、一緒にロンドンに上京した人物である。先輩俳優に比べると、より自然な演技に実力を発揮し、小柄だったことも手伝って、シェイクスピアの『から騒ぎ』のベネディック役のような喜劇的人物を演じていっそう人気を博した。ドゥルリー・レイン劇場の支配人に就任すると、照明を観客席から見えないように配置し、また舞台の上に観客を乗せないようにするといった当時としては斬新な劇場改革をおこなった。

一九世紀への変わり目には、演劇の歴史に不滅の光芒を放つエドマンド・キーン（Edmund Kean, 1787-1833）が登場。シャイロックやイアーゴーを当たり役としたが、数々のスキャンダルを引き起こし、破滅型の天才を絵に描いたような波乱に満ちた人生を送った。一九世紀の前半はウィリアム・マクリーディ（William Macready, 1793-1873）がシェイクスピアの改作上演を否定して、原典どおりの上演を試みた。役者後半になるとヘンリー・アーヴィング（Henry Irving, 1838-1905）が活躍した。役者

(1) シェイクスピアの名作のことごとくで主役を張ったとされるのはリチャード・バーベッジ。そのライバルと目されたのがエドワード・アレンだった。王政復古期に登場した最初期の女優の１人に国王チャールズ２世の愛人でもあったネル・グウィンがいる。

図１　ロンドンの中心に建つアーヴィング像

図２　『ハムレット』より劇中劇の場

⑵　アーヴィングの相手役を演じたのが名女優エレン・テリー。その姉の孫に当たるジョン・ギールグッドは，ロレンス・オリヴィエ，ラルフ・リチャードソンとならんで，20世紀を代表する名優に数えられている。

として初めてナイトの称号を受けたアーヴィング。トラファルガー・スクエア脇に建てられた彼の立像は、その風格をもって今もあたりを睥睨している。(2)

文学作品に描かれた俳優の肖像

古典的名作に例を求めるなら、シェイクスピアの『ハムレット』（一六〇〇―〇一年）に登場して劇中劇を披露する旅役者たちにまずは指を折りたい。彼らが王子ハムレットから過剰なアドリブ演技を慎むよう忠告されるくだりには、エリザベス時代の自己主張の強い役者が台本を軽視して、作者を苛立たせていたことがうかがわれる。また、ディケンズの『ニコラス・ニクルビー』（一八三八―三九年）では、横暴な教育がまかり通る私立学校を逃げ出した主人公が旅芝居の一座に参加する。一九世紀の巡業劇団の様子が生き生きと描写されている。

アガサ・クリスティは『三幕の悲劇』（一九三五年）や『鏡は横にひび割れて』（一九六二年）において、俳優を主人公にしてサスペンスを高めている。前者では俳優であれば生業の習いとするある種の行動が、謎解きの重要な鍵となっている。後者は、往年の大女優が催したパーティの席上で彼女を狙ったと思しき毒入りグラスを誤ってパーティの他の参加者が飲んで死亡するという事件が起きる。いずれも常に場の中心となるような役者の存在感なくして、作品の妙味はこううまく出なかっただろう。

第一次世界大戦後の演劇界で俳優・劇作家・演出家・作曲家として八面六臂の活躍をしたカワード（Noël Coward, 1899-1973）の喜劇『花粉熱』（一九二五年）は、主

図3　『キャッツ』よりグロールタイガー(左)

人公の女優の見事に芝居がかった生き方のせいで周囲の人々が振り回される様がゆかいな笑劇である。ハーウッド（Ronald Harwood, 1934-）の『ドレッサー』（一九八〇年）は、戦時下に正気を失いつつあるシェイクスピア劇の名優と彼を必死に支える付き人の哀切な交感の物語。ミュージカルの『キャッツ』（一九八一年）には、役者猫アスパラガスが若き日に演じたグロールタイガー役を劇中劇風に再現する一場がある。昔日の演劇界の充実ぶりを懐かしむ風情がいい。トム・ストッパード（Tom Stoppard, 1937-）の『ほんもの』（一九八二年）では、劇作家と女優が演劇と人生を重ね合わせた議論を展開する。出世作『ローゼンクランツとギルデンスターンは死んだ』（一九六七年）では『ハムレット』に登場する脇役二人を主人公に設定して不条理を描いた劇作家。バックステージ（舞台裏）ものが得意な作者の才気がここでも遺憾なく発揮されている。ワーテンベイカー（Timberlake Wertenbaker, 1951-）の『我らが祖国のために』（一九八八年）は一八世紀のオーストラリアを舞台に、囚人たちが芝居の上演を通じて人間性を回復していく過程を描いた感動的な群像劇である。

スクリーンに描かれる俳優の肖像

アラン・エイクボーン（Alan Ayckbourn, 1939-）の劇を映画化したマイケル・ウィナー監督作品『不満の大合唱』（一九八九年）では、『乞食オペラ』を上演しようと悪戦苦闘する素人劇団の人間模様が滑稽に描かれる。いかにもアマチュア劇団らしく、稽古半ばで次々と配役が変わっていってしまうドタバタがおかしい。ジョ

(3) 今日のイギリスには映画界で活躍して知名度の高い俳優も多い。しかし一口にイギリスと言っても，ショーン・コネリーはスコットランド，リーアム・ニーソンはアイルランド，アンソニー・ホプキンズはウェールズの出身で，生まれ育った環境に異なる文化的背景がある点を見逃したくない。

ン・マッデン監督の『恋におちたシェイクスピア』（一九九八年）は、シェイクスピアの私生活を題材に取り上げ、エリザベス時代の演劇人の生態をまざまざと描いて名画と呼ぶにふさわしい。ロレンス・ダンモア監督作品『リバティーン』（二〇〇四年）は王政復古期の詩人ロチェスター伯を主人公に描いた映画。主人公がオフィーリア役の女優にリアルな演技を求めてダメ出しをする場面が印象深い。映画なりの脚色があるのは当然だが、女優が娼婦同然の扱いを受けていた様子などが垣間見られる。サマセット・モームの小説を映画化したイシュトヴァン・サボー監督の『華麗なる恋の舞台で』（二〇〇四年）は大女優の不倫の恋を描く。溺愛する若い男性に新しい恋人ができると、彼女は年若い恋敵を相手に大芝居を打つ。真情の発露なのか、演技なのか、私生活においてすら「女優」を演じきってしまう主人公の華やかな虚飾が見もの。『コーラスライン』（一九八五年）は過酷なオーディションに挑む若者たちの生態を描いたブロードウェイ・ミュージカルの映画化だが、監督がイギリス人のリチャード・アッテンボロー。ロングランの舞台『ねずみとり』（一九五二年）で初代の探偵役を演じた名優でもある。近年も映画出演をこなし、老いてなお意気軒昂である。

ジョージ・キューカー監督の名画『マイ・フェア・レディ』（一九六四年）の冒頭、花売り娘イライザの下町言葉をメモに取るヒギンズ教授が身を隠すのは聖ポール教会の柱廊の陰である。シティにある同名の大聖堂とは異なるコヴェント・ガーデンの教会の方である。場所柄から多くの演劇関係者が埋葬されている。礼拝堂内の壁面に俳優や劇作家の碑が飾られていて、これは一見の価値がある。(3)

（佐久間康夫）

第7章

都市と田園それぞれのアトラクション

カントリー・ハウスを見下ろす丘でピクニックを楽しむ人々（造園家ハンフリー・レプトンによる水彩画）

魅惑する都ロンドン

今を去る二〇〇〇年もの昔、ブリテン島を征服したローマ人からロンドニウムと名付けられて以来、ロンドンは常にイギリスの中心の町であり続けた。ディック・ウィッティングトンという田舎から無一文で上京し、三度ロンドンの市長になった伝説上の人物の話がよく知られているように、成功を夢見てロンドンに集まった人は数限りない。

もっとも、一八世紀までのロンドンは都市機能もまだまだ不十分で、屋内にトイレがない家が当たり前、という状態であった。夜の間に使用した室内便器の中身を、朝、窓から外にこぼして捨てるという不衛生なこともまかり通っていた。だが、一九世紀になって、都市のインフラも次第に整っていき、世界最大の都と呼ばれるようになる。ロンドンは世界で初めて万博を開催し、一八六三年には世界初の地下鉄も開通したのだった。

二〇世紀の後半には一時、イギリス病などと呼ばれ、経済が停滞した時期もあったが、再び世界の金融、商業、文化の中枢を担っている。再開発されたロンドン東部のドックランド地域にはしゃれた超高層ビルも出現している。観光においても、世界でもっとも人気のある都市として、パリをはるかにしのぐ観光客を集めている。現在の人口は約八〇〇万人（グレイター・ロンドン地域）であり、周辺の郊外都市も含めると一三〇〇万人に上り、ＥＵ諸国最大の都市になっている。

歴史の展示場

ロンドンのあちこちに歴史的建造物があるが、もっとも長い歴史を誇るのがロンドン塔であろう。中世以来、要塞、牢獄、処刑場としても使われ、ロンドンの入り口に陣取って歴史を見てきた建物である。同様にテムズ川もロンドンと共に歩んできた。水量豊かなこの川のおかげで、ロンドンは内陸にありながら、かつては世界一の貿易港として栄えたのだ。ビッグ・ベンの時計台や国会議事堂はテムズ川沿いにあるからこそ、その美しさが増すように思われる。

膨大な展示品を有する大英博物館《ブリティッシュ・ミュージアム》は、歴史の記録という意味でも、桁外れなスケールをもつ場所である。日本語で〈大英〉という訳語で呼ばれているように、帝国としてのイギリスが浮かび上がってくる博物館である。歴史上の人物を蠟人形にしたマダム・タッソー蠟人形館もユニークである。一九世紀に造られたこの蠟人形館は、現在でも入館するのに長い行列を覚悟しなければならない。伝記文学が盛んで、実在の人びとに大きな関心がある国民性のせいか、歴史がヴィジュアルに見られるということのためなのか、この蠟人形館の人気はイギリス人の国民性も垣間見せてくれる。

田園へのあこがれ

ロンドンが魅惑に満ちた都市である一方、多くのイギリス人にとって、田園《カントリー》・田舎に暮らすことは理想の生活の完成形という思いがある。美しい自然の中にあって、ガーデニングを楽しみながら、ゆったりと暮らしたいと願うのである。

イギリスの田園・田舎はどこに行っても、その美しさと豊かさに感銘を受けずにはいられない。野山を歩いて自然に触れようとしている人も多く、そのために、フットパス（歩くための小路）が野山にめぐらされている。

ところでイギリスでもっとも人気のある景勝地はどこであろうか。それはピーク地方（the Peak District）である。この名前を聞くとイギリス人は目を輝かせる。統計によれば、世界で二番目に訪れる人が多い国立公園だという（一番人気は富士山だそうだ）。もっとも〈ピーク〉といっても、最高峰が七〇〇メートルもないので、丘陵地帯と呼ぶ方がふさわしいかもしれないが、緑に萌える山が連なり、水にめぐまれ、自然の恵みにあふれたこの地方は、イギリス人の田園《カントリー》・田舎愛好の形をよく示している。

自然との接し方

イギリス人は自然を愛する民族だと言われている。イタリアと異なり貴族の本邸が都会にではなく、〈カントリー・ハウス〉として田舎にあるのも、広大な自然に寄せる思いがその根底にあるからであろう。もっとも一概に自然といっても、日本人的な自然観とは異なる部分があり、そのことは〈庭〉の歴史にも示されている。紀元前のギリシアの詩人たちが謳ったパストラル（牧歌、田園詩）というジャンルがイギリス詩の伝統として根付いたのもそのような自然観と無縁とは言えないと思われる。

そしてまた、自然を護ることにも高い関心を寄せている。フットパスの保存を目指したフットパス協会は一九世紀後半に発足している。自然破壊をくい止めるためにその土地を買い取ろうという発想のナショナル・トラストの運動は、一九世紀末にイギリスから起こった。現代では、ナショナル・トラストのような有志の団体だけでなく、政府も自然保護に力を入れている。この国の美しい自然は、自然を護る地道な努力の結果として存在しており、イギリスの田園・田舎は現代の人びとに計り知れない魅力を提供しているのである。

（窪田憲子）

48 ロンドン塔――権力の興亡の場

輝かしき歴史

この塔は、ロンドン市を防備し支配する要塞、会議を招集し条約を締結する王宮、もっとも危険な犯罪者を収容する国家の牢獄、現在、イングランド唯一の貨幣鋳造所、戦時に備えての武器庫、王家の装飾品や宝石の宝物庫、ウェストミンスターの法廷の記録一般の文書館である。（ジョン・ストウ『ロンドン概観』）

ロンドンの歴史を扱った書物として画期的な『ロンドン概観』（一五九八年）のなかでジョン・ストウ（John Stow, 1525-1605）はこうロンドン塔の機能を列挙する。いわく、ロンドン塔がジュリアス・シーザーによって建設されたというのは伝説にすぎない。一〇七八年頃、ウィリアム征服王により中核となるホワイト・タワーが建設され、その後、修復や拡張が重ねられた。かくてテムズ川に面し、ロンドン市の東南の角の軍事的拠点であるロンドン塔は、歴代の王の宮殿として発展する。

ホワイト・タワーはヨーロッパで現存する最古の宮殿とされ、一一世紀以降、この塔を含む要塞全体がロンドン城ならぬロンドン塔として知られるようになる。全体の建設がひととおり完成した時期については、一一世紀後半、一二世紀前半など諸説ある。その後ヘンリー二世、リチャード一世、ジョン王ら歴代の王は要塞を強化し拡大した。(1) 一三世紀半ば、ヘンリー三世の治世になるとホワイト・タワーの南

(1) 1215年，ジョン王にマグナ・カルタ調印を迫る諸侯たちはロンドン塔を占拠する。ジョンがなおもマグナ・カルタを無視すると，翌年，諸侯たちに王位を約束されたフランス皇太子ルイが渡英し，1年間，ここで宮廷を営んでいる。

図1　1641年頃の敷地内での処刑のようす

(2) 46人の従者が霊的な清浄を象徴する沐浴の儀式を勤めたのちにヘンリーにより勲位を授けられ，礼拝堂で祈りを捧げたという。

の王宮が大幅に拡張され、台所や大広間および堀の建設が進められた。つづくエドワード一世の治世にロンドン塔はさらに拡大され、ヨーロッパ随一の規模を誇るようになる。外壁が作られ、バイワード・タワー、ミドル・タワー、ライオン・タワーと「水門」が築かれる。一三〇〇年、貨幣鋳造所が創設され、一三〇三年、宝物庫の設置が決定される。

長らく王宮であったため、リチャード二世のようにロンドン塔からウェストミンスターでの戴冠式に向かった国王も多い。もっともリチャードは、一三九九年、いとこヘンリー・ボリングブルックに譲位し、囚人としてここに舞いもどる。ヘンリー四世も戴冠式の前夜をロンドン塔ですごし、このとき、バス勲位を創設したとされる。(2) ヘンリー五世もロンドン塔から戴冠式に向かった。四月にもかかわらず雪嵐に見舞われ、これが「若き日の冬を脱した」証であるとささやかれた。

血塗られた過去

動乱の時代にロンドン塔は牢獄として国内外の多くの人びとを収容した。一一〇一年、はじめて投獄されたのは、聖職録を売買した罪に問われたラヌルフ・フランバード司教である。司教は窓からロープをつたって逃亡した。以来、投獄された罪人は多いが、逃げおおせたのはイエズス会士ジョン・ジェラードなど数例にすぎない。一三四七年、フランスとの百年戦争中、ロダンの彫刻で有名なカレーの市民がここに囚われた。前年、スコットランド王デイヴィッド二世も収容されたが、クレシーの戦の後、フランス人捕虜であふれかえったため、他所に移される。一三五六

図２　19世紀半ば，武器庫を案内する衛士

(3)　バラ戦争中，敗れたヘンリー６世は1471年，塔内のウェイクフィールド・タワーで暗殺されたといわれる。例年４月のヘンリーの命日に，彼が創設したイートン校およびケンブリッジ大学キングズ・コレッジの代表が，暗殺現場とおぼしき場所に花を手向ける。

年、黒太子に囚われたフランス王ジャン二世も宮廷人とともに収容された。ロラード派の弾圧が始まると、多くの信徒が投獄される。シェイクスピアのフォールスタッフのモデルとなったジョン・オールドカースルもそのひとりとされる(3)。

ここで落命した囚人のなかでもエドワード四世の弟クラレンス公ジョージは一風変わった最期を迎えた。一四七八年、兄打倒の罪で投獄された彼は、マデイラ酒の酒樽で溺死させられたといわれる。塔の歴史のもっとも暗い一コマは、エドワードの幼い息子エドワード五世とその弟ヨーク公リチャードをめぐる逸話だろう。叔父リチャード三世に捕らえられたふたりは、一四八三年の夏に塔内で気晴らしをする姿が見られたものの、その後、忽然と姿を消す。当初からふたりは叔父の命で殺害されたと噂された。一七世紀後半に二体の人骨が発見され、ウェストミンスター・アビーに手厚く埋葬される。遺体は一九三三年の科学的調査によりふたりのものと断定されたが、薄幸の王子たちの運命は画家や作家の想像力をかきたててきた。

宗教改革の時代には捕虜への虐待が日常茶飯事となる。最初の犠牲者は国王至上法に反対したトマス・モアとフィッシャー司教であり、ふたりとも投獄されたのち、一五三五年にタワー・ヒルの断頭台に送られた。皮肉なことに、その一年後、ヘンリー八世との結婚問題が宗教改革の発端となった二人目の妃アン・ブーリンが、さらに四二年に五人目の妃キャサリン・ハワードが拘束ののち、断頭台の露と消えた。ヘンリーの息子エドワード六世の死後、メアリ女王が即位すると、義理の妹エリザベスが謀反人としてここに囚われ、カトリックへの改宗を迫られるものの拒みとおす。エリザベスの治世になると、王位をねらうスコットランド女王メアリの支持者

図3　現在のロンドン塔

やイエズス会士が大勢投獄される。エリザベス女王にたいして謀反を企てた寵臣エセックス伯もここに囚われたのち、断頭台に送られた。

娯楽と憩いの場

ロンドン塔の敷地内に動物園があり、市民の憩いの場だったことはあまり知られていない。一二一〇年、ジョン王により創設されたのち、一二三五年に神聖ローマ皇帝からヘンリー三世に贈られた三匹のヒョウ、一二五二年にノルウェー王からのシロクマ、その三年後にフランス王からのゾウが動物園の仲間入りをしている。ジェイムズ一世はここでライオンやクマとマスティフ犬の闘いを見学したらしい。一六〇九年の動物園の目録によると、一一匹のライオン、二匹のヒョウ、三羽のワシ、二羽のフクロウ、二匹のヤマネコ、一匹のジャッカルが飼育されていた。ところが一八二二年になるとわずかにグリズリークマ一頭、ゾウ一頭、鳥一、二羽が残された。当時の動物園管理人の努力で動物は五九種にまで増やされたが、一八三五年以降、動物はロンドン動物園に移された。動物園の記憶はいまもここに飼われるカラスたちに留められている。カラスが去ったとき、塔が倒れ、ときの国王も王位を失うであろうと伝えられる。一九世紀半ば以降、ロンドン塔はもっぱら観光名所として知られ、いまも年間数百万の観光客が押し寄せる。戴冠用玉宝や甲冑はもちろん、イギリスの歴史の光と影を象徴する場所としての魅力は尽きない。通称「ビーフィーター」の衛士〈ヨーマン・ウォーダー〉は二一年以上の経歴のある下級准尉から選ばれ、常時三、四〇人が観光客を出迎える。

（安達まみ）

49

テムズ川——その歴史と現在

図１　19世紀初頭のドック地帯

水上交通路としてのテムズ川

テムズ川は、グロスターシャのテムズ・ヘッドを公式の源流とし、オックスフォード、レディング、ロンドンを経て北海に注ぐ、全長三四六キロのイングランド最長の川である。現在も取水、水上交通、レジャーなど、さまざまに利用されているが、その役割は歴史的に大きく変化した。

一般に、河川は、鉄道や自動車が出現する以前は、大小の船舶が物と人を安価に運ぶことができる手段として日常的に広く利用された。テムズ川も例外ではなく、馬草、穀物、石炭など、かさばる貨物を積んだ多くの平底船が行き来し、テムズ川と地方都市を結ぶため多くの運河が建設された。テムズ川に架かる橋が少なかったロンドンでは、渡し舟が欠かせない交通手段であった。

その中でも、ロンドン橋の下流に広がるロンドン港の繁栄は特筆に値する。河口からロンドン橋までは大型船が遡上することが可能だったため、「ドック地帯《ランド》」と呼ばれる地域は、大英帝国の首都に位置する国際貿易港として発達した。貨物の積み下ろしを行うドックや倉庫が次々に建設され、長い間、世界最大の貿易港としての座を保っていた（その座が失われたのは一九六〇年代になってからである）。しかし、テムズ川の輸送路としての役割は、陸上交通の発達によりほとんど失われ、ロンドン港は、最新の港湾施設を導入した新興の貿易港との競争に敗れた。現在、ドック

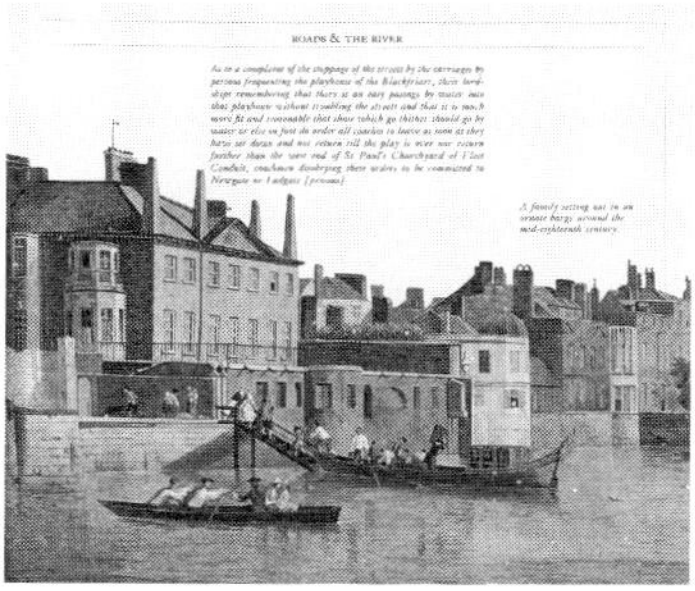

図２　家の船着場から乗船する家族（18世紀）

図３　川の汚染を揶揄する諷刺画「怪物のスープ」

地帯は港以外の機能での再開発が急速に進められている。

牧歌的なテムズ川

テムズ川が水上交通として利用されていた時代は、人々の生活がテムズ川と密接な関係にあった時代でもあった。

ロンドン上流のリッチモンド周辺には、テムズ川に面して建ち、船着き場を設けた邸宅が数多く存在した。現存するものとしてはマーブル・ヒル・ハウスやサイオン・ハウスなどの貴族の館があるが、詩人のアレグザンダー・ポウプもトゥイックナムに居を構えていた。この地域に邸宅が多かったのは、水上交通の便とともに、テムズ川の眺望を楽しめる立地があった。リッチモンド・ヒルからのテムズ川の眺めは、Ｊ・Ｍ・Ｗ・ターナーの「トムソンの風鳴琴」（一八〇九年）に見られるように、画家たちが好んで取り上げた題材だった。

公的な行事が、テムズ川を利用して行われることもあった。王室は大礼用の船を所有していたが、もっとも華やかだったのは、ロンドン市長がシティとウェストミンスターを船で往復した就任披露だった。一四二二年から一八五六年まで行われたこの水上のパレードは、初めは渡し舟を借りていたが、やがて市が自前で豪華な船を建造し、多数の船を引き連れる一大イベントとなり、ヴェネチアの画家カナレットの「市長就任日に北側から見たウェストミンスター橋」（一七四六年）で広く知られている。

図4　ロンドンを出発する外輪式の蒸気船

近代化とテムズ川

ロンドン市長のパレードがテムズ川から陸路に変更されたのは、川の汚染と蒸気船による混雑のためだった。テムズ川は飲料水用の取水が行われる一方で、家庭や工場などからの排水が垂れ流しにされる巨大な下水でもあった。ロンドンの人口増加とともにテムズ川の汚染は進み、サケやウナギなどの漁業に深刻な打撃を与え、浄水が満足に行われない飲料水が供給されていた地域ではコレラ流行の原因となった。一八五九年には、テムズ川沿いに建つ国会議事堂で、夏の暑さにより悪臭が耐え難いものとなったため審議が中断される「大悪臭」事件が起き、これをきっかけに議会に委員会が設置され、排水をテムズ川に流さなくするためのロンドンの下水システムが整備された。

蒸気船がテムズ川を走るようになったのは一八一五年頃で、貨物を運ぶ蒸気船がはしけにとってかわり、五〇年代までは定期船が重要な通勤の足として利用された。さらに、蒸気船はレジャー目的でも人気を博した。ロンドンと河口のリゾート地を結ぶ外輪船に休日を楽しむ行楽客が押し寄せ、やがて上流にも小型のスチーム・ランチが運航するようになり、テムズ川は蒸気船で溢れるようになった。チャールズ・ディケンズは、『ボズのスケッチ集』（一九三六年）の「蒸気船の日帰り旅行」で、約六〇人の参加者が蒸気船を借り切り、ダンスや食事を楽しむ「水上パーティー」を描いている。

図５　テムズ川上流を行くボート

図６　大学対抗レースを観戦する人々

テムズ川のレジャー

実用的な役割が衰退した現在のテムズ川は、多くの人々にとってレジャーを楽しむ空間となった。自然が豊かな上流では、釣りやバードウォッチングに加えて、運河を自らナローボートを操縦して楽しむ船旅のコースの一部となっている。狭い水路が通れるよう幅を狭くしたナローボートは平均三マイル（約五・六キロ）のゆっくりとした速度で進み、ベッドや調理器具が備え付けられ、周囲の風景とともにゆったりとした水上生活を楽しむ長期休暇に利用される。操船を知らない人々には宿泊設備付きの乗合いのボートがあり、日帰り客にはノスタルジーを掻き立てる蒸気船が人気だという。

ボート・レースとしては、オックスフォード大学とケンブリッジ大学の対抗戦が有名だが、すでに一七一五年に、はしけや渡し船の船頭を参加者とした賞金付きレースが行われた記録がある。二大学対抗のレースは、一八二九年に上流のヘンリーで行われたのが最初で、現在はパトニー橋とチズィック橋の間にコースを移し、毎年、約二五万人の見物人を集めている。

ロンドン周辺では、定期観光船が運航し、下流から順に言うと、ロンドンを洪水から守るテムズ・バリアー、グリニッジ、ドック地帯、ロンドン塔、国会議事堂、ハマースミスの吊橋などのヴィクトリア時代の美しい橋、キュー・ガーデン、サイオン・ハウス、ハンプトン・コート宮殿などを船上から眺めたり、上陸して訪れることができる。また、現在も「ディスコ・ボート」や貸切りの大型船が水上のパーティーに利用されている。

（青木　剛）

50

マダム・タッソー蠟人形館――娯楽の殿堂

図1　マダム・タッソー蠟人形館

有名人？と会える場所

イギリス人は、銀行・郵便局はもちろん、発券所やトイレなどどこでも、すぐに「キュー（列）」をつくるので有名である。とはいっても、とぐろを巻くような、いわゆる長蛇の列にお目にかかることはめったにない。人口密度が日本ほどではないからか、あるいは個性尊重で人と同じことをする傾向に欠けるからか。ところが、珍しく長蛇の列が常態であるのが、ロンドン北西部リージェント・パーク南、蠟人形館マダム・タッソー前である。

多くの博物館・美術館が無料であるロンドンで、マダム・タッソーの入館料は円に換算して大人がざっと四〇〇〇円と決して安くない。たとえばロンドン塔よりも高い。ウェスト・エンドでミュージカルを観たり、オペラ座のはしっこの席を取ったりできる金額だ。それにもかかわらずいっこうに人出は衰えることがない。

マダム・タッソー蠟人形館に行けば有名人（のそっくりさん）と会える。イギリスの王族、世界の政治家、科学者、歴史上の人物、著名な芸術家やスポーツ選手などと一緒に写真を撮ることができる。展示品は時流にあわせて随時モデル・チェンジが加わり、今日も観光客を惹きつけている。

趣味が悪い、関心がわかない、と簡単に切り捨てるには、あまりにも堂々と娯楽の殿堂として居座っている。避けて通るわけにはいかない。

図2　ルイ16世とマリー・アントワネット像

マダム・タッソーとは？

マダム・タッソー（Madame Tussaud, 1761?-1850）とは実在の人物だが、明らかにイギリス人の名前ではない。ドイツ人を父として生まれたマリー・グロシュルツが、パリでフランス人フランソワ・タッソー氏と結婚し、マダム・タッソーと呼ばれるようになった。フランス革命をくぐりぬけて、一八〇二年一〇月イギリスに渡り、その後大陸に戻ることはなかった。夫と次男を残し長男だけをつれてイギリスに渡った四二歳のマリーは、ロンドンで興行を成功させるだけの実績をすでに積んでいた。革命を生きのびた女性芸術家として、また異国で成功した女実業家として、マダム・タッソーをとらえようとする伝記があいついで出版され、数奇な一生が明かされている。

生まれた時には父はすでになく、母が家政婦として仕えたフィリップ・クルティウス博士が蠟細工に秀でていたことから、マリーも六歳の頃から蠟細工をたしなむようになった。やがて博士がパリに開いた蠟人形を飾ったサロンは人気を博した。貴族・王族をモデルにするファッショナブルな技芸として楽しまれたのだ。マリーたちは一七八〇－九〇年にはヴェルサイユに住み、ルイ一六世の妹マダム・エリザベートに蠟細工を教えたという。

しかし、このように貴顕の士とまじわっていただけにフランス革命に巻き込まれてしまった。たとえば、王に追放されたネッケル財務長官などの蠟人形を革命勢力が担ぎだしたのは、クルティウスのサロンからであった。また斬られた首をモデルに蠟人形にする作業がマリーに次々に回ってきた。そしてついにはロベスピエール

図3　常設会場での戴冠式装束のジョージ4世

(1)　ディケンズ『骨董屋』ではジャーリー夫人の蠟人形一座の旅興行の様子が活写されている。

の恐怖政治のもとで投獄される憂き目にあった。

動乱のパリではサロンへの人々の足も遠のき、行きづまったマリーは活路をイギリスに見出すことになった。当時イギリスの見世物にも蠟人形はあったが、フランスと比べると全般的にレベルが低く、マリーに商機があった。とはいってもある場所で飽きられると次の場所へと移動し、新しい観客を開拓する必要が常にあった(1)。興行の長旅はアイルランド、スコットランドにまで及んだ。ロンドンに常設会場を持つことができたのは一八三五年のことである。その後は常に展示に手を加え時流にのることで、新たな観客を開拓してきた。波瀾万丈の苦難を、言葉も不自由な移民ながら、また女ながら乗り越えた姿は現代の人々をも打つ。その伝記が読まれるゆえんである。

人気の秘密

なぜ蠟人形がこのように人気を呼んだのか。

今となっては信じられないような話だが、ニュースをヴィジュアルに伝えたのが蠟人形だったからだ。インターネットもテレビもない時代、新聞や雑誌の流通量も今ほどではなく、写真掲載もない。「見てみたい」と願う人々に対して、蠟人形は臨場感あふれる三次元見世物を再現したのだ。たとえば、ジョージ四世の戴冠式。ウェリントン公爵がしばしば見入った「ナポレオン」像。のちに『パンチ』誌が「恐怖の部屋」と名づけた凶悪犯人たちと犯行現場の再現。これらはいずれも、蠟人形館のなかでも目玉であった。

ではタッソー作品を芸術作品としてどのように位置づけるべきだろうか。マリーが作成したフランス王族たちや自画像などは、いずれも完成度がたいへん高い。今も息づくように美しい「眠れる美女」は、マリーの師であるクルティウス作である。二〇〇年を生き抜いた芸術作品としての真価を感じる。そもそもクルティウスは医者であった。医学用の解剖模型製作は蠟細工の技術発達と密接に関連していた(2)。

ところで、テレビのみならずインターネットで瞬時にして世界の出来事の映像が目に入る現在、マダム・タッソー蠟人形館にはニュース性は皆無である。逆に最近では、像がタッソーに収蔵されることでセレブリティーとして「殿堂入り」する。むしろタッソー蠟人形館は記録アーカイヴになったかのようだ。そして、政権交代に伴ってリーダー像をタッソー蠟人形館で入れ換えすることが、今や恒例行事になった。

タッソー家が経営・展示に関わったのは一九六七年に五代目が亡くなるまでであった。現経営陣は「マダム・タッソー」をブランド名に残してグローバルに蠟人形館を展開している(3)。いずれにおいても、常に時流にのることを心がけ、展示品に手を入れ続けてきた創設者マダム・タッソーの精神は健在のようである。

昨今マダム・タッソー蠟人形館での楽しみ方といえば、実生活では同席のかなわない「有名人」とツー・ショットで写真に収まることだ。似姿を蠟人形に求めるほど素朴ではない現代人は、決してリアルとはいえない蠟人形という表現様式をキッチュに楽しんでいるように思える。

（岩田託子）

(2) フィレンツェのラ・スペコラ（動物学・自然史博物館）には蠟製の解剖模型がコレクションされている（『フィレンツェ　佐藤明写真集』講談社，1997年）。またロンドンでは19世紀初め頃まで解剖学蠟人形が興行として成り立っていた（R. D. オールティック　小池滋監訳『ロンドンの見世物』Ⅱ，　国書刊行会，1990年）。

(3) ロンドンに加えて，ラスベガス，ニューヨーク，ワシントンD.C.，アムステルダム，ベルリン，香港，上海，さらに2009年にはロサンジェルスでも開館。

51

大英博物館——人類の秘宝を集めて

図１　大英博物館の正面玄関

(1)　最多来場者数記録は，1972年の「ツタンカーメンの至宝」展で，７カ月間で約170万人が訪れた。来場者数歴代２位は2007-08年の「秦の始皇帝」展。また2013年には，ポンペイ遺跡，氷河期のアート，日本の春画など話題の企画展が続き，年間の最多来場者記録を塗り替える670万人が来場したという。

発祥は個人コレクション

ロンドンのブルームズベリー地区にあり、イギリスを訪れるほとんどの観光客が立ち寄る大英博物館（British Museum）は、もともとは個人コレクションから始まった。医師、博物学者であり著名な収集家でもあったハンス・スローン（Hans Sloane, 1660-1753）が、生涯に収集した動植物・貝類・鉱石等の標本や貨幣類を中心とする七万一〇〇〇点の貴重なコレクションおよび五万冊の図書をロンドンで一括保存するという条件でジョージ二世に譲渡すると遺言して亡くなったのだった。友人ら三七名からなる保管委員会の一括買い上げの請願は下院議長の目に留まり、スローンの死後五カ月という異例のスピードで「大英博物館法」が一七五三年六月七日に議会下院で可決された。別の個人コレクション二つも同時に買い上げ、国の手で保管し、財源は宝くじの発行で確保することとなり、一七五九年一月に一般公開が始まった。保管委員会の発足当初から「公共のための活用と奉仕」が基本的綱領に謳われ、以来、企画展は別として、無料公開の原則が貫かれている。

世界の博物館として

大英博物館は、単にイギリス一国の博物館であるばかりではなく、「世界の博物館」を自任している。人気展示物としては、いずれもエジプトから運ばれたロゼッ

図2　ハンス・スローン

図3　ロゼッタ・ストーン

タ・ストーン、「死者の書」、そしてミイラがとくに広く知られている。

ロゼッタ・ストーンは、紀元前一九六年にプトレマイオス五世のために発せられた法令をそれぞれ古代エジプトの聖刻文字ヒエログリフ、民衆文字デモティック、当時エジプトを支配していたギリシア人のギリシア文字の三種で石に刻んだものである。一七九九年、ナポレオンのエジプト遠征軍が発見したが、翌年イギリスに譲渡され、大英博物館に収められた。一八二二年にフランス人言語学者シャンポリオンが、このロゼッタ・ストーンによってヒエログリフの解読に初めて成功し、五〇〇〇年前の古代エジプト文明が蘇った。

「死者の書」は、古代エジプトにおいて死者の遺体とともに墓に納められていたパピルスの巻物で、絵と文字によって古代エジプト人の死生観を探ることができる。「死者の書」は、大英博物館のエジプト・アッシリア副部長（のちに部長）を務めたウォリス・バッジのエジプトでの収集の成果であった。ヨーロッパへの古代遺物の流出を防ぐ警備の網をくぐってロンドンに運ばれた。バッジは古代エジプトの棺やミイラも次々に購入したために「冒瀆者」とも呼ばれ、また移送のためにパピルスを小さく切ったため、後の修復に支障をきたしたとされる。現在、大英博物館には約八〇体のミイラ・コレクションが所蔵されており、近年は最新技術によって生前のミイラの顔の復元なども試みられている。

エルギン・マーブルをめぐって

エルギン・マーブル（Elgin Marbles）とは、パルテノン神殿の東西破風彫刻を中

図4　「死者の書」として知られるアニのパピルス

心とするギリシア彫刻の一群である。トルコ駐在のイギリス公使であったエルギン伯爵が、一七九九年から一八〇二年にかけてイギリスに運び、一八一六年にイギリス政府が一括して買い上げ、大英博物館に寄託された。

当時ギリシアはオスマントルコの支配下にあり、エルギンはトルコ政府の正式な許可を得て神殿から破風彫刻を取り外し、イギリスに運んだと主張した。詩人バイロンがエルギンのことを「略奪者」と呼んだように同時代にも批判はあったが、その是非が大きな話題になったのは、一九八一年に元女優の政治家メリナ・メルクーリがギリシアの文化相に就任し、返還要求キャンペーンを開始して以来である。メルクーリ文化相は、同彫刻群を「パルテノン・マーブル（Parthenon Marbles）」と呼び、エルギンは公使の立場を利用し、非合法の手段によってそれを取得したと論陣を張った。対する大英博物館側は、入手は合法に行われ、そもそも大英博物館が「全人類のための博物館」であり、所蔵品が「全人類のために伝承すべく信託されている」以上、返還の義務はないと主張。ギリシア政府によって、パルテノン神殿の近くに新アクロポリス博物館が建設されたのは、返還後の収蔵のためであるが、両者の議論は現在に到るまで平行線のままである。

一九三〇年代後半、大英博物館がエルギン・マーブルの展示ギャラリーを新築した際に、出資者デュヴィーン卿の意向を受けて、彫刻をより白くするために、洗浄の担当者が無許可で銅製の鑿と研磨剤を使用したことが明るみに出てメディアを騒がせた。二〇世紀末になってギリシアへの返還問題も絡んで再び脚光を浴びたこの事件について、現在大英博物館のホームページには、シニア・キュレーターによる顚末と評価が掲載されている。キュレーターは事件の政治的背景に触れ、彫刻の損傷は実は伝えられたほど深刻ではなかったという見解を示している。

図５　エルギン・マーブル『祭壇へ引かれる犠牲の牛』

二五〇周年、そしてこれから

イギリス最大の文化機関と言える大英博物館も、二一世紀初めには厳しい財政危機に直面していたが、二〇〇二年に就任したニール・マクレガー館長のもと収支は好転し、二〇〇三年には創設二五〇周年を迎えた。博物館の一部として建設されて長い歴史をもつ大英図書館（British Library）は、一九九八年にロンドンのセント・パンクラスに移動、独立した。それに伴い、大英博物館ではマルクス、レーニン、ガンディーなどが通ったことでも知られるリーディング・ルームを含め、大規模な改修が行われた。

新装後、大英博物館では、「先史時代から現在の日本」という常設展示が三室で始まった。土偶や銅鐸、埴輪から江戸時代の浮世絵版画や武士の道具類、伝統を生かした現代の陶磁器などが展示されたこのジャパニーズ・ギャラリーは、大英博物館中もっとも網羅的なコレクションの一つという。

大英博物館は、博物学の一大拠点として、従来から収蔵品の収集・保存・研究に携わるほか、海外での発掘調査も活発に行ってきた。近年は収蔵品の貸出、巡回展覧会、文化財の保存技術などで海外の博物館とのいっそうの連携を深めているという。

（中川僚子）

52

カントリー・ハウス——富の博物館史

カントリー・ハウスとタウン・ハウス

カントリー・ハウスとは一般的に、貴族や裕福な人びとが所有する（した）、地方にある歴史的に重要な大邸宅を指す。往時の支配階級は地方の広大な土地に壮麗な館を構えていたが、その一方で、議会が開かれる期間や社交のシーズンには召使ともども何カ月もロンドンの屋敷に滞在するのが常であった。このロンドンの家をタウン・ハウスと言い、地方の本邸をカントリー・ハウスと称したのであった。

そのため、豪華さについてはタウン・ハウスと同じでも、カントリー・ハウスの場合、家の規模、家を囲む土地の広大さは目を見張るものがある。暦にちなんで三六五の部屋と五二の階段と七つの中庭があると言われているノール・ハウス（ヴァージニア・ウルフ『オーランドー』の舞台でもある）はその一例である。村一つまるまる収まるほどの広大な土地に囲まれたカントリー・ハウスも珍しくない。イギリスには現在でも、二〇〇〇ほどのカントリー・ハウスがあると言われている。

図１　要塞を兼ねたハドン・ホール

歴史の中のカントリー・ハウス

カントリー・ハウスの起源としては、古くはハドン・ホールのように一一世紀までその歴史を溯ることができるものもある。このように中世に建てられたカントリー・ハウスは、貴族の住居であると同時に戦いに備えての要塞の役目も果たしていた。フランスとの百年戦争（一三三七—一四五三年）、その後のバラ戦争（一四五五—八五年）などの後、住むことを主眼とした壮麗なカントリー・ハウスが建てられるようになる。百年戦争で戦地に赴いた貴族が、フランスからレンガを持ち帰ったため、イギリスでレンガの建物が多くなっていったという。

ヘンリー八世は、ローマ教皇と袂を分かち、カトリック教会が有していた領地を没収し、多くの修道院を破壊したり、お気に入りの臣下に与えたり、安く売ったりした。いわゆる修道院解散と呼ばれている出来事であるが、この時に王から譲り受けた修道院やその跡地を個人の住居にしたカントリー・ハウスも多い。ウーバン・アビー(1)のように、大修道院《アビー》という名前にその名残を見ることができる。

エリザベス一世はよくイギリス各地を巡回し、寵臣の館に逗留した。行幸は家来にとってこの上ない栄誉であり、王にとっては滞在費の経費節減になり、さらに接待のために家来の資産を減らさせ力を削ぐという効果があった。実際、生涯一三回も女王の来訪を得たウィリアム・セシル（William Cecil, 1520-98）は、そのために館を倍の規模に増築したと言われている。ヴァージニア・ウルフの『オーランドー』（一九二八年）では、エリザベス一世が行幸した館で、青年貴族だったオーランドーに目を留め、寵愛するようになる場面が描かれている。

エリザベス時代以降、シンメトリーを重視した古典様式のカントリー・ハウスが建てられるようになり、その後もイタリアのルネッサンス様式、バロック様式、パラディアン様式などさまざまな様式の家(2)が建てられていく。建物だけでなく、庭の造営もカントリー・ハウスを主要な構成要素であり、なかでもケイパビリティ・ブ

(1) 初代ベッドフォード伯爵ジョン・ラッセルがヘンリー8世から下賜されたもの。

(2) それぞれイニゴ・ジョーンズはルネッサンス様式，ジョン・ヴァンブラはバロック様式，ロバート・アダムは新古典主義の建築家である。ハンフリー・レプトン（Humphrey Repton, 1752-1818）は土地と家の改良家としてオースティンの『マンスフィールド・パーク』でもその名前が言及されている。

ラウンはカントリー・ハウスと切り離せない造園家である。常に敷地の可能性（ケイパビリティ）を追求したので、この名で呼ばれているブラウンは、自然の素材を活かして庭を造りあげようとした。彼の手になる庭は一七〇を超えると言われ、その中にはイギリスの主要なカントリー・ハウスが軒並み名を連ねている。(3)

富の博物館

カントリー・ハウスの内部は持ち主の富の証しでもある。凝った内装に加えて、手織りのタピストリー、美術館と見まがうほどの名画、彫刻が展示されているカントリー・ハウスも珍しくない。また豪華な家具、贅をつくした食器の数々はカントリー・ハウスの必須アイテムでもある。エリザベス一世と同時代人で女王に次ぐ金持ち女性と称されたハードウィックのベスが建てたハードウィック・ホールでは、当時高価だったガラスがふんだんに使われ壁より窓が多いと言われるほどである。さらに、彼女は部屋の壁には特注で織らせた精緻で巨大なタピストリーを数多く掛け、その富を誇示した。グランド・ツアーの目的の一つは、大陸での買い物にあるとも言われ、歴代の息子たちは、旅の途中、ヨーロッパで見つけた美術工芸品を買い求め、持ち帰ってカントリー・ハウスを飾ったのであった。

土地、建物、内部の品々などにかかる費用は膨大な額であるが、それらはどのようにして調達されたのであろうか。ブレナム・パレスのように宮廷などから巨額の資金授与を約束され建立を始めたものもあるが、所有する土地の小作料や、産業、軍需事業などから得た金が使われたりした。さらにイギリスが植民地をもつように

図2　チャーチルの生家でもあるブレナム・パレス

(3)　チャッツワース・ハウス，ブレナム・パレス，ウォーリック・カースル，ロングリート・ハウスなどはその一部である。

図３　高級ホテルとなったクリヴデン・ハウスの内部

図４　チャッツワース・ハウスの庭と建物

なると、インドでの植民地経営やジャマイカでの砂糖などのプランテーションに携わり、巨万の富を得た人びとがカントリー・ハウスの建立に向かう結果にもなった。

カントリー・ハウスの運命は？

カントリー・ハウスの維持には膨大な経費がかかる。さらに相続する場合に莫大な税金が課せられるので、とくに二〇世紀に入り、多くのカントリー・ハウスが個人では維持できなくなり、取り壊されたり、手放されていった。現在ナショナル・トラストの所有になっているものや、売却されてホテルや学校になったりする例も多い。その一方でウーバン・アビー、ロングリート・ハウスのように、広大な敷地をサファリ・パークに転用したり、豪華な館を結婚式の会場に提供したりして、成功した貴族の商法もある。いずれにしても、現在のカントリー・ハウスは、貴族など一部の特権階級の専有物ではなく、一般に広く開放して、時代とともに生き延びていくことが求められていると言えよう。

オースティンの『高慢と偏見』のダーシー氏の住まいは、作者がチャッツワースを念頭において書いていると言われている（二〇〇五年の新しい映画では初めてここでロケが行われた）。さらに、イーヴリン・ウォーの『ブライズヘッドふたたび』（一九四五年）や、ダフネ・デュ・モーリア『レベッカ』（一九三八年）、カズオ・イシグロ『日の名残り』（一九八九年）などはカントリー・ハウスを全面的に押し出した小説として知られている。カントリー・ハウスは観光の目玉になっているものも数多く、今ではイギリス文化に絶妙な味わいを与えているのである。

（窪田憲子）

53

庭園――造られた理想の風景

図１　整形庭園（ヴェルサイユ）

古典主義様式の庭園

庭の造型を優先させ、自然を構成する要素である木や花、水などをその造型に従属させて脇役に追いやってしまうのは、古典主義様式の庭園である。人間はとりとめもない空間に恐怖を抱き、空間を囲い込んで支配し、自然を秩序化しようとする。このように意志の力で自然を支配しようとするとき、古典主義様式の庭園の基本的な理念が生まれる。国王や貴族など時の権力者たちがこのような庭を作ったのは当然のことであった。

とりとめのない自然と変転きわまりない世界に対して意志の力を振るうなら、中央軸を遥かに伸びてゆく直線を軸とする、左右対称が基本の、整然とした幾何学庭園が造型されることになる。このような幾何学的図形の組み合わせによって造型された庭は、「整形庭園（フォーマル・ガーデン）」とも呼ばれ、自然を征服し、飼い慣らそうとする人間の強い意志を感じ取ることができるだろう。ここでいう「古典主義」とは、ギリシア・ローマ時代以降の伝統につながる様式である。しかし一八世紀に入ると、古典主義様式のもつ反自然的な様式に対する反逆とそこからの脱却への意志が明確に見てとれるようになる。この過程からイギリス式風景庭園が成立してくるのである。

図2　空壕《ハーハ》

イギリス式風景庭園

イギリス式風景庭園の成立とその「自然らしさ」という特徴について語る際に、もっとも適切な表現は「イレギュラー」であろう。自然界には、直線も左右対称も完全な円形もあり得ない。風景庭園の草分けであったウィリアム・ケント（William Kent, ?1686-1748）が造った庭を見て、小説家で庭園評論家のホレス・ウォルポールは「自然は直線を嫌う」という言葉を残した。風景庭園がブームとなる一七五〇年代よりもはるかに早い一七三九年に、ケントはバーリントン伯爵のラウシャム庭園（Rousham Park）を完成させた人物である。彼は、イタリアで風景画を描いているところを見出され、イギリスにイタリアの風景を超える風景を造り出そうという願いを抱いていた。しかしその風景とは、グランド・ツアーで訪れたイタリアで見た一七世紀の風景画に描かれた「ピクチャレスク」な風景であった。つまり、「絵に描いて美しい風景」という造られた理想の風景だったのである。つまり、風景庭園とは、当初から逆立ちした美学に基づくものであった。

自然が直線を嫌うのならば、観る者に自然らしさを感じさせるのは、自然のなかにあるような不規則で蛇行する曲線であり、無限に広がる空間であろう。しかし、庭とは塀で囲われた空間であることはローマ帝国以来二〇〇〇年続いてきた常識である。この常識を覆し、「開かれながら閉じ、閉じながら開く」というパラドックスのうえに危うく成立するのが風景庭園であった。この離れ業を可能にしたのは、チャールズ・ブリッジマン（Charles Bridgeman, ?-1738?）という造園師が考案した空壕《ハーハ》（ha-ha）である。(1) この画期的な考案によって、庭園は果てしなく広がる自然の

図3　ハンフリー・レプトン

(1)　塀や柵を取り払って，屋敷から庭を見ると牧場まで一続き。遠くに放牧された牛や羊が見えて，見晴らしがよい。しかし，空壕は一段低くなっているので，牛や羊はこれを超えて近づくことはできない。

光景に連なっているかのように見えることになる。この空壕を採用したケントの庭を見たウォルポールは、「ケントは塀を飛び越えた。そして自然界がすべて庭であると見てとった」という名言を残している。

このような風景庭園を好んで造園したのは、経済活動を優先し海外進出に熱心だったホイッグ党の政治家やその支持者であった。その一人であったアレグザンダー・ポウプは、ロンドン郊外に風景庭園を造園したが、一方、王党派支持者であったサミュエル・ジョンソンはこの様式に冷淡だった。

風景庭園の確立と普及

風景庭園の成立期を代表するのがケントなら、彼亡き後、確立期を築いたのはランスロット・ブラウン（Lancelot Brown, 1715-83）であった。彼は、依頼主から相談を受けると、その都度「この土地には改良の可能性（capability）がある」と答えていたことから、「ケイパビリティ・ブラウン」と呼ばれ、生涯に一七〇以上もの庭園を風景庭園に「改良（improvement）」した。彼の登場で、風景庭園は古代イタリアではなく、イギリスの自然を手本とするようになった。ゆるやかに起伏する土地、ゆったりと蛇行する川、邸宅のそばから川の縁まで広がる芝生、点在する木立――イングランドに特有の風景を造り出そうとしたのである。

ホイッグ派の地主は広大な土地を所有する者が多かったせいか、ブラウンの「改良」の規模は大きかった。古い整形庭園を一掃して、年月の経った大並木を切り倒し、花壇、果樹園、水路など人の手が加わったものをすべて取り払うといった「改

図4　ブレナム・パレス(オックスフォードシャ)の風景式庭園

良」を行った彼は、川をせき止めて人工の湖を造ったり、風景の邪魔になる農家、時には村全体を取り払って移転させたりもした。彼が手がけた庭園には、ブレナム・パレス、チャッツワース、ペットワース、ルートン・ホーなどの有名な庭園がある。しかし、あまりにも徹底した「改良」だったため、ウォルポールは「彼は忘れ去られてしまうのではないだろうか。あまりにみごとに自然を真似たので、彼のやったことは自然そのものと思われてしまうだろう」と心配するほどであった。

ブラウンの後継者として風景庭園の普及期を代表するハンフリー・レプトン(Humphry Repton, 1752-1818)が行った「改良」は、成長して過密になった木立を間引きしたり、邸宅のまわりにテラスを設けて花壇を復活させるといった小規模なものであった。彼は依頼を受けるとその家に数日間滞在し、土地を綿密に調査して改良前と改良後の庭園を水彩画に数枚描き、赤い革表紙で装丁した豪華な「改良のための計画書(レッド・ブック)」を作成した。この計画書が四〇〇以上も作成され、風景庭園の理論が四冊の本にまとめられていることからも、またジェイン・オースティンの『マンスフィールド・パーク』にもその名が登場するように、彼はずいぶんと多くの庭園を「改良」したが、晩年には風景庭園の流行も終焉を迎えていた。

風景庭園において拡大を続けてきた広大な風景は、屋敷の周縁に再導入されたテラスや小刻みでこぎれいな「庭らしい庭《ガーデネスク》」によって二分され、また庭園に持ち込まれた温室によって収縮してゆく。ジョウゼフ・パクストンの「水晶宮」を小型化した温室は、風景を内と外に分断して収縮させることになったのである。(木下　卓)

54

パストラル——想いは羊飼いのいる理想郷

図1　牧人の笛に羊が集う楽園

⑴　紀元前８世紀のギリシア詩人ヘシオドス（Hesiod）は，『仕事と日々』の中で，人間の歴史を５つの時代に区分し，現在を悲惨な「鉄の時代」と捉え，次いで「英雄の時代」，「青銅の時代」，「銀の時代」とさかのぼり，その先に堕落のない幸福な時代として「黄金の時代」を想い描いた。

シシリーからアルカディア、エデンへ

羊飼いたちが平安に暮らす単純素朴な田舎の生活。これが、昔のギリシア・ローマの人々が想い描いた理想郷であった。田舎の若者が、緑豊かなブナの木の枝を広げたその下に身を寄せ、詩の女神を呼び出してはのどかな田園を賛美する。永遠に老いることがないかのように、のんびりと笛を吹いたり、歌を競い合ったりして過ごす。あるいは恋人とともにわが身の運不運を語り、（後のパストラル・エレジーの原型となる）仲間の羊飼いの死を嘆き悼む——これらが、近世まで西洋の牧歌とか田園詩と呼ばれていた「パストラル」の描く世界であった。

そうしたパストラルの起源は、一説によると、メソポタミアのシュメール文明の古歌にまで遡るという。羊飼いと農夫に求婚された乙女が、社会的優位にある農夫を選ぶというものである。こうして乙女に拒絶された田舎の若者というテーマが、その他のパストラルの特徴とともに、紀元前三世紀に叙事詩の伝統の中で詩を書いていたギリシアの宮廷詩人の作品集『牧歌』の中にまで流れ込んでゆくことになる。この詩人こそ、シシリーの美しい田舎を理想郷に見立て、羊飼いの生活を憧れるように歌った都会人、後に「パストラルの父」と呼ばれることになるテオクリトス（Theocritus, c.308-c.240 BC）その人であった。

このパストラルの伝統を引き継いだのが、ローマの詩人ヴェルギリウス（Publius Vergilius Maro, 70-19 BC）であった。シシリーならぬアルカディアを遥か

図2　仔羊がキリストの象徴に（W. ブレイク画）

なる楽園として、同性愛的な要素なども含めてテオクリトスのパストラルの系譜に続いた。その成果として、後のエドマンド・スペンサー（Edmund Spenser, 1552?-99）などに受け継がれる寓意的な要素など、様々な複雑さを加味してパストラル形式を広げた『田園詩』を書いた。その歌の主題は、はるか昔にあったとされる「黄金の時代」の回復を求めるものであった(1)。

時代が下って、キリスト教の時代になると、「アルカディア」は「エデンの園」に重ねられていく。その回復を望みながらも、もはや回復できない理想郷として想い描かれるのである。さらに、純朴善良な羊飼いのイメージは、教会の牧師だけでなく、キリストをも象徴するものとなってゆくのであった。

ルネッサンス期のイギリスへ

ところで、パストラルとは、田舎にいる者が田舎の出来事をそのまま書くというよりも、テオクリトスが良い例だが、都会の宮廷などにいる者が、田舎の単純素朴な暮らしに自分たちの現在にはない平安や理想を見ようとして創り出したものであった。

ルネッサンス期のイギリスになると、伝統的な形式を踏襲するだけではなく、それに諷刺や寓意が盛られるようになる。それが、単純さと自然らしさを良しとして田舎の者に土地の言葉を語らせるスペンサーの『羊飼いの暦』（一五七九年）に至って、ヴェルギリウスとも違う一つの様式となり、大いに流行することになる。さらに、愛のような個人的なことから宗教的なことまでがテーマとして取り込まれるよ

図3　パストラルを流行させた詩人 E. スペンサー

図4　パストラルを集大成した詩人 A. マーヴェル

うになり、エロティックなイメジャリで神秘的・宗教的な愛を表現する用法とも繋がってゆく。

こうしたパストラルの様式が他の文学形式にも取り込まれ、サー・フィリップ・シドニー（Sir Phillip Sidney, 1554-86）の長編ロマンス『アーケイディア』（一五八一－八四年）、マーロウの抒情詩「恋人に捧げる情熱的な羊飼いの歌」、劇では、シェイクスピアの『お気に召すまま』（一五九九－一六〇〇年）やフレッチャー（John Fletcher, 1579-1625）の『貞節な女羊飼い』（一六〇八年）などが出てくる。その後になると、ミルトンの「リシダス」（一六三七年）や、マーヴェル（Andrew Marvell, 1621-78）の隠棲詩「庭」（一六五〇－五二年頃？）や草刈り人の詩などが書かれ、ネイチャーとアートの対立構図が定着する。さらにポウプの「パストラル集」（一七〇九年）をもって伝統を継ぐものとすれば、それを茶化すゲイ（John Gay, 1685-1732）の『羊飼いの一週間』（一七一四年）も五年後に書かれて反牧歌を生み出してゆく。だが、スコットランドの詩人トムソン（James Thomson, 1700-48）の『四季』（一七二六－三〇年）がなおパストラルの伝統を背負ったものの、ワーズワスが「マイケル、パストラル詩」（一八〇〇年）において、田舎の悲劇をリアリスティックに描いたとき、因習的な伝統から離れてゆく。従来は、この詩をもってイギリスのパストラルの終焉と見る向きがあったが、これを死んだ形式と見ることに反対する現代詩人もいる。

変容するパストラル

パストラルの意味に革新的な変容を求めたのが、エンプソン（William Empson, 1906-84）の評論集『牧歌の諸変奏』（一九三五年）である。かつての「田舎」対「都会（宮廷）」の構図から、単純素朴な生活と複雑な時代や社会の暮らしとを対照し得る作品ならどんなものでもパストラルと見なすという拡大解釈により、マーヴェルの「庭」から『不思議の国のアリス』やプロレタリア文学に至るまで、縦横無尽に論を展開させている。例えば、プロレタリア芸術に富める者と貧しき者の関係を内包する仕組みを見出し、それを「潜在的な牧歌」ととらえる。羊飼いは羊の支配者ゆえに政治家や牧師に重なり、牧歌的発想が幼児崇拝の中へと逃避することや、英雄も社会のシンボルゆえに英雄詩の因習もパストラルに重ね合わされる。果ては〈一と多〉の観念とも絡んで、複雑なものを単純なもので表現する方法としてパストラルを積極的に再評価し、現代に活かそうとしている。

その意義を引き継ぐ試みと思われるものには、オーデン（W. H. Auden, 1907-73）の連作詩「牧歌」（一九五二－五三年）を初め、テッド・ヒューズ（Ted Hughes, 1930-98）やシェイマス・ヒーニーらの自然の激しい力や生まれた土地の暮らし、そして環境の問題などを意識した詩がこれに関連すると考えても良いだろう。パストラルは、こうして現在も、創造的な詩人たちの手によって生きた形式となっているのである。

（太田雅孝）

55

ナショナル・トラスト――国民の資産を国民が守る

図1　イーストサセックスのボーディアム城（1385年建立）

楽しみながら自然や文化遺産を守る

「一人の一万ポンドより、一万人の一ポンドを」――これはナショナル・トラストのモットーである。

ナショナル・トラストの正式名称は、「歴史的名勝および風光明媚な景勝地のためのナショナル・トラスト」という。この場合の「ナショナル」は「国民の」、「トラスト」は「委託する」という意味である。遺跡、古い教会や大修道院、城、貴族の館、庭園、市庁舎、産業施設など歴史上重要な建造物や記念碑、自然景観の美しい田園地域・海岸線、公園などの保全を国民がトラストに委託する。ナショナル・トラストは、その資産を国民に開放する目的で設立された民間の非営利団体で、先のモットーには少数の富裕者による支援ではなく、広く国民に浸透した組織作りを目指すという願いが込められている。

会員[1]は入場料無料、非会員もその場で入場料を払えばどこにでも入場できる。人々はナショナル・トラストに指定された地を訪れて楽しむと同時に、自然や文化遺産を守るという使命の一翼を担うことに喜びを感ずる。訪問者数は、三〇〇以上に及ぶ建造物だけで年間一二〇〇万人以上、森林、農場、湿地帯、海辺、村などのオープンスペースに至っては五〇〇〇万人に上る。ナショナル・トラストは国土の約一パーセントを所有する、イギリスでもトップクラスの「土地持ち」である。

図２　オークの葉をデザインしたナショナル・トラストのロゴマーク

(1)　会員費はきめ細かく定められている。年会費は，普通会員46ポンド。家族会員（同じ住所に住む大人２人と18歳以下の子どもまたは孫に，２枚の会員券が配布される）82ポンド。13歳から25歳までの子ども・ヤング会員は21ポンド。生涯会員は大人1125ポンド。2008年現在，会員数350万人。

民間と政府の協力体制

ナショナル・トラストは一八九五年、弁護士のロバート・ハンター、社会事業家・婦人運動家のオクタビア・ヒル、牧師のハードウィック・ローンズリーの三人が設立した。ヴィクトリア時代後期のこの頃、産業革命の結果農村から都市への人口移動がピークに達し、都市化と開発の波に押されて国民の憩いの場であり誇りでもある田園地帯が荒れていた。これに対抗して自然保護や建築物保存をおこなうためには、外からの力が及ばないよう、まずは土地や建造物を所有することがもっとも重要との認識からトラストが生まれた。発足後すぐに大きな反響を呼び、土地の寄贈、土地・建物の購入に充てる寄金も増えていく。

政府は経済的援助をしない代わりに、数々の法律を作り後押しをした。一九〇七年に制定された「ナショナル・トラスト法」では、その資産を「譲渡不能（inalienable）」と宣言する権利を与えられた。これにより資産は売却や抵当の対象にならずに済むことになった。入場料の徴収権を与えられたのもこの法律によってであり、これで管理保護の資金調達が容易になった。その後、この法律はさらにトラストが活動しやすくなるように次々と改正され、これと並行して財政法その他の法律でもトラスト側に有利な条項が導入された。たとえば土地の所有者がナショナル・トラストと契約を結び宅地用に開発しないなどの誓約をおこなえば、相続税が減額、あるいは免除（特別な条件の場合だが）となる措置が講じられる。また、カントリー・ハウスなどの建物がナショナル・トラストに寄贈された場合に、一部を公開し、一部に子孫がテナントとして住み続けることも可能となっている。

図3　リヴァプールのジョン・レノンの家（ベッドルーム）

ゆかりの人々

イギリス人は自然を何よりも大切にする。トラスト設立以前の人ではあるが、自然と人間の交感を抒情的に謳った詩人ワーズワスはその代表といえよう。またトラスト活動初期の頃にこの運動に思想的な理論付けを行なったのが、反産業主義を標榜した批評家ジョン・ラスキンである。

「ピーター・ラビット」シリーズの絵本作家、ビアトリクス・ポター（Beatrix Potter 1866-1943）は、イングランド北西部の湖水地方に住みその風景と暮らしを絵本に描くと同時に、農場などを次々と購入し自ら保全活動に参加。死後、四〇〇〇エーカーの土地をはじめすべての資産をトラストに寄贈した。

劇作家ジョージ・バーナード・ショーや、政治家ウィンストン・チャーチルの住んだ邸宅、世界の富者ロスチャイルド家の館、工芸家ウィリアム・モリス（William Morris 1834-1896）が主宰したアーツ・アンド・クラフツ運動を具体化した屋敷などもトラストは所有している。しかしこういった大邸宅だけではなく、歴史的な価値があれば、ビートルズのジョン・レノン、ポール・マッカートニーが少年時代に住んでいた家など、庶民的な家もトラストに指定される。

小説や映画、ドラマの舞台になることも多く、映画『ミス・ポッター』ではベアトリクス・ポッターの生涯とともに湖水地方の息をのむほど美しい情景がふんだんに描写されている。ロケ地としては、映画では『ハリー・ポッター』シリーズを初め、『日の名残り』、ＢＢＣドラマではジェイン・オースティンの一連の作品などがトラスト所有の家屋敷を舞台に撮影された。

さらに活動を拡大

一九六五年には自然のまま残っている海岸線を開発から守るためトラストが買い取るという「ネプチューン計画」がスタート。全海岸線の約二〇パーセントがその所有となった。

一方、一〇年ほど前から、残すべき建物や自然を蔭で支えた往時の使用人や農民などの下積み生活にも焦点が当てられるようになった。たとえば、ある教会では昔の労働歌を集めたコンサートを開催し、スタッフが当時の料理人、洗濯女、農夫、車夫などのコスチュームで接客するなどの試みが行なわれた。こうしてかつて、「住んでいた（いる）のは上流階級、訪れて楽しむのは中流階級」と言われたナショナル・トラストも、その支持者の幅をひろげ、イメージも「古い」から「今」、「一部の人たち」から「皆」のものへと変わりつつある。

保全費捻出のためのショップ経営でもファッショナブルなグッズが並び、館では結婚式やパーティも請け負う。滞在型のコテッジは三〇〇を数える。(2)

観光産業は言うに及ばず、農業・林業・園芸・建築、アートなどの分野にも多大な経済的貢献をしており、雇用者としての人気も高い。『ナショナル・トラスト、未来の百年』という本も出版されていることを考えると、この事業が遠い将来までをも視野に入れた息の長い取り組みであることがわかる。アメニティ（住み心地のよさ）を国民の資産と捉え、その資産を守るのは国民であるとして活動を続けることの仕組みこそ、まさに、イギリスの資産である。(3)

（高階玲子）

(2) 一般のホテルとして利用できる所もある。たとえば，バッキンガムシャにあるクリヴデン（イギリス議会初の女性議員ナンシー・アスターの家）は，ダブル・ルーム１泊10万円前後。

(3) ここで述べるトラストは，イングランド，ウェールズ，北アイルランドを対象としており，スコットランドには独立した同種の組織，スコットランド・ナショナル・トラストがある。

索　引

原則として，人名に続けてその作品名を列記している。

カ　行

サ　行

タ　行

ナ　行

ハ　行

マ 行

ヤ　行

ラ　行

ワ　行

写真・図版出典一覧

カバー

表　Hermione Hobhouse, *The Crystal Palace and the Great Exhibition: Art, Science and Productive Industry*. London: The Athlone Press, 2002.

裏　Katherine Coombs, *The Portrait Miniature in England*. London: V&A Publications, 1998.

地　図

1　神山妙子編著『はじめて学ぶイギリス文学史』ミネルヴァ書房，1989年。

2　佐々木雄太編著『世界戦争の時代とイギリス帝国』ミネルヴァ書房，2006年。

章　扉

第１章　Peter Childs, *Post-Colonial Theory and English Literature: A Reader*. Edinburgh: Edinburgh UP, 1999.

第２章　Susan P. Casteras, *Images of Victorian Womanhood in English Art*. London and Toronto: Associated University Presses, 1987.

第３章　Ivan Day ed., *Eat, Drink & Be Merry: The British at Table 1600-2000*. London: Philip Wilson Publishers, 2000.

第４章　David Bindman gen. ed., *The Thames and Hudson Encyclopaedia of British Art*. London: Thames and Hudson, 1985.

第５章　英国政府観光庁写真提供。

第６章　Richard Kalina 氏撮影。絵葉書。

第７章　Mavis Batey, *Jane Austen and the English Landscape*. London: Barn Elms, 1996.

第１章

1

図１　佐久間康夫・中野葉子・太田雅孝編著『概説 イギリス文化史』ミネルヴァ書房，2002年。

図２　図１に同じ。

図３　図１に同じ。

図４　図１に同じ。

図５　図１に同じ。

2

図１　神山妙子編著『はじめて学ぶイギリス文学史』ミネルヴァ書房，1989年。

図２　中濱潤子・文，松井ゆみ子・写真・イラスト『アイルランド B&B 紀行』東京書籍，1997年。

3

図１　Roger Huw Jones 氏撮影。

図２　英国政府観光庁写真提供。

図３　図２に同じ。

4

図１　木村和男編著『世紀転換期のイギリス帝国』ミネルヴァ書房，2004年。

図2　Karl E. Meyer and Shareen Blair Brysac, *Tournament of Shadows: The Great Game and the Race for Empire in Central Asia.* Washington, D.C. : Counterpoint, 1999.

図3　海老坂武『フランツ・ファノン』講談社，1981年。

図4　マーガレット・ハンフリーズ『からのゆりかご――大英帝国の迷い子たち』都留信夫・都留敬子訳，日本図書刊行会，1997年。

5

図1　別枝達夫『キャプテン・キッド――権力と海賊の奇妙な関係』中公新書，1965年。

図2　図1に同じ。

図3　石原保徳・原田範行『新しい世界への旅立ち』岩波書店，2006年。

図4　ネヴィル・ウィリアムズ『ドレイク――無敵艦隊を破った男』向井元子訳，原書房，1992年。

図5　Stephen J. Greenblatt, *Sir Walter Raleigh: The Renaissance Man and His Roles.* New Haven and London: Yale UP, 1973.

6

図1　James Walvin, *The Trader, the Owner, the Slave.* London: Jonathan Cape, 2007.

図2　図1に同じ。

図3　図1に同じ。

図4　図1に同じ。

図5　W. M. Thackeray, *Vanity Fair.* Oxford: Oxford UP, 1998.

7

図1　*Oxford Atlas of Exploration.* Oxford: Oxford UP, 1997.

図2　図1に同じ。

図3　図1に同じ。

図4　図1に同じ。

図5　図1に同じ。

図6　図1に同じ。

8

図1　Hermione Hobhouse, *The Crystal Palace and the Great Exhibition: Art, Science and Productive Industry.* London: The Athlone Press, 2002.

図2　図1に同じ。

図3　ジョージ・H．バーチ『写真集　よみがえるロンドン――100年前の風景』出口保夫編訳，柏書房，2005年。

9

図1　A. J. P. Taylor, *The First World War.* London: Penguin, 1966.

図2　図1に同じ。

図3　図1に同じ。

図4　図1に同じ。

図5　Evening Standard, *Images of London.* Derby: Breedon, 1995.

図6　Alan Jeffreys, *The British Army in the Far East 1941*-45. Oxford: Osprey, 2005.

第2章

10

図1　*Illustrated London News.* 1847年5月25日号。高階玲子氏撮影。

図2　Kenneth O. Morgan, ed., *The Oxford Illustrated History of Britain.* Oxford: Oxford UP, 1984.

図3　*The National Portrait Gallery Collection.* London: National Portrait Gallery Publications, 1988.

図4　Parliamentary copyright, House of Lords, 2009.

11

図1　*Illustrated London News.* 1847年5月22日号。

12

図1　*Punch, or the London Charivari.* July 31, 1875.

13

図1　Pamela A. Sambrook, *The Country House Servant.* Phoenix Mill: Sutton Publishing, 1999.

図2　Giles Waterfield, et. al. *Below Stairs: 400 Years of Servants' Portraits.* London: National Portrait Gallery, 2003.

図3　John C. Horsley, "Coming Down to Dinner," 1876. Manchester Art Gallery 所蔵。

図4　Edward Hayward, *Upstairs & Downstairs: Life in an English Country House.* 1998; Andover: Putkin, 2007.

14

図1　*The New Encyclopaedia Britannica.* Encyclopaedia Britannica, 1990.

図2　Ian Norrie, ed., *Writers and Hampstead.* London: High Hill Press, 1987.

図3　小谷賢『イギリスの情報外交――インテリジェンスとは何か』PHP研究所，2004年。

図4　図3に同じ。

図5　Ian Ousby, *The Cambridge Guide to Literature in English.* Cambridge: Cambridge UP, 1993.

15

図1　Peter Haining, *The Art of Mystery & Detective Stories.* London: Treasure Press, 1977.

図2　図1に同じ。

16

図1　*The New Encyclopaedia Britannica.* Encyclopaedia Britannica, 1990.

図2　*The Encyclopaedia Britanica,* 1970.

図3　*Punch, or the London Charivari.* July 18, 1868.

17

図1　Merlin Holland, *The Wilde Album.* New York: Henry Holt, 1997.

図2　図1に同じ。

図3　図1に同じ。

18

図1　John Gross, *Shylock: A Legend and Its Legacy.* Janklow & Nesbit Associates, 1992.

図2　Charles Dickens, *Oliver Twist*. Oxford: Oxford UP, 1999.

図3　David Bindman gen. ed., *The Thames and Hudson Encyclopaedia of British Art*. London: Thames and Hudson, 1985.

第3章

19

図1　Markman Ellis, *The Coffee House: A Cultural History*. London: Weidenfeld & Nicolson, 2004

図2　Anthony Burgess, Marc Walter, and Ghislaine Bavoillot eds. *The Book of Tea*. Paris: Flammarion, 1992.

図3　Anne S. Hobbs, *Beatrix Potter's Art*. London: Frederick Warne, 1989.

20

図1　ⓒAdrian Pingstone

図2　高階玲子氏撮影。

図3　図2に同じ。

図4　図2に同じ。

21

図1　高階玲子氏撮影。

図2　図1に同じ。

図3　図1に同じ。

図4　図1に同じ。

22

図1　Craig Glenday, ed., *Guinness World Records 2009*. Guinness Media, 2008.

図2　図1に同じ。

図3　白井哲也『パブは愉しい――英国・アイルランドのカントリーパブを歩く』千早書房，2003年。

図4　図3に同じ。

図5　図1に同じ。

図6　図1に同じ。

23

図1　Maggie Lane, *Jane Austen's World*. Carlton Books, 1996.

図2　Penelope Hughes-Hallett, *Jane Austen: 'My Dear Cassandra'*. London: Collins & Browns, 1991.

図3　Juliet Gardiner, *The World Within: The Brontës at Haworth*. London: Collins & Browns, 1992.

図4　Ian Norrie ed., *Writers and Hampstead*. London: High Hill Press, 1987.

24

図1　David Bindman gen. ed., *The Thames and Hudson Encyclopaedia of British Art*. London: Thames and Hudson, 1985.

図 2　John Bunyan, *The Pilgrim's Progress with 25 Drawings by George Cruikshank.* Hertfordshire: Wordsworth Editions, 1987.

図 3　Mary Shelley, *Frankenstein.* New York: Viking, 1997.

図 4　Gustave Doré, *Doré's Illustrations for* Paradise Lost. New York: Dover Publications, 1993.

25

図 1　Julian Litten, *The English Way of Death: The Common Funeral Since 1450.* London: Robert Hale, 1991.

図 2　Geoffrey N. Wright, *Discovering Epitaphs.* Princes Risborough: Shire Publications, 1996.

26

図 1　本江邦夫・高橋幸次編『オディロン・ルドン展——光と闇』東京国立近代美術館，1989年。

図 2　Richard Dalby, ed., *The Mammoth Book of Ghost Stories.* London: Robinson Publishing, 1990.

図 3　Peter H. Robinson and Paul Hesp, *More Ghosts & Hauntings from the East Riding.* Beverly: Hutton Press, 1988.

27

図 1　P．G．ロジャーズ『日本に来た最初のイギリス人——ウィリアム・アダムズ＝三浦按針』幸田礼雅訳，新評論，1993年。

図 2　佐野真由子『オールコックの江戸——初代英国公使が見た幕末日本』中央公論新社，2003年。

図 3　*Japonisme in Art: An International Symposium.* Ed. The Society for the Study of Japonisme. Tokyo: Kodansha International, 1980.

図 4　図 3 に同じ。

図 5　窪田憲子氏撮影。

第 4 章

28

図 1　安達まみ氏撮影。

図 2　Michael Dobson and Stanley Wells eds., *The Oxford Companion to Shakespeare.* Oxford: Oxford UP, 2001.

図 3　Franco Zeffirelli, dir., *Romeo and Juliet, Perf. Olivia Hussey, Leonard Whiting.* Paramount, 1966.（CIC ビクター・ビデオ・カバー）

29

図 1　絵葉書。

図 2　*Westminster Abbey.* London: Westminster Abbey, 2003.

図 3　*Salisbury Cathedral.* Norwich: Jarrold Publishing, 2004.

図 4　Gunther Binding, *High Gothic: The Age of the Great Cathedrals.* Köln: Taschen, 2002.

図 5　クリス・ブルックス『ゴシック・リヴァイヴァル』鈴木博之・豊口真衣子訳，岩波書店，2003年。

図 6　John Iddon, *Horace Walpole's Strawberry Hill.* Belfast: St. Mary's University College, 1996.

30

図1　山田勝『ダンディズム――貴族趣味と近代文明批判』NHKブックス，1998年。

図2　シャルル・ボードレール『ボードレール全集Ⅱ』阿部良雄訳，筑摩書房，1984年。

図3　Merlin Holland, *The Wilde Album*. New York: Henry Holt and Company, 1997.

図4　図3に同じ。

31

図1　EMIミュージック・ジャパン提供。

図2　図1に同じ。

図3　図1に同じ。

32

図1　Katherine Coombs, *The Portrait Miniature in England*. London: V&A Publications, 1998.

図2　David Bindman gen. ed., *The Thames and Hudson Encyclopaedia of British Art*. London: Thames and Hudson, 1985.

図3　William Gaunt, *English Painting*. London: Thames and Hudson, 1988.

33

図1　William Gilpin, *Three Essays: On Picturesque Beauty; On Picturesque Travel; and On Sketching Landscape: with a Poem on Landscape Painting*. London: T. Cadell and W. Davies, 1808.

図2　図1に同じ。

図3　Robert Wolf, *Romanticism*. London: Taschen, 2007.

図4　Murray Roston, *Changing Perspectives in Literature and Visual Arts: 1650-1820*. New Jersey, Princeton UP, 1990.

図5　William Vaughan, *Romanticism and Art*. London: Thames and Hudson, 1969.

34

図1　絵葉書。

図2　Graham Reynold, *Turner*. London: Thames and Hudson, 1969.

図3　*Glastonbury Abbey*. London: Pitkin Pictorials, 1992.

図4　*Fountains Abbey & Studley Royal*. Swindon: The National Trust, 1988.

図5　*Italy: A Picture Memory*, Godalming: CLB, 1992.

図6　Jeffery W. Whitelaw, *Follies*. Princes Risborough: Shire Publications, 1997.

35

図1　Ian Norrie ed., *Writers and Hampstead*. London: High Hill Press, 1987.

図2　Christopher Hibbert ed., *The Encyclopaedia of Oxford*. Macmillan, 1988.

図3　Simon Winchester, *The Professor and the Madman: A Tale of Murder, Insanity, and the Making of the Oxford English Dictionary*. New York: Harper Collins, 1998.

図4　図3に同じ。

第5章

36

図1　Christopher Hibbert, *Social History of Victorian Britain*. London: Book Club Associates,

1976.

図2　Lewis Carroll, *The Annotated Alice.* Ed. Martin Gardner. London: Penguin, 2002.

37

図1　R. L. Arrowsmith, *Charterhouse: Coloured Reproductions of Two Exterior Views as Originally Published by Ackermann in 1816.* London, 1958.

図2　英国政府観光庁写真提供。

図3　図2に同じ。

38

図1　Jeremy Black, *The Grand Tour in the Eighteenth Century.* Sutton Publishing, 1992.

図2　Malcolm Andrews, *The Search for the Picturesque.* Stanford: Stanford UP, 1990.

図3　Jonathan Scott, *Salvator Rosa.* Yale University Press, 1995.

39

図1　英国政府観光庁写真提供。

図2　図1に同じ。

図3　黒岩雅志氏撮影。

図4　図1に同じ。

図5　図3に同じ。

40

図1　Kathryn Hughes, *The Victorian Governess.* New York: Hambledon, 1993.

図2　図1に同じ。

図3　図1に同じ。

図4　アリス・レントン『歴史のなかのガヴァネス――女性家庭教師とイギリスの個人教育』河村貞枝訳，高科書店，1998年。

41

図1　佐久間康夫氏撮影。

図2　Harold Pinter, *Celebration & The Room.* Faber and Faber, 2000.

図3　劇団四季提供。山之上雅信氏撮影。

第6章

42

図1　John Lowerson, *Sport and the English Middle Classes 1870-1914.* Manchester: Manchester UP, 1995.

43

図1　佐久間康夫・中野葉子・太田雅孝『概説 イギリス文化史』ミネルヴァ書房，2002年。

図2　図1に同じ。

44

図1　George R. Sims, *Living London.* London: Cassell, 1902-3.

図2　図1に同じ。

図3　図1に同じ。

図4　Evening Standard, *Images of London*. Derby: Breedon, 1995.

図5　図1に同じ。

図6　Richard Holt, *Sport and the British*. Oxford: Oxford UP, 1989.

45

図1　太田雅孝氏撮影。

図2　図1に同じ。

図3　Mark Hallett and Christine Riding, *Hogarth*. London: Tate Publishing, 2006.

図4　図3に同じ。

図5　Eric R. Delderfield, *British Inn Signs and their Stories*. London: David & Charles Macdonald, 1965.

46

図1　佐久間康夫氏撮影。

図2　劇団四季提供。荒井健氏撮影。

図3　*The Mousetrap Story: Souvenir Book*. St. Martin's Theatre.

47

図1　佐久間康夫氏撮影。

図2　劇団四季提供。山之上雅信氏撮影。

図3　劇団四季提供。荒井健氏撮影。

第7章

48

図1　Ben Weinreb, Christopher Hibbert, Julia Keay, John Keay eds., *The London Encyclopedia*. 3rd Edition. London: Macmillan, 2008.

図2　図1に同じ。

図3　図1に同じ。

49

図1　Gavin Weightman, *London River: The Thames Story*. London: Collins, 1990.

図2　図1に同じ。

図3　図1に同じ。

図4　George R. Sims, *Living London*. London: Cassell, 1902-3.

図5　David Perrott ed., *Ordnance Survey Guide to the River Thames*. London: Nicholson, 1994.

図6　Gavin Weightman, *London's Thames*. London: John Murray, 2004.

50

図1　絵葉書。

図2　Pamela Pilbeam, *Madame Tussaud and the History of Waxworks*. London: Hambledon and London, 2003.

図3　"Madame Tussaud's Exhibition: Bazaar Baker Street." 岩田託子氏所蔵版画。

51

図1　青柳正規責任編集『ギリシャ・パルテノンの栄光』日本放送出版協会，1990年。

図 2　The Trustees of The British Museum, *The British Museum 250 Years.* The British Museum Press, 2003.

図 3　吉村作治責任編集『エジプト・大ファラオの帝国』日本放送出版協会，1990年。

図 4　図 3 に同じ。

図 5　図 2 に同じ。

52

図 1　窪田憲子氏撮影。

図 2　図 1 に同じ。

図 3　図 1 に同じ。

図 4　図 1 に同じ。

53

図 1　Jay Appleton, *The Experience of Landscape.* Chichester: John Wiley & Sons, 1996.

図 2　Christopher Thacker, *The History of Garden.* Berkeley and Los Angeles: U of California P, 1979.

図 3　Humphry Repton, *The Landscape Gardening and Landscape Architecture of the Late Humphry Repton, Esq.* Bristol: Thoemmes Press, 2001.

図 4　杉恵惇宏氏提供。

54

図 1　Frank Kermode, ed., *English Pastoral Poetry from the Beginning to Marvell: An Anthology.* New York: W. W. Norton, 1952.

図 2　Mary Lynn Johnson and John E. Grant, *Blake's Poetry and Designs.* New York & London: W. W. Norton, 1979.

図 3　Ian Ousby, *The Cambridge Guide to Literature in English.* Cambridge: Cambridge UP, 1993.

図 4　*Andrew Marvell: Poet & Politician.* London: The British Library, 1978.

55

図 1　高階玲子氏撮影。

図 2　図 1 に同じ。

図 3　The National Trust ed., *Handbook for Members and Visitors.* 2008. 高階玲子氏撮影。

参考文献

▒ 第1章

1

井野瀬久美恵『大英帝国という経験』講談社，2007年。

コリー，リンダ『イギリス国民の誕生』川北稔訳，名古屋大学出版会，2000年。

富山太佳夫『文化と精読——新しい文学入門』名古屋大学出版会，2003年。

森護『ユニオン・ジャックの物語——英国旗ができるまで』中公新書，1992年。

Newman, Gerald. *The Rise of English Nationalism: A Cultural History, 1720-1830.* Palgrave Macmillan, 1987.

2

波多野裕造『物語アイルランドの歴史』中央公論社，1994年。

堀越智『北アイルランド紛争の歴史』論創社，1996年。

松村賢一編『アイルランド文学小事典』研究社出版，1999年。

Deane, Seamus. *A Short History of Irish Literature.* London: Hutchinson, 1986.

Ellmann, Richard. *Four Dubliners: Wilde, Yeats, Joyce and Beckett.* New York: G. Braziller, 1987.

Ellmann, Richard. *James Joyce.* Oxford: Oxford UP, 1982.

Skelton, Roby. *J. M. Synge and His World.* London: Thames and Hudson, 1972.

3

エリュエール，クリスチアーヌ『ケルト人——蘇るヨーロッパ「幻の民」』鶴岡真弓監修，田辺希久子・松田廸子・湯川史子訳，創元社，1994年。

鶴岡真弓・松村一男『図説　ケルトの歴史——文化・美術神話をよむ』河出書房新社，1999年。

グリーン，ミランダ・J.『ケルト神話・伝説事典』井村君江・大橋篤子訳，東京書籍，2006年。

トランター，ナイジェル『スコットランド物語』杉本優訳，大修館書店，1997年。

『マビノギオン——中世ウェールズ幻想物語集』中野節子訳，JURA出版社，2000年。

4

有満保江『オーストラリアのアイデンティティ——文学にみるその模索と変容』東京大学出版会，2003年。

木畑洋一編『大英帝国と帝国意識——支配の深層を探る』ミネルヴァ書房，1998年。

竹内幸雄『イギリス人の帝国——商業，金融そして博愛』ミネルヴァ書房，2000年。

ハンフリーズ，マーガレット『からのゆりかご——大英帝国の迷い子たち』都留信夫・都留敬子訳，日本図書刊行会，1997年。

5

石原保徳・原田範行『新しい世界への旅立ち』岩波書店，2006年。

杉浦昭典『海賊キャプテン・ドレーク——イギリスを救った海の英雄』中公新書，1987年。

別枝達夫『キャプテン・キッド——権力と海賊の奇妙な関係』中公新書，1973年。

別枝達夫『海事史の舞台——女王・海賊・香料』みすず書房，1979年。
Dear, I. C. B. & Peter Kemp. *Oxford Companion to Ships and the Sea.* Oxford: Oxford UP, 2006.

6

川北稔『砂糖の世界史』岩波ジュニア新書，1996年。

サイード，エドワード・W.『文化と帝国主義１・２』大橋洋一訳，みすず書房，1998年および2001年。

富山太佳夫『英文学への挑戦』岩波書店，2008年。

ミルトン，ジャイルズ『奴隷になったイギリス人の物語——イスラムに囚われた100人の白人奴隷』仙名紀訳，アスペクト，2006年。

Colley, Linda. *Captives: Britain, Empire and the World, 1600-1850.* Jonathan Cape, 2002.

7

多木浩二『船がゆく——キャプテン・クック　支配の航跡』新書館，1998年。

谷田博幸『極北の迷宮——北極探検とヴィクトリア朝文化』名古屋大学出版会，2000年。

文学・環境学会編『たのしく読めるネイチャーライティング』ミネルヴァ書房，2000年。

ポーター，アンドリュー・N.『大英帝国歴史地図——イギリスの海外進出の軌跡』横井勝彦・山本正訳，東洋書林，1996年。

リード，エリック『旅の思想史——ギルガメシュ叙事詩から世界観光旅行へ』伊藤誓訳，法政大学出版局，1993年。

Oxford Atlas of Exploration. Oxford UP, 1998.

8

谷田博幸『唯美主義とジャパニズム』名古屋大学出版会，2004年。

松村昌家『水晶宮物語——ロンドン万国博覧会1851』筑摩書房，2000年。

Hobhouse, Hermione. *The Crystal Palace and the Great Exhibition: Art, Science and Productive Industry.* London: The Athlone Press, 2002.

9

井野瀬久美恵『大英帝国という経験』講談社，2007年。

佐々木雄太編著『世界戦争の時代とイギリス帝国』ミネルヴァ書房，2006年。

清水一嘉·鈴木俊次編『第一次世界大戦とイギリス文学』世界思想社，2006年。

Barlow, Adrian, ed. *The Great War in British Literature.* Cambridge: Cambridge UP, 2000.

Bergonzi, Bernard. *Wartime and Aftermath: English Literature and its Background 1939-1960.* Oxford UP, 1993.

第**2**章

10

Lee-Potter, Lynda. *A Class Act: How to Beat the British Class System.* London: Metro Books, 2000.
Marwick, Arthur. *British Society 1945.* Penguin Books, 2003.
Mitford, Nancy, ed. *Noblesse Oblige: An Enquiry into the Identifiable Characteristics of the English Aristocracy.* 1956. Oxford UP, 1989.

Mount, Ferdinand. *Mind the Gap: The New Class Divide in Britain.* London: Short Books, 2004.
11
メイソン，フィリップ『イギリスの紳士』金谷展雄訳，晶文社，1991年。
Cannadine, David. *The Decline and Fall of the British Aristocracy.* London: Macmillan, 1996.
Perkin, Harold. *The Rise of Professional Society: England Since 1880.* London: Routledge, 1989.
Young, Arlene. *Culture, Class and Gender in the Victorian Novel: Gentlemen, Gents and Working Women.* London: Macmillan Press, 1999.
12
青山吉信・今井宏編『新版　概説イギリス史　伝統的理解をこえて』有斐閣選書，1991年。
荒井利明『英国王室と英国民』平凡社新書，2000年。
小林章夫『イギリス王室物語』講談社現代新書，1996年。
森護『英国王室史話（上下)』中公文庫，2000年。
Norton, Philip, *The British Polity.* Fourth Edition, Paperback, 2000.
ホームページ　www.royal.gov.uk/
13
池上良太『図解メイド』新紀元社，2006年。
ホーン，パメラ『ヴィクトリアン・サーヴァント――階下の世界――』子安雅博訳，英宝社，2005年。
森薫・村上リコ『エマ　ヴィクトリアンガイド』エンターブレイン，2003年。
Hayward, Edward. *Upstairs & Downstairs: Life in an English Country House.* 1998; Andover: Pitkin, 2007.
Light, Alison. *Mrs. Woolf & the Servants: The Hidden Heart of Domestic Service.* London: Fig Tree, 2007.
Sambrook, Pamela A. *The Country House Servant.* Phoenix Mill: Sutton Publishing, 1999.
Waterfield, Giles et. al. *Below Stairs: 400 Years of Servants' Portraits.* London: National Portrait Gallery, 2003.
14
小谷賢『イギリスの情報外交――インテリジェンスとは何か』PHP研究所，2004年。
川成洋『紳士の国のインテリジェンス』集英社，2007年。
メルトン，H. キース『スパイ・ブック』伏見威蕃訳，朝日新聞社，1997年。
Stone, Nancy-Stephani. *A Reader's Guide to the Spy and Thriller Novel.* New York: G. K. Hall, 1997.
Wark, Wesley K., ed. *Spy Fiction, Spy Films, and Real Intelligence.* London: Frank Cass, 1991.
15
ウーズビー，イーアン『天の猟犬　ゴドウィンからドイルに至るイギリス小説の中の探偵』小池滋・村田靖子訳，東京図書，1991年。
早川書房編集部『ミステリ・ハンドブック』早川書房，1991年。
益子政史『スコットランド・ヤード――ロンドン　悪の系譜』朝日イブニングニュース社，1986年。
丸谷才一編『探偵たちよ　スパイたちよ』文藝春秋社，1991年。
武藤浩史・川端康雄・遠藤不比人・大田信良・木下誠編『愛と戦いのイギリス文化史　1900年―1950

年』慶應義塾大学出版会，2007年。

16

今野耿介『英国警察制度概説』原書房，2000年。

ドニックル，エドワード『ムンクを追え！「叫び」奪還に賭けたロンドン警視庁美術特捜班の100日』河野純治訳，光文社，2006年。

内藤弘『スコットランド・ヤード物語』晶文社，1996年。

林田敏子『イギリス近代警察の誕生——ヴィクトリア朝ボビーの社会史』昭和堂，2002年。

ミラー，D. A.『小説と警察』村山敏勝訳，国文社，1996年。

17

『ホモセクシュアリティ』土屋恵一郎編，富山太佳夫監訳，弘文堂，1994年。

Bray, Alan. *Homosexuality in Renaissance England.* London: Gay Men's Press, 1982.

Dowling, Linda. *Hellenism and Homosexuality in Victorian Oxford.* Ithaca: Cornell UP, 1994.

Hyde, H. Montgomery. *The Trials of Oscar Wilde.* New York: Dover, 1973.

Sedgwick, Eve K. *Between Men: English Literature and Male Homosocial Desire.* New York: Columbia UP, 1985.

18

上田和夫『ユダヤ人』講談社現代新書，1986年。

エリオット，ジョージ『ダニエル・デロンダ１・２・３』淀川郁子訳，松籟社，1993年。

河野徹『英米文学のなかのユダヤ人』みすず書房，2001年。

佐藤唯行『英国ユダヤ人——共生をめざした流転の民の苦闘』講談社メチエ，1995年。

度会好一『ユダヤ人とイギリス帝国』岩波書店，2007年。

第３章

19

小野二郎『紅茶を受皿で』晶文社，1981年。

小林章夫『コーヒーハウス』駸々堂出版，1984年／講談社，2000年。

角山榮『茶の世界史』中央公論社，1980年。

Burgess, Anthony, Marc Walter, and Ghislaine Bavoillot eds. *The Book of Tea.* Paris: Flammarion, 1992.

Ellis, Markman. *The Coffee House: A Cultural History.* London: Weidenfeld & Nicolson, 2004.

Pettigrew, Jane. *A Social History of Tea.* London: The National Trust, 2001.

Smith, Woodruff D. *Consumption and the Making of Respectability, 1600-1800.* New York, London: Routledge, 2002.

Wild, Antony. *Coffee: A Dark History.* New York, London: W. W. Norton, 2005.（三角和代訳『コーヒーの真実』白揚社，2007年）

20

安田和代・朝倉利恵『ロンドンのアンティーク』日経BP出版センター，2007年。

小山登美夫『現代アートビジネス』アスキー新書，2008年。

六嶋由岐子『ロンドン骨董街の人びと』新潮文庫，2001年。

21

松田浩『NHK——問われる公共放送』岩波新書，2008年。

蓑葉信弘『BBCイギリス放送協会——パブリックサービス放送の伝統』第二版，東信堂，2003年。

リープマン，マイケル『ドキュメントBBC王国の崩壊』桜井元雄訳，日本放送協会，1989年。

ホームページ　www.bbc.co.uk/

22

クレイグ，グレンディ編『ギネス世界記録 2009』ゴマブックス，2008年。

こゆるぎ次郎『GUINNESS アイルランドが産んだ黒いビール』小学館，2005年。

Corcoran, Tony. *The Goodness of Guinness: The Brewery, Its People and the City of Dublin.* Dublin: Liberties Press, 2005.

Glenday, Craig, ed. *Guinness World Records 2009.* Stamford: Guinness Media, 2008.

Guinness, Michele. *The Guinness Spirit: Brewers, Bankers, Ministers and Missionaries.* London: Hodder and Stoughton, 1999.

23

グランディ，イザベル「王政復古期と18世紀」，パット・ロジャーズ『図説イギリス文学史』櫻庭信之監訳，第５章，大修館書店，1990年。

櫻庭信之「近代小説の誕生」，『講座　英米文学史』大修館書店，1971年。

大英図書館プレス・リリース〈http://www.bl.uk/news/pressreleases.html〉

高山宏『近代文化史入門——超英文学講義』講談社学術文庫，2007年。

Blythe, Ronald. *The Penguin Book of Diaries.* Harmondsworth: Penguin, 1989.

英国郵便博物館HP
〈http://postalheritage.org.uk/history/downloads/BPMA_Info_Sheet_MailCoaches_web.pdf〉

24

『聖書　新共同訳』日本聖書協会，1987年。

馬場嘉市編『新聖書大辞典』キリスト新聞社，1971年。

高橋裕子『イギリス美術』岩波新書，1998年。

Shelley, Mary Wollstonecraft. *Frankenstein; or, The Modern Prometheus.* Second Edition. Ed. D. L. Macdonald & Kathleen Scherf. Peterborough, Ontario: Broadview, 2004.（森下弓子訳『フランケンシュタイン』創元推理文庫，1995年）

"The Lindisfarne Gospels"〈http://www.fathom.com/course/33702501ndex.html〉

25

アリエス，フィリップ『死を前にした人間』成瀬駒男訳，みすず書房，1990年。

アリエス，フィリップ『図説　死の文化史—ひとは死をどのように生きたか』福井憲彦訳，日本エディタースクール出版部，1990年。

Jupp, Peter C., and Clare Gettings, eds. *Death in England: An Illustrated History.* Manchester: Manchester University Press, 1999.

Litten, Julian. *The English Way of Death: The Common Funeral Since 1450.* London: Robert Hale,

1991.
Wright, Geoffrey N. *Discovering Epitaphs.* Princes Risborough: Shire Publications, 1996.
26
石原孝哉『幽霊（ゴースト）のいるイギリス史』集英社，2003年。
サリヴァン，ジャック編『幻想文学大事典』高山宏・風間賢二日本語監修，国書刊行会，1999年。
Spencer, John, and Anne Spencer. *Collins Ghost Hunters Guide to Britain.* London: Collins, 2000.
Tymn, Marshall B., ed. *Horror Literature: A Core Collection and Reference Guide.* New York: R. R. Bowkere Company, 1981.
Underwood, Peter. *The A-Z of British Ghosts: An Illustrated Guide to 236 Haunted Sites, 3rd edition.* London: Chancellor Press, 1993.
Westwood, Jennifer, and Jacqueline Simpson. *The Penguin Book of Ghosts.* London: Allen Lane, 2008.
27
稲賀繁美『絵画の東方——オリエンタリズムからジャポニスムへ』名古屋大学出版会，1999年。
佐野真由子『オールコックの江戸』中央公論新社，2003年。
細谷千博，イアン・ニッシュ監修『日英交流史1600－2000』東京大学出版会，2000年。
馬渕明子『ジャポニスム——幻想の日本』ブリュッケ， 1997年。
由水常雄『ジャポニスムからアール・ヌーヴォーへ』中央公論新社，1994年。
ロジャーズ，Ｐ．Ｇ．『日本に来た最初のイギリス人——ウィリアム・アダムズ＝三浦按針』幸田礼雅訳，新評論，1993年。
Lambourne, Lionel. *Japonisme: Cultural Crossings Between Japan and the West.* London: Phaidon Press, 2007.
Wichmann, Siegfried. *Japonisme: The Japanese Influence on Western Art Since 1858.* London: Thames & Hudson, 1999.

第4章

28
高田康成・野田学・河合祥一郎編『シェイクスピアへの架け橋』東京大学出版会，1998年。
高橋康也・喜志哲雄・大場建治・村上淑郎編『研究社シェイクスピア辞典』研究社出版，2000年。
日本シェイクスピア協会編『新編　シェイクスピア案内』研究社出版，2007年。
Bate, Jonathan and Russell Jackson, eds. *Shakespeare: An Illustrated Stage History.* Oxford: Oxford UP, 1996.
Bate, Jonathan. *The Genius of Shakespeare.* London: Picador, 1997.
Dobson, Michael and Stanley Wells, eds. *The Oxford Companion to Shakespeare.* Oxford: Oxford UP, 2001.
Martineau, Jane ed. *Shakespeare in Art.* London: Merrell Holleston, 2003.
29
小池滋『ゴシックを読む』岩波書店，1999年。

酒井健『ゴシックとは何か――大聖堂の精神史』講談社，2000年。
Burke, Edmund. *A Philosophical Enquiry into the Origin of Our Ideas of the Sublime and Beautiful.* Oxford: Oxford UP, 2009.
Frank, Frederick S. *The First Gothics: A Critical Guide to the English Gothic Novel.* New York: Garland Publishing, 1987.
Norton, Rictor, ed. *Gothic Readings: The First Wave 1764-1840.* London and New York: Leicester UP, 2000.
Punter, David, ed. *A Companion to the Gothic.* Oxford: Blackwell, 1999.
30
生田耕作『ダンディズム――栄光と悲惨』中公文庫，1999年。
ケンプ，ロジェ『ダンディ――ある男たちの美学』桜井哲夫訳，講談社，1989年。
Baudelaire, Charles. *Œuvres Romanesques Complètes I.* Ed. Claude Pichois. Paris: Gallimard, 1976.
Jackson, Holbrook. *The Eighteen Nineties: A Review of Art and Ideas at the Close of Nineteenth Century.* London: Grant Richards, 1922.
Raby, Peter, ed. *The Cambridge Companion to Oscar Wilde.* Cambridge: Cambridge UP, 1997.
31
Roylance, Brian, et al., ed. *The Beatles Anthology by the Beatles.* San Francisco: Chronicle Books, 2000.
Schwartz, Roberta. *How Britain Got the Blues: The Transmission and Reception of American Blues Style in the United Kingdom.* London: Ashgate Publishing, 2007.
32
高橋裕子『イギリス美術』岩波新書，1998年。
出口保夫・齊藤貴子『楽しいロンドンの美術館めぐり』講談社，2007年。
濱下昌宏「イギリスのロココ」，高階秀爾責任編集『世界美術大全集　西洋編　第18巻　ロココの時代』小学館，1998年。
Coombs, Katherine. *The Portrait Miniature in England.* London: V&A Publications, 1998.
Gaunt, William. *English Painting.* London: Thames and Hudson, 1988.
Vaughan, William. *British Painting: The Golden Age.* London: Thames and Hudson, 1999.
33
千足伸行「イギリスのロマン主義絵画」，高階秀爾責任編集『世界美術大全集　西洋編　第20巻　ロマン主義』小学館，1998年。
高橋裕子『イギリス美術』岩波新書，1998年。
Andrews, Malcolm, ed. *The Picturesque: Literary Sources & Documents.* East Sussex: Helm Information, 1994.
Gaunt, William. *English Painting.* London: Thames and Hudson, 1988.
Vaughan, William. *Romanticism and Art.* London: Thames and Hudson, 2006.
34
ウッドワード，クリストファー『廃墟論』森夏樹訳，青土社，2004年。

志子田光雄・志子田富壽子『イギリスの修道院——廃墟の美への招待』研究社出版，2002年。
谷川渥『廃墟の美学』集英社，2003年。
Hull, Lise. *Understanding the Castle Ruins of England and Wales: How to Interpret the History and Meaning of Masonry and Earthworks.* Jefferson: McFarland, 2008.
Morrissey, Lee. *From the Temple to the Castle: An Architectural History of British Literature, 1660-1760.* Chalottesville and London: UP of Virginia, 1999.
Meir, Jennifer. *Sanderson Miller and His Landscapes.* West Sussex: Phillimore, 2006.

35

ウィンチェスター，サイモン『博士と狂人——世界最高の辞書ＯＥＤの誕生秘話』鈴木主悦訳，早川書房，2006年。

ジャクソン，ハワード『英語辞書学への招待』南出康世・石川慎一郎訳，大修館書店，2004年。

ヒッチングズ，ヘンリー『ジョンソン博士の「英語辞典」——世界を定義した本の誕生』田中京子訳，みすず書房，2007年。

ボズウェル，J.『ジョンソン博士の言葉』中野好之訳，みすず書房，2002年。

西山保『オックスフォード英語辞典第三版（2010年発行）その栄光と影』英宝社，2004年。

▒ 第5章

36

アリエス，フィリップ『子供の誕生』杉山光信・杉山恵美子訳，みすず書房，1981年。
Hibbert, Christopher. *Social History of Victorian Britain.* London: Book Club Associates, 1976.
Mitchell, Sally, ed. *Victorian Britain: An Encyclopedia.* New York and London: Garland Publishing, 1988.
Orme, Nicholas. *From Childhood to Chivalry: The Education of the English Kings and Aristocracy 1066-1530.* London and New York: Methuen, 1984.
Pollock, Linda A. *Forgotten Children: Parent-Child Relations from 1500-1900.* Cambridge: Cambridge UP, 1984.

37

伊村元道『英国パブリック・スクール物語』丸善ライブラリー，1993年。

ウォルフォード，G.『パブリック・スクールの社会学——英国エリート教育の内幕』竹内洋・海部優子訳，世界思想社，1996年。

サザランド，ダグラス『英国紳士の子供』小池滋訳，秀文インターナショナル，1998年。

竹内洋『パブリック・スクール——英国式受験とエリート』講談社現代新書，1993年。

Hughes, Thomas. *Tom Brown's Schooldays, 1857. rpt.* Oxford World Classics. Oxford: Oxford UP, 1999.

38

小森陽一ほか編『岩波講座　文学７　つくられた自然』岩波書店，2003年。

高橋哲雄『イギリス歴史の旅』朝日出版社，1996年。

久守和子・大神田丈二・中川僚子編著『旅するイギリス小説——移動の想像力』ミネルヴァ書房，

2000年。
本城靖久『グランド・ツアー——英国貴族の放蕩旅行』中央公論新社，1944年。
Andrews, Malcolm. *The Search for the Picturesque.* Stanford: Stanford UP, 1889.
Black, Jeremy. *The British Abroad: The Grand Tour in the Eighteenth Century.* London: Sutton Publishing, 1992.
Copley, Stephen and Peter Garside. *The Politics of the Picturesque.* Cambridge: Cambridge UP, 1995.

39

安部悦生『ケンブリッジのカレッジ・ライフ——大学町に生きる人々』中公新書，1997年。

ディーコン，リチャード『ケンブリッジのエリートたち』橋本稔訳，晶文社，1988年。

中野葉子『オックスフォードの贈り物』廣済堂，1995年。

Morris, Jan. *Oxford.* 3rd ed. Oxford: Oxford Paperbacks, 2001.

40

秋山麻実「辺縁としてのガヴァネス——リスペクタビリティからの逸脱」，河村貞枝・今井けい編『イギリス近現代女性史研究入門』青木書店，2006年。
川本静子『ガヴァネス——ヴィクトリア時代の〈余った女〉たち』みすず書房，2007年。
レントン，アリス『歴史のなかのガヴァネス』河村貞枝訳，高科書店，1998年。
Brandon, Ruth. *Governess: The Lives and Times of the Real Jane Eyres.* London: Walker & Co, 2008.
Clarke, Patricia, ed. *The Governesses: Letters from the Colonies 1862-1882.* London: Hutchinson, 1985.
Hughes, Kathryn. *The Victorian Governess.* New York: Hambledon, 1993.

41

小田島雄志『ジョン・オズボーン』研究社出版，1970年。

テイラー，J. R.『怒りの演劇』喜志哲雄ほか訳，研究社出版，1975年。

トラスラー，S.『オズボーン』中野里皓史訳，研究社出版，1971年。

ピンター，ハロルド『何も起こりはしなかった——劇の言葉，政治の言葉』喜志哲雄編訳，集英社，2007年。

ワトソン，G. J.『演劇概論——ソフォクレスからピンターまで』佐久間康夫訳，北星堂書店，1990年。

第6章

42

Lowerson, John. *Sport and the English Middle Classes, 1870-1914.* Manchester: Manchester UP, 1993.
On the Move 1900-1970. London: HMSO, 1995.
Quennell, Marjorie and C. H. B. *A History of Everyday Things in England: Volume Ⅳ 1851-1914.* London: B. T. Batsford Ltd., 1958.

43

小池滋『英国鉄道物語』晶文社，1979年。

本城靖久『トーマス・クックの旅——近代ツーリズムの誕生』講談社，1996年。
44
稲垣正浩『イギリス文学のなかにスポーツ文化を読む』叢文社，2006年。
山本浩『フットボールの文化史』筑摩書房，1998年。
Baedeker, Karl. *London and Its Environs: Handbook for Travellers.* London: Dulau, 1902.
Green, Brian. *Dulwich: A History.* London: College Press, 2002.
Holt, Richard. *Sport and the British.* New York: Oxford UP, 1989.
45
飯田操『パブとビールのイギリス』平凡社，2008年。
小林章夫『図説　ロンドン都市物語——パブとコーヒーハウス』河出書房新社，1998年。
森護『英国史のティータイム』大修館書店，1991年。
Haydon, Peter. *Beer and Britannia: An Inebriated History of Britain.* Phoenix Mill: Sutton, 2001.
Protz, Roger, ed. *Good Beer Guide 2007.* St Albans: Campaign for Real Ale, 2006/2007.
46
植草甚一『クライム・クラブへようこそ』晶文社，1978年。
蛭川久康ほか編『ロンドン事典』大修館書店，2002年。
メイ，ロビン『世界演劇事典』佐久間康夫編訳，開文社出版，1999年。
Bergan, Ronald. *The Great Theatres of London.* London: Prion, 1987.
Trussler, Simon. *British Theatre.* Cambridge: Cambridge UP, 1994.
47
壌晴彦，ワークショップMOM『ロンドン　ウェスト・エンド物語』ＰＨＰ研究所，1993年。
ハートノル，メイ『演劇の歴史』白川宣力・石川敏男訳，朝日出版社，1981年。
エスリン，マーティン『演劇の解剖』佐久間康夫訳，北星堂書店，1991年。
Innes, Christopher. *Modern British Drama 1890-1990.* Cambridge: Cambridge UP, 1992.
Wickham, Glynne. *A History of the Theatre.* 2nd ed. London: Phaidon Press, 1992.

▒ 第７章

48
出口保夫『図説ロンドン塔と英国王室の九百年』柏書房，2009年。
出口保夫『ロンドン塔——光と影の九百年』中央公論社，1993年。
Hicks, Michael. *The Prince in the Tower: The Short Life and Mysterious Disappearance of Edward V.* Stroud, Gloucestershire: Tempus Publishing, 2007.
Stow, John. *A Survey of London.* Ed. Antonia Fraser. 1598. Stroud, Gloucestershire: Sutton Publishing, 2005.
Weinreb, Ben, Christopher Hibbert, Julia Keay, and John Keay, eds. *The London Encyclopedia.* 3rd edition. London: Macmillan, 2008.

49

ウェイトマン，ガヴィン『テムズ河物語』植松靖夫訳，東洋書林，1996年。

Ackroyd, Peter. *Thames: Sacred River*. London: Chatto & Windus, 2007.

Batey, Mavis Henrietta Buttery, David Lambert, and Kim Wilkie, eds. *Arcadian Thames: The River Landscape from Hampton to Kew*. London: Barn Elms, 1994.

Bloundelle-Burton, John. "Thames Pleasures and Sports", *Living London*. Ed. George R. Sims. vol. 2. London: Cassell, 1902.

Dickens, Charles Jr. *Dickens's Dictionary of the Thames 1887*. Devon: Old House Books, 1994.

Perrott, David ed. *Ordnance Survey Guide to the River Thames*. London: Nicholson, 1994.

50

Berridge, Kate. *Waxing Mythical: The Life & Legend of Madame Tussaud. 2006*. London: John Murray, 2007.

Chapman, Pauline. *Madame Tussaud's Chamber of Horrors: Two Hundred Years of Crime*. London: Constable, 1984.

Chapman, Pauline. *Madame Tussaud in England: Career Woman Extraordinary*. London: Quiller Press, 1992.

Pilbeam, Pamela. *Madame Tussaud and the History of Waxworks*. London: Hambledon and London, 2003.

Ransom, Teresa. *Madame Tussaud: A Life and a Time*. Stroud: Sutton Publishing Limited, 2003.

51

ウィルソン，デイヴィッド・M.『大英博物館の舞台裏』中尾太郎訳，平凡社，1994年。

長澤和俊責任編集『NHK 大英博物館』全６巻，日本放送出版協会，1991年。

藤野幸雄『大英博物館』岩波新書，1975年。

吉田憲司，ジョン・マック編『異文化へのまなざし——大英博物館と国立民族学博物館のコレクションから』NHKサービスセンター，1997年。

Jenkins, Ian. "The 1930s cleaning of the Parthenon Sculptures in the British Museum," The British Museum. March 3, 2014. 〈https://www.britishmuseum.org/about_us/news_and_press/statements/parthenon_sculptures/1930s_cleaning.aspx〉

MacGregor, Neil. *The Museum: Behind the Scenes at the British Museum*. BBC Publishing, 2007.

Merucouri, Melina. "Melina's Speech to the Oxford Union." March 3, 2014. 〈http://www.org/parthenon/marbles/speech.htm〉

"Museum admits 'scandal' of Elgin Marbles." Dec. 1, 1999. BBC News. March 3, 2014. 〈http://news.bbc.co.uk/2/hi/uk/543077.stm〉

52

片木篤『イギリスのカントリーハウス』丸善，1988年。

杉恵惇宏『英国カントリー・ハウス物語』彩流社，1998年。

田中亮三『図説　英国貴族の城館——カントリー・ハウスのすべて』河出書房新社，1999年。

Girouard, Mark. *Life in the English Country House: A Social and Architectural History*. New York: Yale

University Press, 1994.
Wilson, Richard and Alan Mackley. *Creating Paradise: The Building of the English Country House, 1660-1880.* London: Hambledon, 2001.
『MANOR HOUSE（マナーハウス）――英國発 貴族とメイドの90日』（DVD）

53
赤川裕『英国ガーデン物語――庭園のエコロジー』研究社出版，1997年。

安西信一『イギリス風景式庭園の美学――〈開かれた庭〉のパラドックス』東京大学出版会，2000年。

川崎寿彦『楽園のイングランド――パラダイスのパラダイム』河出書房社，1991年。

川崎寿彦『庭のイングランド――風景の記号学と英国近代史』名古屋大学出版局，1983年。

高山宏『庭の綺想学――近代西欧とピクチャレスク美学』ありな書房，1995年。

田路貴浩『イギリス風景庭園――水と緑と空の造形』丸善，2000年。

中山理『イギリス庭園の文化史――夢の楽園と癒しの庭園』大修館書店，1993年。

中尾真理『英国式庭園――自然は直線を好まない』講談社，1999年。

Hadfield, Miles. *A History of British Gardening.* London: Penguin, 1985.

Crawford, Rachel. *Poetry, Enclosure, and the Vernacular Landscape 1700-1830.* Cambridge: Cambridge UP, 2002.

54
Abrams, M. H. *A Glossary of Literary Terms: Fifth Edition.* New York: Holt, Rinehart and Winston, 1985.
Empson, William. *Some Versions of Pastoral.* New York: New Directions, 1974; orig.,1935.
Gifford, Terry. *Pastoral.* London and New York: Routledge, 1999.
Heaney, Seamus. *Preoccupations: Selected Prose 1968-1978.* London: Faber and Faber, 1980.
Kermode, Frank. ed. 1952. *English Pastoral Poetry: from the Beginning to Marvell.* New York: W. W. Norton, 1972.
Preminger, Alex, Frank J. Warnke, and O. B. Hardison, Jr., eds. *Princeton Encyclopedia of Poetry and Poetics: Enlarged Edition.* New Jersey: Princeton UP, 1974.

55
木原啓吉『ナショナル・トラスト』三省堂選書，1996年。
四元忠博『ナショナル・トラストの軌跡 1895-1945』緑風出版，2003年。
四元忠博『ナショナル・トラストへの招待』緑風出版，2007年。
National Trust. *The National Trust Handbook for Members and Visitors.* (published annually)
Newby, Howard, ed. *The National Trust — The Next Hundred Years.* The National Trust, 1995.
ホームページ 〈www.nationaltrust.org.uk/〉

中川僚子（なかがわ・ともこ）　7，23，51

現在　聖心女子大学教授

著書　『D. H. ロレンスと現代』（共著）国書刊行会，1995年
『ヒューマニズムの変遷と展望』（共著）未来社，1997年
『誘惑するイギリス』（共著）大修館書店，1999年
『旅するイギリス小説』（共編著）ミネルヴァ書房，2000年
『〈インテリア〉で読むイギリス小説』（共編著）ミネルヴァ書房，2003年
『〈食〉で読むイギリス小説』（共編著）ミネルヴァ書房，2004年

中野葉子（なかの・ようこ）　3，Introduction 5，37，39

現在　早稲田大学講師

著書　『〈身体〉のイメージ――イギリス文学からの試み』（共著）ミネルヴァ書房，1991年
『オックスフォードの贈り物』廣済堂，1995年
『誘惑するイギリス』（共著）大修館書店，1999年
『概説 イギリス文化史』（共編著）ミネルヴァ書房，2002年

訳書　『〈ロンドン〉英国の顔』英国 CPC 出版，1989年
ニキ・ド・サンファルほか『ニキ・ド・サンファル』美術出版社，1999年
ニキ・ド・サンファル『タロット・ガーデン』美術出版社，2008年

*久守和子（ひさもり・かずこ）　Introduction 3，24，Introduction 4，32，33

編著者紹介参照

向井秀忠（むかい・ひでただ）　1，4，5，6，18

現在　フェリス女学院大学教授

著書　『ガリヴァー旅行記』（共著）ミネルヴァ書房，2006年
『未分化の母体――十八世紀英文学論集』（共著）英宝社，2007年
『〈私〉の境界――二〇世紀イギリス小説にみる主体の所在』（共著）鷹書房弓プレス，2007年

訳書　ポール・ポプラウスキー『ジェイン・オースティン事典』（監訳）鷹書房弓プレス，2003年
ヘンリー・マッケンジー『感情の人』（共訳）音羽書房鶴見書店，2008年

鈴木ふさ子（すずき・ふさこ） 2，17，30

現在　青山学院大学講師

著書　『映画で英詩入門』（共著）平凡社，2004年

『〈衣裳〉で読むイギリス小説』（共著）ミネルヴァ書房，2004年

『オスカー・ワイルドの曖昧性』開文社，2005年

『比較文学の世界』（共著）南雲堂，2005年

『ラヴレターを読む――愛の領分』（共著）大修館書店，2008年

『三島由紀夫　悪の華へ』アーツアンドクラフツ，2015年

高階玲子（たかしな・れいこ） 10，20，21，55

現在　ロンドン在住，フリーランス・ジャーナリスト

著書　『ニッポン一の英語村』（共編著）三友社出版，1985年

「イギリスの女性議員」，小野修編著『現代イギリスの基礎知識』第7章，明石書店，1999年

日本ナショナルトラスト協会機関誌にエッセイを掲載

日本の雑誌等に，エッセイ，レポートを定期・随時掲載

滝口明子（たきぐち・あきこ） 19

現在　大東文化大学教授

著書　『英国紅茶論争』講談社，1996年

『東洋の茶』（共著）淡交社，2000年

『イギリス文化事典』（共著）大修館書店，2003年

『〈食〉で読むイギリス小説』（共著）ミネルヴァ書房，2004年

『茶の文化史――英国初期文献集成』（編集，解説）ユーリカプレス，2004年

訳書　ジョン・コークレイ・レットサム『茶の博物誌』講談社，2002年

武井博美（たけい・ひろみ） 22，29，34

現在　横浜創英大学准教授

著書　『十八世紀イギリス文学研究』（共著）雄松堂，1996年

『概説 イギリス文化史』（共著）ミネルヴァ書房，2002年

『英語文学事典』（共著）ミネルヴァ書房，2007年

伊達恵理（だて・えり） 15，25，26

現在　明治大学講師

著書　『〈身体〉のイメージ――イギリス文学からの試み』（共著）ミネルヴァ書房，1991年

『幻実の詩学――ロマン派と現代詩』（共著）ふみくら書房，1996年

『論集イングリッシュ・エレジー』（共著）音羽書房鶴見書店，2000年

『〈インテリア〉で読むイギリス小説』（共著）ミネルヴァ書房，2003年

『〈私〉の境界――二〇世紀イギリス小説にみる主体の所在』（共著）鷹書房弓プレス，2007年

太田雅孝（おおた・まさたか）45，54

現在　大東文化大学教授

著書　『読みの軌跡――英米文学試論集』（共編著）弓書房，1988年

『たのしく読める英米詩』（共編著）ミネルヴァ書房，1996年

『概説 イギリス文化史』（共編著）ミネルヴァ書房，2002年

『英語文学事典』（共著）ミネルヴァ書房，2007年

＊木下　卓（きのした・たかし）Introduction 1，8，38，Introduction 6，43，53

編著者紹介参照

＊窪田憲子（くぼた・のりこ）Introduction 2，27，40，Introduction 7，52

編著者紹介参照

黒川敬三（くろかわ・けいぞう）14，16，35

現在　新潟産業大学教授

著書　『多文化主義で読む英米文学』（共著）ミネルヴァ書房，1999年

『旅するイギリス小説――移動の想像力』（共著）ミネルヴァ書房，2000年

『英語文学事典』（共著）ミネルヴァ書房，2007年

佐久間康夫（さくま・やすお）41，46，47

現在　青山学院大学教授

著書　『イギリス生まれの物語たち』松柏社，2002年

『概説 イギリス文化史』（共編著）ミネルヴァ書房，2002年

訳書　ロブ・グレアム『演劇の世界』ほんのしろ，2006年

ロブ・グレアム『シェイクスピアの世界』ほんのしろ，2008年

笹田直人（ささだ・なおと）31

現在　明治学院大学教授

著書　『アメリカ文学の冒険』（共著）彩流社，1998年

『多文化主義で読む英米文学』（共編著）ミネルヴァ書房，1999年

『記憶のポリティックス――アメリカ文学における忘却と想起』（共著）南雲堂フェニックス，2001年

『概説 アメリカ文化史』（共編著）ミネルヴァ書房，2002年

訳書　マーティン・ジェイ『永遠の亡命者たち――知識人の移住と思想の運命』（共訳）新曜社，1989年

執筆者紹介（五十音順，＊印は編著者，執筆分担）

青木　剛（あおき・たけし）　9，44，49

現在　明治学院大学教授

著書　『旅するイギリス小説――移動の想像力』（共著）ミネルヴァ書房，2000年
『〈インテリア〉で読むイギリス小説』（共著）ミネルヴァ書房，2003年
『ガリヴァー旅行記』（共著）ミネルヴァ書房，2006年

安達まみ（あだち・まみ）　28，36，48

現在　聖心女子大学教授

著書　『くまのプーさん　英国文学の想像力』光文社新書，2002年
『シェイクスピア　世紀を超えて』（共著）研究社，2002年
『〈食〉で読むイギリス小説』（共編著）ミネルヴァ書房，2004年

訳書　ゲアリー・ブラックウッド『シェイクスピアを盗め！』シリーズ　白水社，2001年，2002年，2005年
マリーナ・ウォーナー『野獣から美女へ――おとぎ話と語り手の文化史』河出書房新社，2004年

新井潤美（あらい・めぐみ）　11，12，42

現在　上智大学教授

著書　『階級にとりつかれた人びと――英国ミドル・クラスの生活と意見』中公新書，2001年
『〈食〉で読むイギリス小説』（共著）ミネルヴァ書房，2004年
『不機嫌なメアリー・ポピンズ――イギリス小説と映画から読む「階級」』平凡社新書，2005年
『へそ曲がりの大英帝国』平凡社新書，2008年
『自負と偏見のイギリス文化――J・オースティンの世界』岩波新書，2008年

訳書　グレアム・グリーン『投書狂グレアム・グリーン』晶文社，2001年
ジェイン・オースティン『ジェイン・オースティンの手紙』岩波文庫，2004年

岩田託子（いわた・よりこ）　13，50

現在　中京大学教授

著書　『英国文化の世紀4　民衆の文化誌』（共著）研究社，1996年
『イギリス式結婚狂騒曲』中央公論社，2002年
『〈インテリア〉で読むイギリス小説』（共著）ミネルヴァ書房，2003年
『〈衣裳〉で読むイギリス小説』（共著）ミネルヴァ書房，2004年
『〈食〉で読むイギリス小説』（共著）ミネルヴァ書房，2004年
『英国レディになる方法』（共著）河出書房新社，2004年
『危ない食卓――十九世紀イギリス文学にみる食と毒』（共著）新人物往来社，2008年

編著者紹介

木下 卓（きのした・たかし）

現在 愛媛大学名誉教授

著書 『旅するイギリス小説——移動の想像力』（共著）ミネルヴァ書房，2000年
『英語文化フォーラム——異文化を読む』（共著）音羽書房鶴見書店，2002年
『概説 イギリス文化史』（共著）ミネルヴァ書房，2002年
『ガリヴァー旅行記』（共編著）ミネルヴァ書房，2006年
『〈私〉の境界——二〇世紀イギリス小説にみる主体の所在』（共著）鷹書房弓プレス，2007年
『英語文学事典』（共編著）ミネルヴァ書房，2007年
『旅と大英帝国の文化——越境する文学』ミネルヴァ書房，2011年

窪田憲子（くぼた・のりこ）

現在 大妻女子大学教授

著書 『ヒューマニズムの変遷と展望』（共著）未来社，1997年
『イギリス女性作家の半世紀——60年代 女が壊す』（編著）勁草書房，1999年
『概説 イギリス文化史』（共著）ミネルヴァ書房，2002年
『〈衣装〉で読むイギリス小説』（共編著）ミネルヴァ書房，2004年
『ダロウェイ夫人』（編著）ミネルヴァ書房，2006年
『英語文学事典』（共編著）ミネルヴァ書房，2007年
『マーガレット・アトウッド』（共著）彩流社，2008年

久守和子（ひさもり・かずこ）

現在 フェリス女学院大学名誉教授

著書 『イギリス小説のヒロインたち——〈関係〉のダイナミックス』ミネルヴァ書房，1998年
『旅するイギリス小説——移動の想像力』（共編著）ミネルヴァ書房，2000年
『ペンをとる女性たち』（共著）翰林書房，2003年
『フランケンシュタイン』（共編著）ミネルヴァ書房，2006年
『英語文学事典』（共編著）ミネルヴァ書房，2007年
『ラヴレターを読む——愛の領分』（共著）大修館書店，2008年
『子どもの世紀——表現された子どもと家族像』（共著）ミネルヴァ書房，2013年

世界文化シリーズ①
イギリス文化 55のキーワード

2009年6月10日　初版第1刷発行　〈検印省略〉
2016年4月1日　初版第6刷発行

定価はカバーに
表示しています

編著者　木下卓
　　　　窪田憲子
　　　　久守和子
発行者　杉田啓三
印刷者　中村勝弘

発行所　株式会社　ミネルヴァ書房
607-8494　京都市山科区日ノ岡堤谷町1
電話(075)581-5191／振替01020-0-8076

中村印刷・新生製本

ISBN978-4-623-05436-7
Printed in Japan